JN302740

滞日外国人支援の実践事例から学ぶ
多文化ソーシャルワーク

社団法人日本社会福祉士会 編集

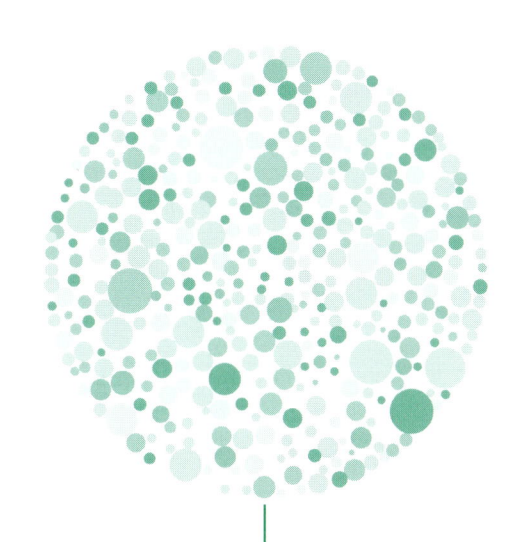

中央法規

はじめに

　2011（平成23）年9月末の外国人登録者数は、208万8872人で、わが国の総人口の約1.63％となった。日常において外国人と接したりすれ違ったりすることは珍しくないし、新聞を見れば、積極的に外国人を採用する「グローバル採用」を行う企業の増加や、2008（平成20）年以降の日本とインドネシアおよびフィリピンとの経済連携協定による看護師、介護福祉士候補者の受け入れに関する記事等が目に入ってくる。

　社会福祉実践がこうした社会の動きと無縁であることはあり得ない。社会が変われば地域も変わり、社会福祉士の役割や実践のあり方も変わる。では、私たちは多文化共生社会に求められるソーシャルワーカーとしての役割を十分に果たせているだろうか。

　在留資格、言葉や文化の違いが壁となり、医療、福祉、教育、労働など生活の根幹を支える部分の福祉サービスを受けることができずに苦難に満ちた生活を送る外国人への支援、差別や暴力の被害を受けて社会で孤立している外国人への支援、外国にルーツをもつ不就学児童と家族への支援など、問題は山積している。また、外国人支援に携わった経験をもつ人ならば、「同じ問題を抱えていても、外国人では得られる支援とその結果としての生活はこうも違うのか」「こんな状況のままでよいのか」と感じた経験があるだろう。社会福祉士自身、対応経験やスーパービジョン、連携体制が不十分なゆえに対応に苦慮し、疲弊してしまうケースも少なくない。日本における多文化ソーシャルワークはまだまだ発展途上である。

　日本社会福祉士会の滞日外国人支援委員会は、2005（平成17）年より外国人へのソーシャルワークを実践している社会福祉士の援助実践に関する研究調査、そして専門職向けの研修を実施しており、滞日外国人ソーシャルワーク研修で用いた資料の出版を希望してくださった研修参加者の声を受け、出版作業を進めてきた。本書では、日本に暮らす外国人、そして外国人が日本で生活する際の在留資格や結婚に関する仕組み、生活を支える社会保障制度が紹介されている。また、子ども、女性、労働、医療、高齢者など幅広い分野における問題と援助実践について豊富な事例が紹介されており、初めて多文化ソーシャルワークを学ぶ人にとっても、すでに援助実践を積んでいる人にとっても参考になるだろう。

　編集作業を進めていたときに東日本大震災が起きた。震災は、日本に悲しみや困難をもたらした一方で、日本が多くの諸外国に支えられていることも浮き彫りにした。人権保障に携わる社会福祉士として日本に暮らす外国人や外国にルーツをもつ人々に対しよりよい支援を行うことが、日本の多文化共生社会の成熟に寄与するとともに、諸外国からの厚意や支援への恩返しをすることにもなるだろう。

　本書が、福祉現場で多様なクライエントへの援助を行う際の何らかの一助となり、また

日本の多文化社会、そして多様性との共生について考えるきっかけとなる一冊となれば幸いである。

　最後に、本事業および出版に至るまでご尽力くださった関係者の皆様、中央法規出版はじめ多くの皆様に改めて感謝申し上げます。

2012年2月

社団法人日本社会福祉士会
会長　山村　睦

はじめに

第1章 多文化ソーシャルワークとは

第1節 日本における多文化ソーシャルワーク …………………… 2
　1 はじめに〜本書における"多文化ソーシャルワーク"とは〜／2
　2 多文化ソーシャルワークの歴史／3
　3 支援者を対象とした研修・実践／4
　4 国・自治体の動き／4
　5 教育・研究／5
　6 アメリカ・イギリスの実情／5

第2節 多文化ソーシャルワークの定義 ……………………………… 7

第3節 日本におけるニーズ …………………………………………… 10
　1 相談対象者の出身国の傾向と特徴／10
　2 社会情勢の変化と新たなニーズの出現／10
　3 福祉分野に応じた特性／11
　4 地域特性／12
　5 少ない支援ネットワーク／12

第4節 共生社会における多文化ソーシャルワーカーの役割 ……… 14
　1 ソーシャルワークの原点の再確認／14
　2 震災と共生／15

第5節 人権保障と多文化ソーシャルワーク ………………………… 16

第2章 滞日外国人をとりまく現状

第1節 「外国人」とは ……………………………………………… 20
　1　はじめに／20
　2　データからみる滞日外国人の状況／21

第2節 出入国管理及び難民認定法を理解するうえでの基礎概念 … 27
　1　国の出入国管理政策の基本的考え方／27
　2　入管法に規定される外国人に対する出入国管理行政／29
　3　「在留資格」の種類と就労等の活動制限／40

第3節 出入国管理政策をめぐる近年の動向 …………………… 50
　1　出入国管理政策をめぐる近年の動向／50

第3章 社会資源

第1節 社会資源にかかわる公的サービス …………………………… 58
　1　はじめに〜社会資源とは〜／58
　2　医療保険／58
　3　年金保険／59
　4　社会福祉制度／61
　5　労働関連法規／63
　6　教育／65
　7　母子保健（母子健康手帳・予防接種・入院助産）／66
　8　無年金障害者・高齢者対象の給付金／66

第2節 自治体や公的機関によるサービス ……………………… 67
　1　市区町村の窓口／67
　2　国際交流センター・国際交流協会・国際交流財団・多文化共生センター／67
　3　専門職団体／68
　4　国連関連／69
　5　教育機関／69

6 労働基準監督署・公共労働安定所（ハローワーク）／70
　　　7 大使館／70
　　　8 婦人相談所・婦人保護施設、配偶者暴力相談支援センター等／70

第3節　さまざまなインフォーマルサービス …………………………………… 71
　　　1 通訳・翻訳／71
　　　2 地域のNPO・ボランティア団体／72
　　　3 同国人の協会・ネットワーク／72
　　　4 教会などの宗教に関連する組織／72
　　　5 職場の雇用主（元雇用主）／72
　　　6 家族・親戚・友人／73
　　　7 その他／73
　　　8 さまざまな情報の活用／73

第4節　資源活用の課題～なぜ資源が活用されないケースが生じるのか～ … 74
　　　1 資源までのアクセス／74
　　　2 クライエントの知識／74
　　　3 クライエントがもつ不安／74

第5節　社会福祉士の役割 ………………………………………………………… 76
　　　1 的確なアセスメント／76
　　　2 心理的な抵抗感への配慮とエンパワメント／77
　　　3 制度を使えるようにする／ほかの社会保障制度を活用する／77
　　　4 資源・時事情報・法改正・自治体の取り組みなどの情報収集／78
　　　5 傾聴と受容／78

第4章　生活の現状と課題

第1節　医療 ………………………………………………………………………… 84
　　　1 わかりにくい医療システム／84
　　　2 外国人患者を医療機関はどうみているか／84
　　　3 言葉と文化／85
　　　4 無保険外国人の医療費／87

5　母国に帰る／88
　　6　組織のバックアップを得る／89

第2節　メンタルヘルス……………………………………………………… 91
　　1　滞日外国人が抱えるメンタルヘルスの問題／91
　　2　文化とメンタルヘルス／93
　　3　滞日外国人のメンタルヘルス支援の実際／94
　　4　おわりに／95

第3節　不就学児童……………………………………………………………… 97
　　1　外国籍児童の不就学の実情／97
　　2　なぜ外国人児童の不就学率は高いのか／98
　　3　不就学児童問題における取り組み／99

第4節　児童虐待………………………………………………………………… 102
　　1　はじめに／102
　　2　ソーシャルワークの視座／102
　　3　児童虐待対応の視点／104
　　4　第二言語としての日本語／108

第5節　国際結婚………………………………………………………………… 114
　　1　国際結婚の一つの現実／114
　　2　昨今の国際結婚事情／115
　　3　国際結婚をする場合の手続／115
　　4　離婚手続／116
　　5　まとめ／116

第6節　ドメスティック・バイオレンス（DV）………………………… 117
　　1　外国籍女性に対するドメスティック・バイオレンス（DV）の現状／117
　　2　外国籍のDV被害女性に関する施策の変化／117
　　3　発見から自立支援までの具体的な支援の実際／119
　　4　まとめ／121

第7節 労働 ……… 123
1 外国人労働者の現状／123
2 外国人労働者の抱える労働問題／124

第8節 難民 ……… 126
1 難民（refugee）とは／126
2 日本に暮らすインドシナ難民／126
3 日本に暮らす条約難民／127
4 「インドシナ難民」と「条約難民」のちがい／128
5 インドシナ難民の抱える新たな課題／129
6 難民認定申請者の生活状況をめぐる課題／129
7 第三国定住による難民受け入れに関するパイロットケースの実施／130

第9節 高齢者 ……… 132
1 外国人高齢者の現状／132
2 外国人高齢者の「家族」の現状／132
3 外国人高齢者の生活課題／132
4 課題の背後にあるもの／134
5 課題への取り組み／134
6 今後の課題／135
7 おわりに／136

第10節 障害者 ……… 137
1 外国人と障害（者）の関係／137
2 外国人障害者が直面する生活課題／138
3 利用者の負担を軽減する提案／139

第11節 外国人の犯罪動向と犯罪者の処遇～更生保護の視点から～ ……… 141
1 外国人による犯罪の状況／141
2 外国人犯罪者の処遇の状況／141
3 更生保護における課題／142

第5章 多文化ソーシャルワークの実践事例と留意点

① 医療分野 …………………………………………………………… 146
- 事例1 オーバーステイ外国人への支援／146
- 事例2 通訳者の介入で拡がったソーシャルワーク支援／150

② 婦人保護分野（社会福祉） …………………………………… 156
- 事例1 障害児を抱えてDVから避難してきた女性への支援／156
- 事例2 夫によるDVのために離婚を考えている女性への支援／160

③ 教育分野 …………………………………………………………… 166
- 事例1 「呼び寄せ」生徒への支援／166
- 事例2 日系ブラジル人生徒への支援／170

④ 児童分野 …………………………………………………………… 174
- 事例1 国際結婚で来日した女性とその子どもへの支援／174
- 事例2 難民家庭の子どものアイデンティティと家族間調整に向けた支援／178

⑤ 高齢者分野 ………………………………………………………… 184
- 事例1 外国人高齢者への支援／184
- 事例2 家族介護者が外国人である場合の支援／187

資料 ……………………………………………………………………… 193
- ●社団法人日本社会福祉士会の倫理綱領と行動規範
- ●社団法人日本社会福祉士会連絡先一覧

索引 ……………………………………………………………………… 203

第 1 章

多文化ソーシャルワークとは

第1節 日本における多文化ソーシャルワーク

1 はじめに〜本書における"多文化ソーシャルワーク"とは〜

　まずはじめに、「多文化」という言葉、または「多文化」という概念について考えてみたい。これらの言葉を辞書で引くと、「多文化主義」とは、「一つの国家ないし社会の中に、複数の異なる人種・民族・集団のもつ文化の共存を認め、そのための方策を積極的にすすめる考え方」とある。また、「文化」とは「人間の生活様式の全体」と表現されている。これらからわかるのは、「多文化」という言葉自体は、必ずしもいわゆる外国人との共生に限定されないということである。言い換えると、「多文化は日本人同士の間にも存在する」という当たり前のことに行き着く。たとえ国籍は日本人であっても、「異なる文化をもつ集団」はいくらでも存在する。セクシャル、またはジェンダーのアイデンティティが異なる人々、宗教の信仰をもつ人々、民族的な多様性をもつ人々などは、日本にも存在している。また、関西、東北などそれぞれの地域による固有の価値観にしても十分に多文化であるといえる。

　「多文化」という言葉は日本のさまざまな場所で使われているが、多くの場合、その対象は外国人、または外国にルーツをもつ人々という、人種や国籍による線引きが可能な人々が存在する状態を意味している。しかし、本来は「多文化」という概念自体はそこにとどまらないことを、まず理解しておきたい。

　その視点に立てば、本書で扱う「多文化」も外国人や外国にルーツをもつ人々のみを対象とすることが正確とはいえない。しかし、そうはいっても本来の「多文化」をもつ人々に対するソーシャルワークを一冊にまとめることは無理がある。そのため、本書の示す「多文化ソーシャルワーク」は「外国籍をもつ住民、外国にルーツをもつクライエントやその家族に対するソーシャルワーク」と限定していることをご理解いただきたい。

　2011（平成23）年3月の東日本大震災で、一時的に外国人旅行者や住民の数は減少した。しかし、そういう現象は起きたにせよ、日本に暮らす外国人の数は2011（平成23）年まで長期的には増加し続けており、今後も国際化が進むことは間違いないだろう。そのなかでさまざまな福祉問題が起きていることは、ソーシャルワーク実践を通じて感じているはずである。従来のソーシャルワーク教育ではこうした住民や地域への支援の方法は教えられず、ニーズは高いにもかかわらず現場での奮闘に委ねられているのが実情である。

　第1章では、まず外国人、または外国にルーツをもつ人々の実情を踏まえたうえで、日本

において起きている問題や支援の実情を概観していく。

2 多文化ソーシャルワークの歴史

　次に、日本における外国人支援の流れについて触れたい。日本では、第二次世界大戦後から外国人支援を行ってきたNGOも存在するもののその数は少なく、外国人、または多文化背景をもつ地域住民への支援は社会福祉専門職によるソーシャルワーク実践としてというよりは、NPOやボランティア団体、国際交流協会の活動・事業のなかで行われてきた経緯がある。

　国際交流事業や在住外国人向けの生活相談窓口の設置などを行ってきた国際交流協会は、1980年代に各都道府県で設置され始めた。1995(平成7)年の阪神・淡路大震災では外国人被災者も多く、多言語情報や危機的状況での支援、地域住民の共生の重要性が認識されるきっかけとなった。国際交流協会と共通する事業、機能をもつ多文化共生センターは、このときに設立された「外国人地震情報センター」の活動からスタートしている。そして、地域住民による国際交流と外国人への支援は、1998(平成10)年の特定非営利活動促進法の成立以降も広まりをみせた。また、2000(平成12)年以降には外国人の集住地域でも自治体全体での取り組みがスタートしており、2001(平成13)年に外国人集住都市会議[1]が設置されている。

　国の動きとして、日本は1981(昭和56)年に「難民の地位に関する条約」[2]を批准した。これにより適法滞在の外国人に対しては国籍条項が撤廃されて、日本人とほぼ同様の社会保障サービスが適用されるようになった。

　外国人住民の増加に伴いさまざまな生活問題も表面化してきた一方で、そうした問題を解決するソーシャルワーカーの養成はその当時は追いついておらず、ソーシャルワーカーは、多文化ソーシャルワークの知識がないために、支援を行ううえで個別性や生活背景を十分に把握できなかったり、利用できる社会資源を把握してつなげることができなかったり、またスーパービジョンを受けたりすることは難しい状態だった。今まで支援を行ってきたボランティア組織やNPOの人々は支援のキャリアは長いものの、必ずしも社会福祉制度の知識や

---

1) 外国人、特に南米日系人が多く住む自治体が会員となり、在住外国人関連施策や活動状況に関する情報交換、首長会議、国・県および関係機関への提言等を行っている。
〈会員自治体〉【群馬県】伊勢崎市、太田市、大泉町、【長野県】上田市、飯田市、【岐阜県】大垣市、美濃加茂市、可児市、【静岡県】浜松市、富士市、磐田市、掛川市、袋井市、湖西市、菊川市、【愛知県】豊橋市、豊田市、小牧市、知立市、【三重県】津市、四日市市、鈴鹿市、亀山市、伊賀市【滋賀県】長浜市、甲賀市、湖南市【岡山県】総社市 (2011 (平成23) 年4月1日現在)

2) 1951年7月25日に国連加盟・非加盟の26か国の代表による全権委員会議により採択された条約で、1954年4月22日に発効した。1966年にはこの条約を補充する「難民の地位に関する議定書」が作成され、1967年に発効した。日本は1981(昭和56)年に両者に加入し、1982(昭和57)年1月1日から加盟国になったことを機に、出入国管理令の内容を改め、出入国管理及び難民認定法とした。条約では、難民の庇護・定住を確保するため、法的地位、職業、福祉について定めている。

社会福祉関連理論に基づく支援が十分になされていなかった面もあった。こうした非専門職の援助者と専門職との連携も十分ではないなかで、問題解決が有効にされてこなかったこともあった。そのようななかで、徐々に多文化ソーシャルワークの必要性が提起されてきたのである。総務省は2006（平成18）年の「多文化共生の推進に関する研究会報告書〜地域における多文化共生の推進に向けて〜」において、多文化ソーシャルワーカーとして「より専門性の高い相談業務を行う能力を有する人材の育成が必要」という見解を示している。

3 支援者を対象とした研修・実践

実際には、専門職による実践基盤の構築や研修の開催は1990年代後半から2000年代前半にみられる。1993（平成5）年に「多文化間精神医学会」が設立され、2002（平成14）年より「多文化間精神保健専門アドバイザー」という資格の認定を行っている。全国レベルでは、日本社会福祉士会が2005（平成17）年に「滞日外国人支援委員会」を創設した。滞日外国人支援委員会は、調査・研究やシンポジウムを行う一方で、翌年の2006（平成18）年より専門職を対象とした研修を実施している。また、日本医療社会事業協会でも、2011（平成23）年に「滞日外国人医療ソーシャルワークセミナー」を開催している。

ソーシャルワーク専門職以外でも外国人支援者の研修や実践の動きは2000（平成12）年以降に比較的多くみられる。2002（平成14）年に結成された「MICかながわ」での医療通訳派遣・生活相談・研修、岐阜県での「外国人コミュニティーサポーター研修」（2009（平成21）年）、東京外国語大学多言語・多文化教育研究センターでの「多文化社会コーディネーター養成プログラム」（平成20年度）などはその例である。

4 国・自治体の動き

国の機関でも外国人問題に触れているものが多くみられるようになっている。外国人労働者問題関係省庁連絡会議、2009（平成21）年の内閣府「定住外国人施策推進室」などのほか、厚生労働省では外国人労働者および外国人を雇用する事業主向けの広報や労働相談窓口の設置を行っている。また、文部科学省は海外子女教育、帰国・外国人児童生徒教育等に関する総合ホームページ「CLARINET（クラリネット）：Children Living Abroad and Returnees Internet」を開設している。

都道府県では、2006（平成18）年愛知県国際交流協会による「多文化ソーシャルワーカー養成講座」、神奈川県の「多文化ソーシャルワーク実践者講座」（2008（平成20）年）、群馬県では県国際課が主催、群馬県医療ソーシャルワーカー協会、群馬県社会福祉士会、群馬県精

神保健福祉士会が共催の「多文化共生ソーシャルワーカー育成講座」(2008 (平成 20) 年) を行っている。これら以外でも、浜松市での「多文化社会のためのソーシャルワーク研修」などを含め、都道府県の社会福祉士会や心理職、ソーシャルワーカー団体等でも研修が行われるようになっている。

5 教育・研究

これらの多文化ソーシャルワークの実践や養成は、すでに実践している人々を中心に行われており、福祉を学ぶ時期では多文化に関する教育はあまり行われていない。海外研修は多くの専門学校、短大、大学で行われているものの、多文化ソーシャルワークの科目を設置している学校は非常にわずかである。社会福祉士国家試験でも多文化ソーシャルワーク、または異なる文化的背景や価値、生活習慣をもつ人々への配慮や在住外国人の事例はほとんどみることはない。日本における多文化ソーシャルワークの研究や実践者養成の歴史も浅く、2003 (平成 15) 年に石河久美子氏が『異文化間ソーシャルワーク―多文化共生社会をめざす新しい社会福祉実践―』で異文化・多文化間におけるソーシャルワークについて示しているが、それ以降日本における多文化ソーシャルワークの体系的な理論構築は、まだ発展途上である。

6 アメリカ・イギリスの実情

最後に海外の多文化ソーシャルワーク、共生施策について簡単に触れる。

アメリカでは、1948 年の「the Displaced Persons Act of 1948」(日本では強制退去者法、避難民法等と訳される) により法的整備を行い、難民の受け入れを始めた。1975 年以降約 2600 万人の難民を受け入れており、2009 年には約 7 万 5000 人を受け入れている。アメリカ合衆国保健社会福祉省 (U. S. Department of Health and Human Services) には難民定住支援局 (Office of Refugee Resettlement) が設置され、難民の定住支援、母子保健サービス、教育支援、高齢の難民支援などを行っている。難民定住支援局のホームページ上のデータをみると、2009 年度の難民の受け入れ数が 1 万 7000 人を超えるフロリダ州・ニューヨーク州がある一方で、モンタナ州では 8 名となっており、難民の受け入れ、多文化の実情について一律でとらえることはおそらく難しいだろう。

歴史上よく知られている 1960 年代の公民権運動以降、多様性の主張やマイノリティの権利擁護の考えが徐々に広まった。異なる人種、民族、宗教など文化的背景の差異に配慮したソーシャルワーク実践の重要性に対する視点も導入されており、ソーシャルワーカーが文化

への理解と感受性をもって支援にあたるべきであるという考えはソーシャルワーカーの養成教育でも論文に示すことが求められ、筆者がアメリカの大学院留学中の実習目標にも必ず含まれていた。

　このように、マイノリティや移民・難民への差別の禁止に対しても、教育・実践・制度ともに意識的に取り組んでいることはうかがえる一方、現在もマイノリティの疾患罹患患者率は高く、高度専門治療や在宅、ホスピスケアへのアクセスなどを含む医療、雇用率、教育環境は白人よりも有意に劣っているということが諸調査で指摘されている。

　イギリスはヨーロッパ諸国でも移民および難民の数が多く、2010年の移民数は640万人で総人口の約11％を占める。その多くはインド、パキスタン、アイルランド、ポーランドからの移住である。イギリスでは第二次世界大戦後移民を受け入れているが、1960年代には経済的な理由で難民として入国する者の増加により、移民・難民への反発が高まった。近年においては、2010年時点で23万8000人の難民を受け入れており、国民や適法滞在者のEU連合加盟国間での行き来や労働は協定により保障されている一方で、不法滞在者の取り締まりは厳しくなっている。

　アメリカ・イギリスともに移民・難民を支援する団体は多く存在しており、それぞれのソーシャルワーカー連盟の倫理綱領でも差別の禁止、多様性の尊重に触れている。しかし、2001年のアメリカ同時多発テロ事件、2005年イギリスでの地下鉄同時テロ事件以降、外国人への監視、特にイスラム圏の住民への目が厳しくなっているようである。

第2節 多文化ソーシャルワークの定義

　「多文化ソーシャルワーク」という言葉自体は幅広い対象者を含むうえ、そのことによって方法論も多様なものを含むことは前述したとおりである。そして、日本以外の国籍や出自のバックグラウンドをもつ人々へのソーシャルワークに焦点を絞ってもなお、多文化ソーシャルワークの概念をすっきりといい表すことは難しい。

　もともと使用されている概念として、多文化に関連するものでは「国際福祉」があるが、例えば大学で開講されている科目の内容は発展途上国の地域開発であったり、北欧など海外の福祉を学ぶものであったり、片や日本で生活する外国人の支援に関するものであったりすることもある。また、NPOの分類でも、国際交流や人権擁護といったカテゴリーの分類のなかには多文化ソーシャルワークはあてはまりにくい。

　クライエントの呼称も、「在住外国人」「外国籍住民」「多文化背景をもつ住民」「滞日外国人」など、さまざまな表現が使われている。しかし、次に紹介する職能団体や都道府県で行われている研修で用いられる定義では、多少表現は違っても対象者や援助の概念は共通している。

　前述の石河氏は著書『異文化間ソーシャルワーク』で、「異文化間ソーシャルワークとはクライエントとワーカーが異なる文化に属する援助関係において行われるソーシャルワーク、もしくはクライエントが自分の文化と異なる環境に移住、生活することによって生じる心理的、社会的問題に対するソーシャルワーク」(111頁)としている。愛知県の「多文化ソーシャルワーカー養成講座」では、多文化ソーシャルワーカーを、「外国人県民が自国の文化と異なる環境で生活することにより生じる心理的・社会的問題に対して、相談から解決まで継続して支援する人材」としている。また、群馬県の「多文化共生ソーシャルワーカー育成講座」では、多文化共生ソーシャルワーカーは、「在住外国人が自分の異なる環境で生活することにより生じる心理的・社会的問題に対して、外国人の多様な文化的・社会的背景を踏まえて、その問題にあたり、問題解決に向けてソーシャルワークの専門性を生かして、相談から解決まで一貫した支援をする人材」と定義づけている。そして、神奈川県の「多文化ソーシャルワーク実践者講座」では、「外国籍県民が抱える様々な課題の解決に向けて、文化的背景の違いを踏まえながらケースワークを行うなど、多文化共生の相談役・推進役として活動しているソーシャルワーク実践者」としている。

　2011(平成23)年1月に日本社会福祉士会滞日外国人支援委員会主催の「滞日外国人ソーシャルワーク研修」において講師を務めた石河氏は、次のように概念を整理している。その概念がいくつかの講座で示されている定義を網羅しており、以下に引用したい。

> 【多文化ソーシャルワークとは】
> ① 多様な文化的背景をもつクライエントに対して行われるソーシャルワーク
> ② クライエントとワーカーが異なる文化に属する援助関係において行われるソーシャルワーク
> ③ クライエントが自分と違う文化と異なる環境に移住、生活することにより生じる心理的・社会的問題に対応するソーシャルワーク

　いくつか付記するならば、日本におけるソーシャルワーク関係は、実際にはそのほとんどが日本人の社会福祉士と外国籍のクライエントである。また、①の「多様な文化的背景をもつクライエント」は、必ずしも「外国人」「外国籍住民」を意味しない。日本人と結婚した外国人（その多くは女性）、また日本人と外国人の親との間に生まれた子どもなど、苗字や国籍をみると日本で生まれ育ったように見受けられるが、実際には多様な文化的背景をもつクライエントもいる。一方で、多様な文化的背景をもち、社会的不利をもって生活を強いられているとされるアイヌの人々や沖縄の人々に対するソーシャルワークは、多文化ソーシャルワークが対象とするクライエントとして位置づけられてはおらず、実際の福祉現場では基本的には外国人、外国籍の人々を対象としたソーシャルワークと考えられている。

　③の心理的、社会的問題に関しては、次節以降でも触れるが、外国で生活するうえでのコミュニケーションの難しさとそのストレスは相当なものであることは、筆者自身の生活経験からも十分想像できる。いくつか例をあげれば、「誘いを受けたときにそれが社交辞令かわからない」「やんわりと注意らしきことをされたときにどういうものとして受け止めたらよいかわからない」「相手が約束を果たさなかった場合にそれを問題視すべきかわからない」「こんなことは人に頼っていいことなのかわからない」「その国で日常用語として省略して使われる言葉がわからない（例えば「ケアマネ」など）」「薬や洗剤や食べ物の容器の裏の説明がわからない」「度量衡が違う」など、きりがない。そのような積み重ねのなかで、日本なら1時間で対処できることに終日費やしてしまったり、「今日もうまくやれなかった」という思いを日々抱き、自分の言動に自信がもてなかったり、「自分は何もできておらず毎日何をしているのだろうか」とネガティブになってしまうことは多かったように思う。

　もともと、異国での生活適応ストレスはメンタルヘルス上の問題につながり得ることは知られているが、加えて日本人自身は普段必ずしも気づいていない外国人への偏見や排他意識が外国人のメンタルヘルス問題に発展することもある。また、別の例では子どもに障害の疑いがあり専門医療が必要であるといった場合、本来の治療や治療費、心理的問題といったクライエントの国籍にかかわらず起きる問題に加えて、宗教的価値観による治療拒否や文化・風習的に特定の医療に抵抗があるなどといった問題も生じる。

　このような、外国人ゆえに経験しやすい心理的・社会的問題の解決も含めて支援にあたる

のが「多文化ソーシャルワーク」なのである。

　最後に、専門職の呼称と雇用上の位置づけについて触れると、「多文化ソーシャルワーカー」は資格名ではなく、また「医療ソーシャルワーカー」のように職場に基盤を置いた名称でもない。愛知県での講座修了者が多文化ソーシャルワーカーとして相談業務を行っているといった事例はまれであり、多文化ソーシャルワーカーとして外国人のみを対象に支援を行っている機関で専門職として従事するソーシャルワーカーは非常に少なく、「多文化ソーシャルワーカー」と名称での求人をみることもほぼないというのが実情である。外国人の支援により深く携わりたい場合には、多文化背景をもつ人々が多く訪れる分野の職場か、難民支援を行っている福祉機関やNGOが、おそらく多文化ソーシャルワーク実践を比較的多く行う職場といえる。

　多文化ソーシャルワーク実践は、多岐にわたる知識と文化的配慮を多く求められる一方で、職場自体が多くないこともあって研修やスーパービジョンの場が少ないことなどから、社会福祉士の燃え尽きを防止することが今後の課題となっている。

第3節 日本におけるニーズ

日本でみられるニーズの特徴は、次のように整理することができる。

1 相談対象者の出身国の傾向と特徴

　日本には欧米諸国から来日している外国人も多いが、クライエントとして私たちが出会うのはそうした人々ではなく、圧倒的に多いのはアジア、アフリカ、南米の国々の出身者である。なかには、福祉制度や福祉専門職、また社会保障制度が十分に整っていない国の出身者の場合もあり、援助で日本人が当たり前だと思っている概念が理解されることが難しいケースもあるだろう。

　また、言葉も英語さえ話せれば事足りるとは限らず、スペイン語、ポルトガル語、中国語、フランス語などを通訳として探さなければならない場合もあれば、出身国の教育環境によっては識字率が低いこともある。また、宗教、民族的な紛争を経験していたり、軍事政権や民主化運動への弾圧など、経験している社会環境が国によって大きく違うことも踏まえる必要がある。

2 社会情勢の変化と新たなニーズの出現

　戦前から日本で生活している、主に韓国、朝鮮、中国籍のいわゆる「オールドカマー」と呼ばれる層と、主に1990年代頃より経済界の要請で、法務省が在留資格の緩和を行ったことによって来日した「ニューカマー」と呼ばれる層では、抱える生活背景や問題はまったく違う。ニューカマーといわれる日系ブラジル人、ペルー人は、機械産業、工業に従事していたが、近年の経済不況による失職による生活困難や、子どもの学費が払えないことによる不就学などの問題を抱えることが多い一方、オールドカマーはクライエントの高齢化に伴い、介護・医療的支援が求められ、また二世、三世を含む支援が求められるといったことである。

　また、労働分野では1981（昭和56）年に外国人研修制度が創設され、1993（平成5）年には技能実習生制度が創設された。その数は増加の一途をたどり、在留資格でみると2000（平成12）年には「研修」で登録の外国人は約3万6000人、2010（平成22）年には「技能実習」（出入国管理及び難民認定法の改正により新設）で登録の外国人が約10万人となっている。

こうした人々が研修という名目で長時間・単純労働を強いられているという実態が明らかになり、労働上の人権侵害や労働者への相談支援が広まるきっかけとなっている。

近年では、「国際的な組織犯罪の防止に関する国際連合条約を補足する人(特に女性及び児童)の取引を防止し、抑止し及び処罰するための議定書(略称「国際組織犯罪防止条約人身取引議定書」)」[3]に基づき外務省が2004(平成16)年に策定した「人身取引対策行動計画」により、主にアジア人女性の保護が行われるといった動きや、医療・福祉分野での外国人労働者雇用の動きなど、社会情勢や時代の要請に伴う問題の変化がみられる。

3 福祉分野に応じた特性

詳細は第4章で触れるが、ここでは日本社会福祉士会主催の滞日外国人ソーシャルワーク研修での参加者のアンケートを参考に、ソーシャルワーク実践で出会った事例の一部を紹介する。

＜医療＞
○ (保険に加入していない、非正規滞在などの理由で)医療費が払えない
○ 文化的、宗教的価値観による医療の拒否
○ 治療の説明が理解できず、クライエント側の訴えもうまく伝わらない
○ インフォームド・コンセントがとれない
○ 医師や医療関係者とのコミュニケーションがうまくいかない

＜児童＞
○ 虐待：両親、または父母のいずれかが外国人で、虐待の認識が違う
○ 子育て家庭が地域で孤立する
○ 子どもの不就学と学校の不適応
○ 子どもの反社会的行動
○ 障害の認識の違いと親の理解の困難
○ DV被害、離婚による子どものストレス

＜障害＞
○ 精神科医療が必要だが医療費が払えない、精神科医療への抵抗などで治療につながらない。また、自国語での面接ができない場合、診断や心理治療が難しい
○ HIV患者の障害の治療費や障害者手帳取得の問題
○ 発達障害の特徴を思わせる児童がいる

---

3) 2000年に国連で採択され、2003年12月に発効した。人身取引行為は犯罪であるという認識を締結国に義務づけ、被害者保護などについても規定されている。日本は署名はしているが、2011(平成23)年12月現在批准には至っていない。

<高齢者>
○ 高齢化した在日朝鮮人への支援
○ 過疎化が進みつつある地域でアジア出身の嫁が夫の両親を介護しており、家族との連絡調整で言語的な点での支障が出る

<労働>
○ 給料の未払いや搾取
○ 長時間労働
○ 労災の不適用
○ 不当な解雇

　特定の分野で外国人クライエントが多いのも特徴であり、例えば厚生労働省の統計「婦人相談所等における保護の状況」（平成22年度）では、保護された女性全308人（平成13年度から22年度の合計）のうち、フィリピン人、インドネシア人、タイ人女性が合計で全体の87％を占める。この例のように、高齢者・障害者分野では外国人のクライエントは決して顕在化していない一方で、配偶者暴力（DV）被害者、そしてHIV患者支援などでは明らかに外国人が多いことがわかる。

4　地域特性

　外国人は都市部、または産業の発展している地域に集住している。外国人集住都市会議に参加している28都市の多くが長野、愛知、静岡、群馬など特定の県に集中しており、そのなかの群馬県大泉町では外国人の占める割合は人口比率で約15.3％となっている。外国人の数が多くない地方でも介護を担っている嫁が外国人の場合もあり、看護・介護職への外国人雇用も進んだ場合、将来的には特定地域のみの問題ではなくなるだろう。

5　少ない支援ネットワーク

　欧米諸国では移民・難民はソーシャルワークの対象、つまり社会的に弱い立場にある存在として扱われ、法的な整備もなされている。しかし、日本では歴史的に難民・移民の受け入れは積極的ではなく、その結果、支援体制の整備は不十分なまま現在に至っている。
　外国人は同じ国の出身者同士のインフォーマルネットワークが強いという認識もあり、確かにある人にとっては事実である。しかし、すべての人がそうではなく、その国の出身ということ自体が日本では非常に少ないケースもある。また、国内での政治的対立や宗教的な対立が起きている国の出身者の場合、同じ国の出身者であってもお互いに警戒しているケース、

また自国のコミュニティゆえにストレスを抱えるというケースもある。いずれにせよ、インフォーマル、フォーマルネットワークいずれをとっても、質・量ともに自国での生活とを比較すれば圧倒的に少ないのは確かである。
　問題の背景にはインフォーマル＆フォーマルをつなぐ人がいないという現状もあるが、在留資格の期間が過ぎた、いわゆるオーバーステイの外国人の場合、立場上さまざまな社会保障サービスを利用することが難しいため、外国人本人の支援を求める動きが顕在化せず、支援機関にもつながりにくくなり、より状況は深刻である。
　ただ、多文化ソーシャルワークのニーズや諸問題は、近年の社会福祉学会や社会福祉関連セミナーでもテーマで扱われるようになってきている。また、「ソーシャル・インクルージョン」[4]といったキーワードでのなかで外国人への福祉が扱われるようになってきた。今後もこうした場を通じて、連携や情報の共有が望まれる。

　最後に、日本の多文化問題も忘れてはならない。歴史的には、アイヌ民族の人々に対して文化的・民族的特性に対する配慮をしない施策や教育が行われてきており、アイヌ民族の人々の生活保護率は北海道全体の平均より高く、高校・大学の進学率が低いことを社団法人北海道アイヌ協会が協会ホームページにおいて指摘されている。沖縄においても文化的特性への配慮が不十分であり、またさまざまな施策についても生活権への配慮を欠いているという指摘や声がある。こうした人々へのソーシャルワーク・ニーズの認識は十分になされてこなかったのも事実であり、日本の多文化共生社会を考えるうえでは、改めて日本国民のなかにある多文化を尊重するという価値が重要である。

4）「すべての人々を孤独や孤立、排除から援護し、健康で文化的な生活が送れるよう、社会の構成員として包み支え合っていこう」という理念で、社会福祉のみならず、差別や排除をなくすための政策課題における概念としても重視される。

第4節 共生社会における多文化ソーシャルワーカーの役割

1 ソーシャルワークの原点の再確認

　外国人が生活するうえで抱える問題は多岐にわたり、ソーシャルワーカーは支援のプロセスにおいて、クライエントがSOSを発信する術をもたない、またはお金、友人、能力、コミュニケーション、サポート資源が限定されるといった外国人ゆえの問題に直面すると同時に、クライエントがもつ、男女の役割、親の役割、しつけ、医療、金銭感覚など実にさまざまな分野にわたる価値観の固有性に気づくことだろう。ソーシャルワーカーは、専門的援助技術を活用することはもちろんだが、それとは別に母国の情報、歴史、国際結婚にかかわる問題、日本の法規や労働構造、カルチャーショックとメンタルヘルスの問題などを学ぶ必要がある。

　また、ソーシャルワーカーは改めて今までは疑問視しなかった日本、そして自分自身の価値観や物差しについても気づかされたり考えさせられたりすることも少なくないはずである。そのため、援助のプロセスでクライエントの文化的価値の理解や当事者の強さへの焦点化、つまり異国で生きることができている強さへのまなざし、そして必ず自分自身の価値観や偏見をも見つめ直すことが重要である。

　異なる文化的背景をもつ利用者に対する配慮として、『病院では入院患者に対して「宗教上食べられないものはないですか」と聞く配慮が必要である』、ということなどが一例としてあげられることがある。しかし、これは外国人の患者にのみ聞くこと、配慮すべきことなのだろうか。

　日本人であってもクリスチャンも仏教徒もおり、さまざまな文化的背景のなかで生活を営んでいる人たちがいる。外国人であろうと日本人であろうと個人に特有の価値があることを考えれば、上記のような対応は国籍にかかわらずすべてのクライエントに対してなされるべきことだろう。

　多文化ソーシャルワーク実践は、結果的にソーシャルワークそのものの原点、つまり個別性の尊重や社会正義、人権保障をめざしてはたらきかけていくといった姿勢であることに変わりはない。ソーシャルワークの原点の再確認が、特定の出自のクライエントのみならず、すべてのクライエントの利益につながるソーシャルワークになるといえる。

2 震災と共生

　2011（平成23）年3月11日に起きた東日本大震災では、多くの人々が一人の人間として悲惨な被害の現実に圧倒され、苦しむ人々に対し心痛を覚えた。
　メディアでは、被災地の高齢者施設の厳しい状況や取り残された障害者など、それまでの日常生活では何らかの支援を利用しながら生活を営んでいた人々が被っている苦難も伝えられた。それは、災害は、普段は福祉サービスなどの支えを受けることで生活基盤が成り立っている人々の生活から順に生きることを困難にしていくことを痛感させるに十分だった。
　災害は弱者から順に生活を困難にしていくという事実は、外国籍住民にとっても決して例外ではないはずである。
　震災、そして原発事故後には、日本を離れる外国人が急増したニュースも伝えられた。彼らにとって、日本にいる不安は、震災や原発事故だけだったのだろうか。事故そのものももちろん不安をもつに値するが、異国で発信される言葉や情報の理解が困難で、支え合える家族や友人、そして地域のサポートネットワークは彼らに安心感をもたせるには不十分で、ゆえに今後日本で生活を安全に営むことができるとは思えなかった、ということはないのだろうか。
　一方、阪神・淡路大震災を例にみると、震災を機に被災した外国人支援の重要性が認識された。その当時の外国人への情報提供や生活支援活動が多文化共生センターの発足のきっかけともなっている。ソーシャルワーカーは、目の前の実践を続けつつも、過去から何を学び、どのように活かすことができるのか、そして自分に何ができるのかを考えなければならない。
　震災からは、厳しい宿題のみがみえてきたわけではない。メディアでは、日本に住む外国人の協会や宗教団体などがさまざまな形で炊き出しを行ったり、支援活動を展開したりしているニュースも多く伝えられた。かねてより、日本の産業や文化はすでに多くの外国人によって支えられ、豊かになってきた。が、今回の震災ではまた違う側面から、『日本には支援を必要とする外国人ばかりではなく日本を支える外国人も多く存在する』ことに改めて気づかされたはずである。

　ソーシャルワークは、支えを必要とする当事者に対し、どのように実践を展開できるかという課題と同時に、他者を支える立場としての存在でもある彼らと、どのように協働して問題を解決していくかという課題にも応えるものでなければならない。ゆえに、『支えを必要とする外国人の方々に対してソーシャルワークは何ができるのか』、そして、『日本社会を支えている外国人の方々とともに日本社会をつくっていくためにソーシャルワークは何ができるのか』、のいずれかが欠けてはならないのである。

第5節 人権保障と多文化ソーシャルワーク

次に引用するのは、2010年4月1日の記事である。

> 【2010年4月1日 AFP】
> 　国連人権理事会（UN Human Rights Council）のホルヘ・ブスタマンテ（Jorge Bustamante）特別報告者（移民人権問題担当）は前月31日、「職場や学校、医療施設、家庭などで、国籍に基づく人種主義や差別意識がいまだ日本には根強く残っている」と述べ、日本に滞在する外国人の権利を守る取り組みを強化するよう促した。
> 　ブスタマンテ氏は閣僚や政府関係者、移民、弁護士、教育関係者、市民社会活動家などへの聞き取り調査を行った後、憲法や法律が外国人居住者を守るために効果的に機能していないと述べ、「日本は人種差別を防止・撲滅するための特別な法整備をすべき」と主張した。外国人が研修生や技能実習生として来日するプログラムについて、実態は搾取され、低賃金で長時間働かされているとして、プログラムの中止を訴えた。
> 　また、不法移民や難民が何年にもわたり収容される場合があることについて、本国送還までの期限を設けるべきと主張した。(c) AFP

こうした問題のみならず、セクシャルマイノリティ、HIV陽性患者への差別、ハンセン病患者などへの差別、障害者への差別、男女差の賃金格差や機会格差、一人親家庭への差別、容姿にかかわる差別、一定の出自の人々に対する偏見などは、いまだ日本に存在する。

次に、国際ソーシャルワーカー連盟（International Federation of Social Workers：IFSW）の定義を引用する。

> 　ソーシャルワーク専門職は、人間の福利（ウェルビーイング）の増進を目指して、社会の変革を進め、人間関係における問題解決を図り、人びとのエンパワーメントと解放を促していく。ソーシャルワークは、人間の行動と社会システムに関する理論を利用して、人びとがその環境と相互に影響し合う接点に介入する。人権と社会正義の原理は、ソーシャルワークの拠り所とする基盤である。

この定義を読み直すと、日本で起きている外国人問題はソーシャルワーカーの存在意義そのものを問われていることを再認識するだろう。近年の国際結婚カップルの増加に伴う定住外国人の増加、労働人口の減少対策も含めた医療・介護職への外国人労働者の活用、日本の

先進医療サービスを受けるために来日するメディカルツーリズム（85頁参照）などの動きも考えれば、日本が真の多文化社会になっていくために、多文化ソーシャルワーカーが果たすべき役割は大きい。

●参考文献●
- ヴィラーグ・ヴィクトル「外国系住民のソーシャルワークに携わる人材育成の動向と現状に関する国際比較研究」（修士論文）日本社会事業大学、2009年
- 総務省「多文化共生の推進に関する研究会報告書2007」2007年
  http://www.soumu.go.jp/menu_news/s-news/2007/070328_3.html
- 石河久美子『異文化間ソーシャルワーク―多文化共生社会をめざす新しい社会福祉実践―』川島書店、2003年
- 外国人医療・生活ネットワーク編『講座 外国人の医療と福祉―NGOの実践事例に学ぶ―』移住労働者と連帯する全国ネットワーク、2006年
- 移住労働者と連帯する全国ネットワーク編『日英対訳 日本で暮らす外国人のための生活マニュアル―役立つ情報とトラブル解決法―』スリーエーネットワーク、2005年
- 日本社会福祉士会「2010年度滞日外国人支援研修資料」2011年1月22日・23日
- 日本社会福祉士会「滞日外国人支援の手引き2009年度増補版」2009年
- 南野奈津子、川廷宗之「多文化背景を持つ児童の就学問題とスクールソーシャルワーカーの役割に関する基礎研究」『大妻女子大学人間関係学部紀要』大妻女子大学、145～158頁、2010年
- 独立行政法人労働政策研究・研修機構「労働政策研究報告書No.59 欧州における外国人労働者受入れ制度と社会統合―独・仏・英・伊・蘭5ヵ国比較調査―」2006年
- 東京外国語大学 多言語・多文化教育研究センター「多文化社会コーディネーター養成プログラム～その専門性と力量形成の取り組み～」2009年

●参考ホームページ●
- 外務省
  http://www.mofa.go.jp/
- 法務省
  http://www.moj.go.jp/
- 全国社会福祉協議会・全国母子生活支援施設協議会
  http://zenbokyou.jp/
- 厚生労働省 外国人雇用施策
  http://www.mhlw.go.jp/bunya/koyou/gaikokujin.html#document
- 内閣府 定住外国人施策ポータルサイト
  http://www8.cao.go.jp/teiju-portal/jpn/index.html
- 文部科学省 帰国・外国人児童生徒教育等に関する施策概要
  http://www.mext.go.jp/a_menu/shotou/clarinet/003/001.htm
- 財団法人自治体国際化協会 多文化共生ポータルサイト
  http://www.clair.or.jp/tabunka/portal/index.html
- 財団法人大阪府国際交流財団
  http://www.ofix.or.jp/

- 外国人集住都市会議
  http://www.shujutoshi.jp
- 社団法人日本社会福祉士会
  http://www.jacsw.or.jp
- U. S. Department of Health and Human Services : Office of Refugee Resettlement
  http://www.acf.hhs.gov/programs/orr/index.html1960
- Office for National Statistics (ONS)
  http://www.statistics.gov.uk/hub/index.html
- U. K. Department for Work and Pensions
  http://www.dwp.gov.uk/

第2章

滞日外国人をとりまく現状

第1節 「外国人」とは

1 はじめに

　「出入国管理及び難民認定法」（以下、「入管法」）では、外国人とは「日本の国籍を有しない者」（法第2条第2号）と定義されている。本書で私たちがいう「滞日外国人」とは、在留資格の種類や有無を問わず、日本国籍を有さず現に日本に滞在している人すべてを指す。私たち社会福祉士が実践する滞日外国人支援とは、日本社会での滞日外国人の生活課題や人権状況に着目し、関係法令の範囲内で彼らの生活課題の解決や人権保障を支援することによって、日本社会福祉士会倫理綱領の精神を実現することを目的としている。さらに、滞日外国人支援を進めるうえでの関係法令の不備等については、それらの改正を求めることもソーシャル・アクションとしての課題であるといえる。

　福祉のほかの領域同様、支援の対象者、つまりここでは滞日外国人の生活はどのような法的枠組みのなかで成り立ち、規制を受けているかを理解することが、援助を行う際に不可欠である。滞日外国人への相談援助の実践にあたっては、在留資格の有無とその種類が大きく影響する。そのため、滞日外国人からの相談に対応し、特に社会保障にかかる制度利用を支援する場合には、在留資格の有無とその種類に留意する必要がある。「精神保健及び精神障害者福祉に関する法律」における措置入院[1]のような社会防衛的な性格をもつ制度は、在留資格の有無や種類に関係なく適用されるが、その他の法律に基づく制度の利用については、一定の在留資格を有することが原則とされている。

　日本では1981（昭和56）年に「難民の地位に関する条約」（通称、「難民条約」）を批准したことにより、同条約に規定されている内外人平等の原則に基づき、国内法のうち「児童手当法」「児童扶養手当法」「特別児童扶養手当等の支給に関する法律」「国民年金法」の改正が行われ、国籍条項が除かれた。また、「国民健康保険法」については施行規則改正と通知によって対応された後、1986（昭和61）年3月に法改正された。現在、社会保障関係の国内法で国籍条項があるのは「生活保護法」だけである。生活保護法については、法文中に「国民」が

---

[1] 精神保健及び精神障害者福祉に関する法律第29条に規定されている入院形態。都道府県知事の権限で、精神障害のために自身を傷つけ、または他人に害を及ぼすおそれがある精神障害者を二人以上の指定医（精神科医）の判定によって、強制的に入院させること。

対象であることが明記されているため、「準用」という形で外国人に対し生活保護法を適用している。

社会福祉士として滞日外国人への支援を行う際には、制度利用のための申請要件にかなう在留資格を有さない場合であっても、生活保護法や国民健康保険法が人道的視点から自治体の裁量によって適用される場合もある一方で、一般に頒布されている外国人支援のためのマニュアル等に記載されていることと自治体の窓口での対応が異なり、支援が行き詰まってしまうことも多い。

本章では、わが国の外国人に対する出入国管理政策の基本的な考え方を理解したうえで、滞日外国人の生活を規定する法的枠組みの根幹である「在留資格」について概説する。また、在留期間を経過し、超過滞在となった場合の法的枠組み、在留資格に関する主な手続についてもその概要を解説する。行政手続法は、同法第3条第1項第10号で「外国人の出入国、難民の認定又は帰化に関する処分及び行政指導」を一律適用除外としており、行政不服審査法は、同法第4条第1項第10号で「外国人の出入国又は帰化に関する処分」を一律適用除外としている。支援の対象者が結果として回復不可能な不利益を被ることを避けるためにも、対応が困難であると判断される事例に出会ったときは、できる限りすみやかに、在留資格などに精通した行政書士や弁護士などの専門家への相談についての助言を行ったうえで、それら専門家と連携して支援にあたることが望まれる。

2 データからみる滞日外国人の状況

法務省の発表によれば、2010（平成22）年における外国人入国者数（再入国者数を含む）は約944万人で、過去最高となった。その内、再入国者を除いた新規入国者数については、約792万人で、前年に比べ約180万人（29.4％）増加し、再入国者数は約152万人で、前年と比べて約6万人（4.2％）の増加となった。男女別にその数をみると、男性475万5944人で全体の50.4％を占め、女性は468万7752人で全体の49.6％となっている。年齢別では、30歳代が最も多く、入国者全体の24.1％となっており、年齢別の男女構成比でみると、30歳代以上の年齢層では男性の比率が高く、20歳代以下の年齢層では女性の比率が高い。また、新規入国者数を入国目的（在留資格）別にみると、在留資格「短期滞在」が763万2536人で最も多く、全体の96.4％を占めており、次いで、「研修」5万1725人（0.7％）、「留学」4万8706人（0.6％）、「興行」2万8612人（0.4％）の順となっている。

外国人登録法第3条に基づき、一般の入国者の場合、入国の日から90日以内に居住地の市区町村で外国人登録の申請を行うことが義務づけられている。ただし、わが国に入国する外国人の90％以上を占める「短期滞在」の在留資格をもって在留する人の多くは、外国人登録を行うことなく出国してしまうことがほとんどであるため、外国人登録者数でみる外国人の

在留状況は、主として、日本において就労、勉学、同居等の目的をもって相当期間滞在し、地域社会で「生活する」外国人であると推定することができる。法務省発表の「平成22年末現在における外国人登録者統計について」によれば、2010（平成22）年末現在における外国人登録者数は約213万人で、前年に比べ約5万人（2.4％）減少しているが、10年前（2000（平成12）年末）に比べると約1.3倍となっている。この外国人登録者は、わが国の総人口1億2806万人（総務省統計局の「平成22年10月1日現在推計人口」による）の1.67％にあたり、2009（平成21）年末の1.71％に比べ0.04ポイント低くなっているが、2000（平成12）年末に比べると0.34ポイント増加するなど、長期的には増加傾向にある。2010（平成22）年末現在における外国人登録者数を国籍（出身地）別にみると、中国が68万7156人で全体の32.2％を占め、以下、韓国・朝鮮56万5989人（26.5％）、ブラジル23万552人（10.8％）、フィリピン21万181人（9.8％）、ペルー5万4636人（2.6％）である。

　在留資格別にみると、在留資格「永住者（一般永住者）」が、前年に比べ3万1617人増加の56万5089人となり、全体の4分の1を超える26.5％を占めた。一方、「特別永住者」は39万9106人（18.7％）で、前年に比べ1万459人減少した。以下、「留学」「日本人の配偶者等」「定住者」の順となっている。

　出入国管理行政において、許可された在留期間を超えて本邦にとどまっている外国人は不法残留者と呼ばれる。法務省入国管理局が電算統計により推計した2011（平成23）年1月1日現在の不法残留者総数は7万8488人で、2010（平成22）年1月1日現在の9万1778人に比べて1万3290人（14.5％）減少しており、過去最高であった1993（平成5）年5月1日現在の29万8646人と比べて22万158人（73.7％）減で、一貫して減少している。なお、入国管理局では、この数に不法入国者の推定数を加えた約9万人から10万人の不法滞在者が日本に滞在していると推測している。

図2-1　外国人入国者数の推移

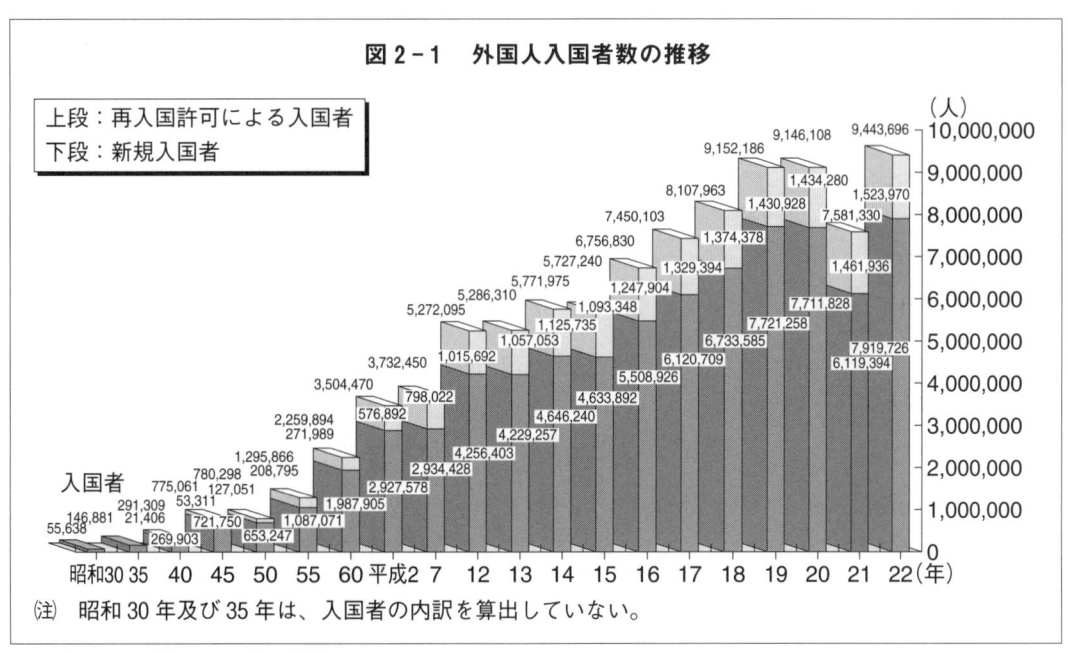

上段：再入国許可による入国者
下段：新規入国者

年	再入国許可による入国者	新規入国者	合計
昭和30			55,638
35			146,881
40	21,406	269,903	291,309
45	53,311	721,750	775,061
50	127,051	653,247	780,298
55	208,795	1,087,071	1,295,866
60	271,989	1,987,905	2,259,894
平成2	576,892	2,927,578	3,504,470
7	798,022	2,934,428	3,732,450
12	1,015,692	4,256,403	5,272,095
13	1,057,053	4,229,257	5,286,310
14	1,125,735	4,646,240	5,771,975
15	1,093,348	4,633,892	5,727,240
16	1,247,904	5,508,926	6,756,830
17	1,329,394	6,120,709	7,450,103
18	1,374,378	6,733,585	8,107,963
19	1,430,928	7,721,258	9,152,186
20	1,434,280	7,711,828	9,146,108
21	1,461,936	6,119,394	7,581,330
22	1,523,970	7,919,726	9,443,696

(注) 昭和30年及び35年は、入国者の内訳を算出していない。

資料：法務省「平成23年版 出入国管理」

図2-2　国籍・地域別外国人入国者数（平成22年）

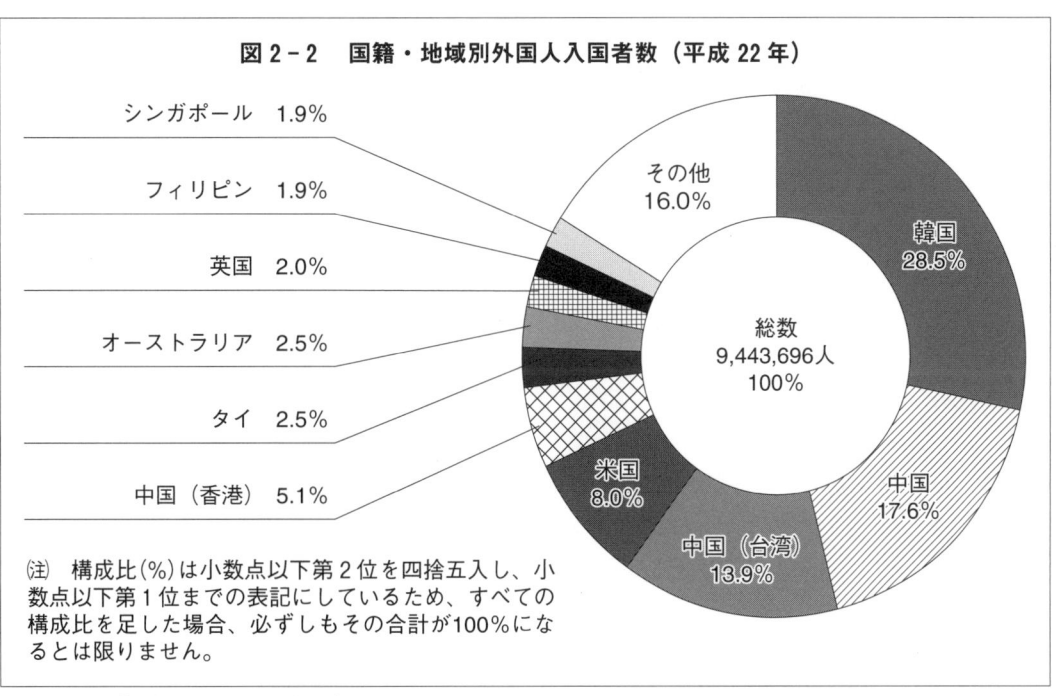

総数 9,443,696人 100%

- 韓国　28.5%
- 中国　17.6%
- 中国（台湾）　13.9%
- 米国　8.0%
- 中国（香港）　5.1%
- タイ　2.5%
- オーストラリア　2.5%
- 英国　2.0%
- フィリピン　1.9%
- シンガポール　1.9%
- その他　16.0%

(注) 構成比(%)は小数点以下第2位を四捨五入し、小数点以下第1位までの表記にしているため、すべての構成比を足した場合、必ずしもその合計が100%になるとは限りません。

資料：法務省「平成23年版 出入国管理」

第1節 「外国人」とは

図2-3 外国人登録者総数・我が国の総人口の推移

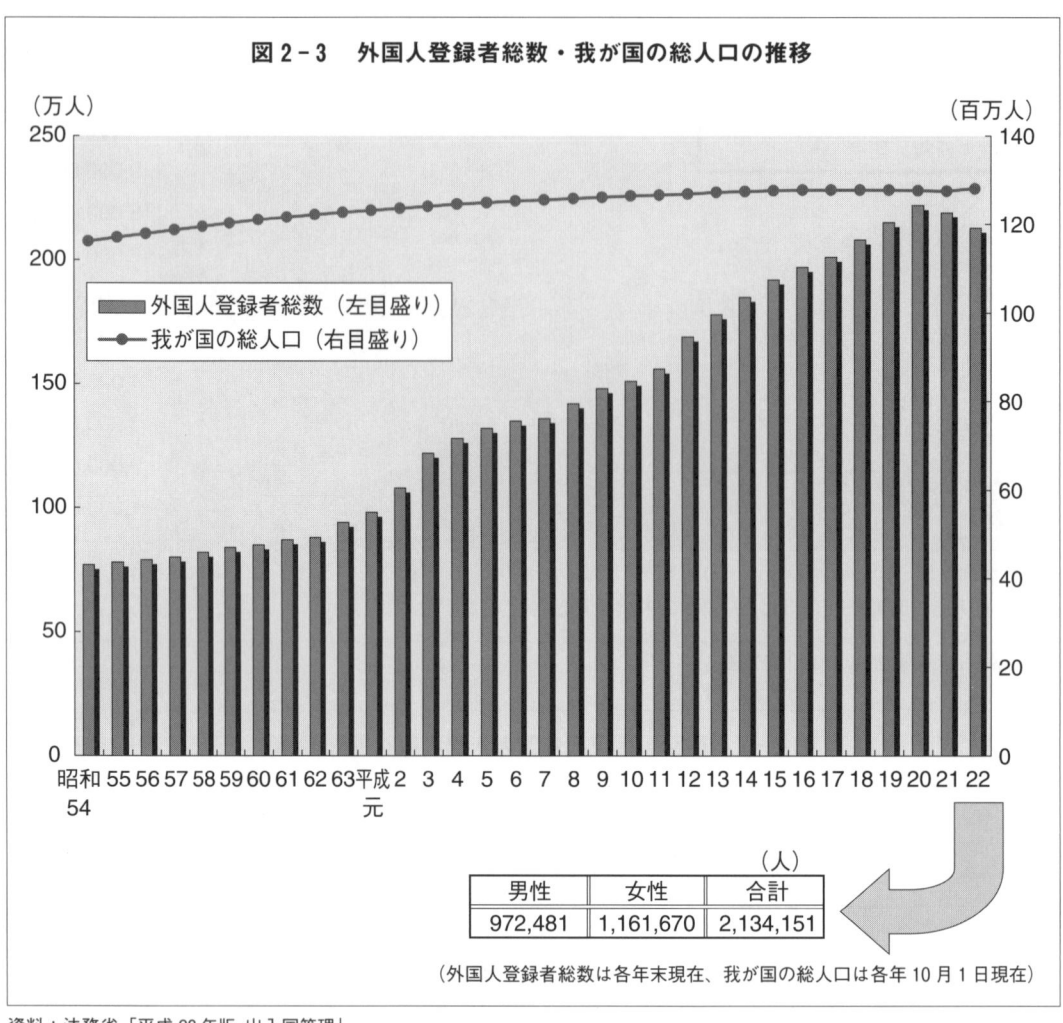

(万人) (百万人)

■ 外国人登録者総数（左目盛り）
● 我が国の総人口（右目盛り）

昭和54 55 56 57 58 59 60 61 62 63 平成元 2 3 4 5 6 7 8 9 10 11 12 13 14 15 16 17 18 19 20 21 22

男性	女性	合計
972,481	1,161,670	2,134,151

(人)

（外国人登録者総数は各年末現在、我が国の総人口は各年10月1日現在）

資料：法務省「平成23年版 出入国管理」

図2-4 外国人登録者数の国籍（出身地）別構成比の推移

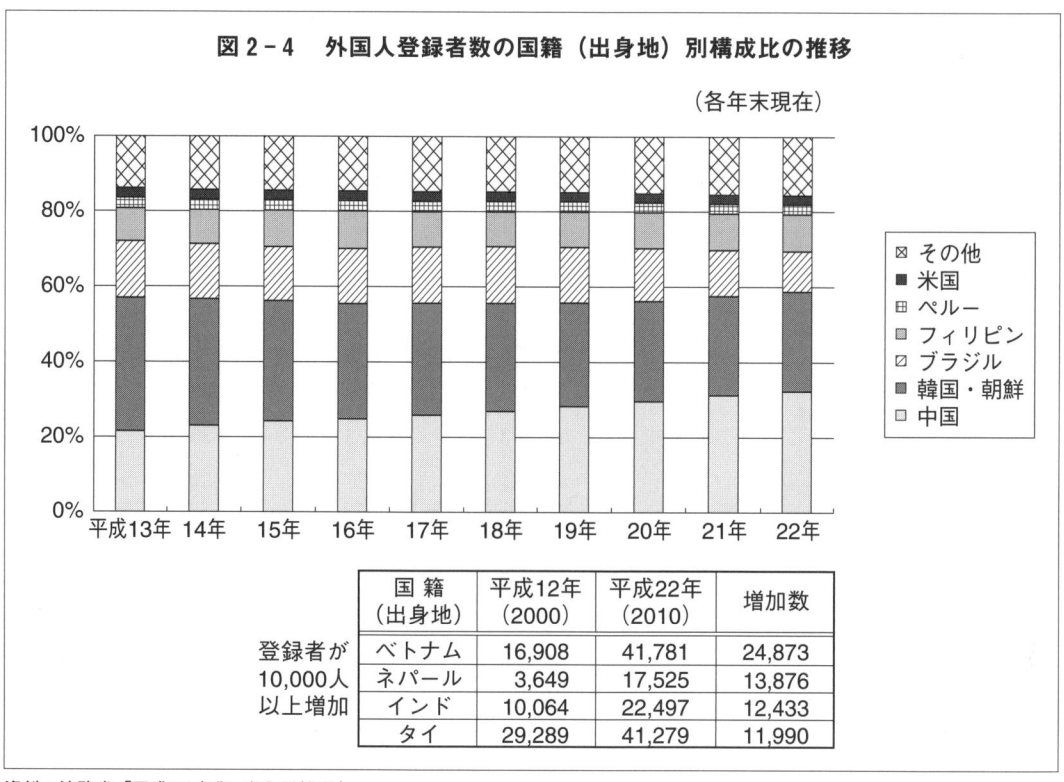

（各年末現在）

凡例：
- その他
- 米国
- ペルー
- フィリピン
- ブラジル
- 韓国・朝鮮
- 中国

（横軸：平成13年〜22年）

登録者が10,000人以上増加

国籍（出身地）	平成12年（2000）	平成22年（2010）	増加数
ベトナム	16,908	41,781	24,873
ネパール	3,649	17,525	13,876
インド	10,064	22,497	12,433
タイ	29,289	41,279	11,990

資料：法務省「平成23年版 出入国管理」

図2-5 平成22年末現在における外国人登録者の在留資格別の割合

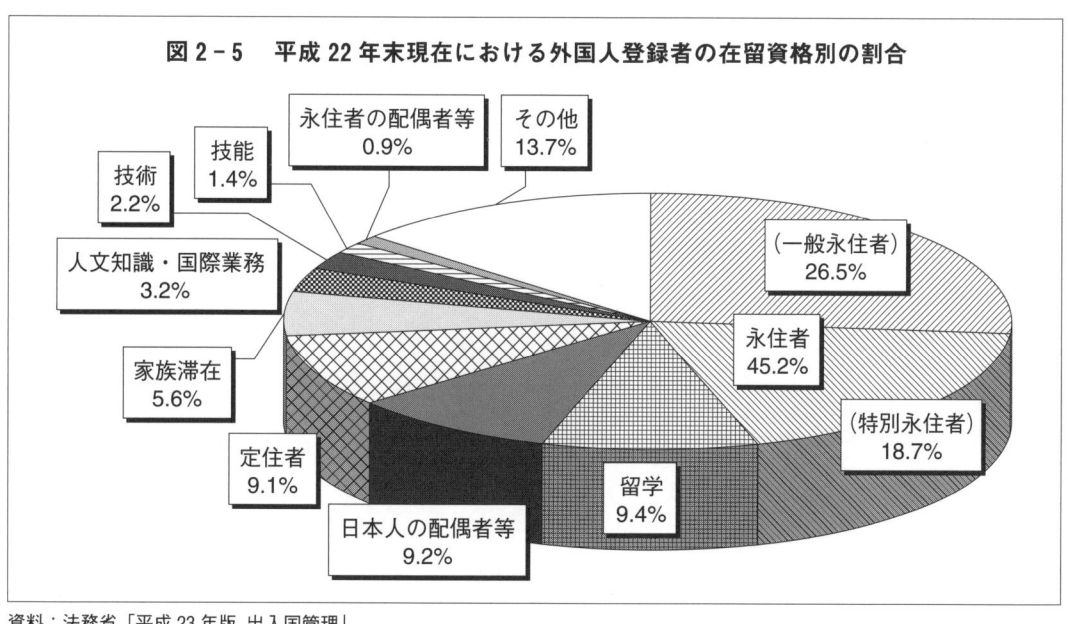

- 永住者 45.2%
- （一般永住者）26.5%
- （特別永住者）18.7%
- 留学 9.4%
- 日本人の配偶者等 9.2%
- 定住者 9.1%
- 家族滞在 5.6%
- 人文知識・国際業務 3.2%
- 技術 2.2%
- 技能 1.4%
- 永住者の配偶者等 0.9%
- その他 13.7%

資料：法務省「平成23年版 出入国管理」

第2章 滞日外国人をとりまく現状

25

表2-1 国籍(出身地)別不法残留者数の推移

国籍 (出身地)	年月日 平成3年 5月1日	13年 1月1日	21年 1月1日	22年 1月1日	23年 1月1日
総　　数	159,828	232,121	113,072	91,778	78,488
韓　　国	25,848	56,023	24,198	21,660	19,271
中　　国	17,535	30,975	18,385	12,933	10,337
フィリピン	27,228	3,1666	17,287	12,842	9,329
中国(台湾)	5,241	8,849	4,950	4,889	4,774
タ　イ	19,093	19,500	6,023	4,836	4,264
マレーシア	14,413	9,651	2,986	2,661	2,442
ペ　ル　ー	487	8,502	3,396	2,402	1,794
シンガポール	1,435	3,302	2,128	2,107	1,789
ブラジル	944	3,578	1,939	1,645	1,536
スリランカ	2,281	3,489	2,796	1,952	1,498
そ　の　他	45,323	56,586	28,984	23,851	21,454

注:表中「中国」には、台湾、香港、その他を含まない。
資料:法務省「平成23年版 出入国管理」

第2節 出入国管理及び難民認定法を理解するうえでの基礎概念

1 国の出入国管理政策の基本的考え方

　日本に限らず、どの国の出入国管理に関する法律も、自国の国益にかなわない外国人を排除することに重点が置かれている。日本の出入国管理政策の基本的な考え方は、「出入国管理基本計画」に定められている。本計画は、出入国の公正な管理を図るため、出入国管理及び難民認定法第61条の10に基づき、法務大臣が外国人の入国および在留の管理に関する施策の基本となるべきものを定めたもので、「⑴本邦に入国し、在留する外国人の状況に関する事項」「⑵外国人の入国及び在留の管理の指針となるべき事項」「⑶外国人の入国及び在留の管理に関する施策に関し必要な事項」を定めることとされている。第1次の計画は1992（平成4）年5月、第2次の計画は2000（平成12）年3月、第3次の計画は2005（平成17）年3月、第4次の計画は2010（平成22）年3月に策定された（図2-6）。最新の「第4次出入国管理基本計画」に定められている今後の出入国管理行政の方針は、以下のとおりである。

○　本格的な人口減少時代が到来する中、我が国の社会が活力を維持しつつ、持続的に発展するとともに、アジア地域の活力を取り込んでいくとの観点から、積極的な外国人の受入れ施策を推進していく

○　我が国社会の秩序を維持し、治安や国民の安全等を守るため、テロリストや犯罪者の入国を確実に水際で阻止し、また、依然として相当数存在する不法滞在者や今後増加が懸念される偽装滞在者対策等を強力に推進するとともに、法違反者の状況に配慮した適正な取扱いを行っていく

○　我が国における在留外国人の増加、活動内容の多様化等に対応し、在留外国人の居住・在留状況等を正確に把握等するために導入される新たな在留管理制度を適切に運用し、情報を活用した適正な在留管理を行っていくとともに、地方公共団体における円滑な行政サービスの実施に必要な情報の提供を行うなど、外国人の利便性の向上に努めていく

○　国際社会の一員として、難民の適正かつ迅速な庇護を推進していく

　この基本計画からは、「専門的、技術的分野」などでの受け入れを推進しつつ、いわゆる「不

図2-6 第4次出入国管理基本計画の概要

今後の出入国管理行政の方針

○本格的な人口減少時代が到来する中、我が国の社会が活力を維持しつつ、持続的に発展するとともに、アジア地域の活力を取り込んでいくとの観点から、積極的な外国人の受入れ施策を推進していく
○我が国社会の秩序を維持し、国民の安全・安心を守るため、テロリストや犯罪者の入国を確実に水際で阻止し、治安対策等を強力に推進するとともに、法違反者の取扱いに配慮した適正な送還対策を強力に推進していく
○資格外活動にあたる就労や、在留資格に応じた活動内容の多様化、活動期間の長期化に伴う在留外国人の在留状況等を正確に把握するため、新たな在留管理制度の導入により得られる情報を活用した適正な在留管理を行っていく
○在留管理の一員として、地方公共団体における円滑な行政サービスの実施に必要な情報の提供を行うなど、外国人の利便性の向上に努めていく
○国際社会の一員として、難民の適正かつ迅速な庇護を推進していく

具体的施策

我が国社会に活力をもたらす外国人の円滑な受入れ

1 経済成長に寄与するなど社会のニーズにこたえる人材の受入れ
○高度人材の積極的な受入れのためのポイント制を活用した優遇制度の導入
○企業における人材活用の多様化に対応する、企業で雇用される外国人の受入れに係る在留資格の見直し
○資格によって担保される専門性、技術性が発揮されている外国人の受入れの推進
○企業で雇用される外国人の在留資格審査に係る提出書類の簡素化及び審査の迅速化の一層の徹底
○EPAで受け入れた介護福祉士の有資格者に対する就労状況等を踏まえ、我が国の大学等を卒業し、介護福祉士の国家資格を取得した者の受入れの可否について検討
○歯科医師、看護師等の在留期間の更新年数制限の見直し

2 日系人の受入れ
○地域社会の中で自立・安定した社会生活を営まれる観点から、日系人に係る在留資格の見直しの検討
○日系人子女の健全な育成等のための在留期間更新等の審査における就学状況の確認

3 国際交流の一層の推進
○観光立国実現に向けた取組の推進
○日系人子女等を通じた青少年交流の拡大
○ワーキング・ホリデー制度等の交流の活発化に向けた取組

4 留学生の受入れの推進
○ビジネス関係者等の円滑な出入国手続の活用に向けた一層の活発化に向けた検討
○「留学生30万人計画」の達成に向けた適正・円滑な入国・在留管理の推進

5 研修・技能実習制度の適正化への取組
○我が国企業への就職を希望する留学生の在留資格変更手続の円滑化の徹底
○労働基準監督署等との連携を密にし、技能実習実施機関の保護を徹底
○送還し関係機関の連携の強化に基づく監督指導の一層の強化

6 外国人の受入れに関する国民的議論の活性化
○人口減少時代における外国人の受入れの在り方について、国民的議論を活性化し、国全体として方策を検討していく中で、その検討に積極的に参画

安全・安心な社会の実現に向けた不法滞在者対策等の推進

1 厳格な出入国審査等を活用した上陸審査対策の実施
○個人識別情報を活用した上陸審査の推進
○国内外の関係機関との連携による情報を活用した水際対策の強化
○密輸入に対するパトロールなど、船舶等への対策の強化

2 国内に不法滞在する者への対策の強化
○不法滞在者・偽装滞在者に係る情報の収集・分析体制の整備等
○不法滞在者の稼働先の分散化に対応した積極的な摘発等の実施
○偽装滞在等に対する新たな在留管理制度を活用した取消し等の実施
○迅速な送還に向けた取組の徹底、警察等捜査機関との連携の強化

3 被収容者処遇の一層の適正化及び運用
○在留特別許可に係る活動等を通じた処遇の透明化・適正化

4 在留特別許可の透明性の向上に向けた取組を通じ、許可の対象となり得る者の法的地位の早期安定化
○在留特別許可の運用方針に基づく出入国管理行政の展開

新たな在留管理制度を適切に活用した在留管理の実施

1 情報を活用した適正な在留管理の実施
○外国人の在留状況の迅速かつ的確な把握による適正な在留管理の実現
○外国人との共生社会の実現に向けた難民等の受入れ

2 外国人等への負担軽減の観点からの情報提供を通じた在留外国人への各種行政サービスの向上
○在留外国人の円滑な負担軽減化に資した在留申請手続の簡素化等の推進
○在留カード等を活用した市区町村が実施する在留外国人への各種行政サービスの向上

難民の適正かつ迅速な庇護の推進

1 適正かつ迅速な難民認定のための取組
○難民認定の迅速化及び難民認定制度の公正・中立性の確保
○外国人との共生社会の実現による難民等の受入れ

2 第三国定住による難民の受入れ
○パイロットケースの実施を踏まえ、今後の受入れの在り方の検討

その他

○出入国管理体制の整備 ○国際協力の更なる推進 ○人身取引被害者等への配慮
○外国人登録制度の適切な運用及び新制度への円滑な移行

→「活力ある豊かな社会」、「安全・安心な社会」、「外国人との共生社会」の実現

資料：法務省

法滞在者」に対しては入国段階で厳しくチェックし、早期送還、強制退去で対応するというのが国の方針であることがうかがわれる。日本の出入国政策の基本的な考え方では、就労目的の入国の受け入れについては研究者、専門職、教育者、ビジネスマン等のいわゆるホワイトカラーか熟練技能労働者に限られ、いわゆる「単純労働者」の受け入れはできないことになっている。

2 入管法に規定される外国人に対する出入国管理行政

　滞日外国人の生活を規定する法的枠組みの中心となるのは、「出入国管理及び難民認定法」（以下、「入管法」）である。社会福祉士として滞日外国人を対象としたソーシャルワークの実践を行う際に必要とされる基本的事項について、以下、入管法に規定されている事項を中心に概説する。

①———外国人の入国手続と在留手続

①【外国人】（第2条第2号）

　入管法において、外国人とは、日本の国籍を有しない者をいう。

②【外国人の入国】【外国人の上陸】（第3条、第5条、第6条ほか）

　入管法において、「入国」とは、外国人が日本の領海や領空内に入ることをいい、「上陸」とは、外国人が日本の領土に足を踏み入れることをいう。周囲を海に囲まれている日本では、入管法で「入国」と「上陸」を別の概念として区別し、それぞれ異なった規制をしている。外国人の入国および上陸に関する基本原則は、入管法第2章に規定されており、第2章の第1節で外国人が日本の領域内に入る要件について定めるとともに、第2節では「外国人の上陸」として、日本に上陸することのできない外国人の類型を上陸拒否事由として定めている。

③【外国人の入国の要件】（第3条）

　外国人が日本の領域内に入るためには、有効な旅券を所持していなければならない。ただし、有効な乗員手帳を所持している乗員または日本において乗員となる外国人については、有効な旅券を所持していない場合でも入国が認められる。なお、本条における「乗員」とは、入管法第2条で定義されている「船舶又は航空機の乗組員」をいう。

④【外国人の上陸の要件】（第6条）

　日本に上陸しようとする外国人は、原則として法務省令で定められている出入国港において、第6条の規定に基づく上陸の申請を行い、入国審査官による上陸審査を受け、旅券に上

陸許可の証印を受けることによってはじめて合法的に上陸することができる。上陸審査を受けない外国人は、合法的に日本に上陸することができず、許可を受けずに上陸すれば不法入国または不法上陸に該当し、退去強制または刑事罰の対象となる。入管法では、外国人が上陸を希望する場合には、次の五つの条件を満たすことが必要であると定めている。

① 有効な旅券で、日本国領事館等の査証を受けたものを所持していること
② 申請にかかる活動（わが国で行おうとする活動）が偽りのものでないこと
③ 日本で行おうとする活動が、入管法に定める在留資格のいずれかに該当すること
　また、上陸審査基準の適用のある在留資格については、その基準に適合すること
④ 滞在予定期間が、在留期間を定めた施行規則の規定に適合すること
⑤ 入管法第5条で定める上陸拒否事由に該当しないこと

⑤【旅券】（第2条第5号）
　一般的に旅券（パスポート）とは、外国に渡航しようとする自国民に対し、政府が所持人の国籍と身分を公証し、かつ渡航先の外国官憲に対して、所持人に対する保護と旅行の便宜供与を依頼する文書をいう。

⑥【査証】（第7条）
　日本に上陸しようとする外国人は、原則として有効な旅券を所持していることのほかに、所持する旅券に日本領事館等の査証（VISA）を受けていなければならない。査証は、その外国人が所持する旅券が権限のある官憲によって適法に発給された有効なものであることを確認するとともに、当該外国人による日本への入国および滞在が、これに記する条件の下において適当であるとの、いわば推薦状たる性質を有する。日本では査証を発給することは外務省の所掌事務であり（外務省設置法第4条第13号）、在外公館においてその長が発給することとされており、日本国内では発給されない。日本国領事官等は、外務省設置法第4条第13号、第7条第1項、第10条第2項および第3項に基づいて、査証に関する事務を行っている。
　日本では、2011（平成23）年5月現在、61の国・地域に対して査証免除措置を実施している。これらの諸国・地域人は、商用、会議、観光、親族・知人訪問等を目的とする場合には、入国に際して査証を取得する必要はない。ただし、日本で報酬を受ける活動に従事する場合、それぞれの措置に定める期間を超えて滞在する場合には査証を取得する必要がある。また、査証免除措置をとっている国のうち、マレーシア、ペルーおよびコロンビアに対しては、査証取得勧奨措置[2]を導入しており、査証を取得せずに入国しようとする場合、日本入国時に

---

2) 外務省によれば、査証免除措置をとっている国の一部であるマレーシア（1993年6月1日以降）、ペルー（1995年7月15日以降）およびコロンビア（2004年2月1日以降）に対しては、査証取得勧奨措置が導入されており、これらの国籍の者が、事前に査証を取得せずに入国を希望する場合には、日本入国時に厳格な入国審査が行われ、結果として入国できないおそれがある。

厳格な入国審査が行われることになる。査証免除措置諸国・地域人の場合、措置で認められている滞在期間にかかわらず、上陸許可の際に付与される在留期間は「15日」「30日」「90日」のうち外国人の行おうとする活動をカバーするもので最も短い期間となる。また、6か月以内の滞在が認められている国・地域人で、90日を超えて滞在する場合には、法務省（地方入国管理局）において在留期間更新手続を行わなければならない。

外国人の上陸が許可されると、空港または海港で入国審査官等によって旅券上に「上陸許可証印」が押印される。この上陸許可証印が、入国当初は日本における合法的滞在の根拠となる。すなわち、日本に上陸しようとする外国人は、到着した空港または海港において入国審査官に対して上陸申請を行い、旅券の有効性、査証の有無、査証が必要とされる際には査証の有効性、入国目的・滞在予定期間等が審査され、これらの要件が入管法に定められた上陸条件にすべて合致することが確認されてはじめて、「上陸」が認められることとなる。上陸が許可されない、すなわち上陸不許可が確定した場合には、本人に対して退去命令が出される。実務的には、退去命令が出た外国人に関しては、法律上その人を連れて帰る義務は運送業者に課されている（入管法第59条）。ほとんどの場合、飛行機で来日した外国人は往復のチケットを持っていることから、当該人を乗せて来た航空会社が自分の便に乗せて、出発地に連れて帰ることとなる。

⑦【在留資格】（第2条の2）
　在留資格とは、「活動」と「在留」の二つの要素を結びつけてつくられた概念・枠組みであって、外国人が日本において一定の活動を行って在留するための入管法上の資格をいう。上陸が許可されるための要件の一つとして、外国人の行おうとする活動が入管法に定める在留資格のいずれかに該当していることが求められており、そのいずれかに該当していないときは上陸が許可されないことになる。しばしば、相談者である外国人本人は、「ビザが切れている」「ビザがない」というふうに表現し、「在留資格」のことを「ビザ」と呼ぶことが多いので、前述の査証（VISA）と混同しないよう注意が必要である。(資料A：41頁)

⑧【在留資格認定証明書】（第7条の2）
　在留資格認定証明書とは、日本に上陸を希望する外国人について、申請に基づき、法務大臣が上陸のための条件のうち「日本で行おうとする活動が虚偽のものでなく、かつ、在留資格に該当すること、また、在留資格により上陸許可基準が設けられている場合にはこの基準にも適合していること」について、適合していることを証明するものである。在留資格認定証明書制度は、入国審査手続の簡易・迅速化と効率化を図ることを目的としている。在留資格認定証明書を交付された外国人は、その在留資格認定証明書を日本国領事館等に提示して査証の発給申請をした場合には、在留資格にかかる上陸のための条件についての法務大臣の事前審査を終えているものとして扱われるため、査証の発給は迅速に行われ、また、出入国

港において上陸許可を申請する際においても、同証明書を提示する外国人は、入国審査官から在留資格に関する上陸条件に適合する者として取り扱われるため、上陸審査も簡易で迅速に行われる。在留資格認定証明書の交付は、本人が来日する前に、就職予定先の雇用主や配偶者等日本にいる関係者が最寄りの地方入国管理局などで、本人に代わって申請する。(資料B：45頁)

⑨【在留期間更新の許可】(第21条)
　在留資格を有して在留する外国人は、原則として付与された在留期間に限って日本に在留することができることとなっている。日本に在留する外国人が、現に有する在留資格の活動を変更することなく、在留期限到来後も引き続き在留しようとする場合には、法務省令で定める手続により、法務大臣に対して在留期間の更新許可申請を行い、在留期間更新の許可を受ける必要がある。なお、在留期間の更新許可申請は、現に有する在留期間の期日が到来する前に行うことが原則とされている。(資料C：47頁)

⑩【在留資格変更の許可】(第20条)
　日本に在留する外国人は、在留目的とする活動を変更する場合には、新たな活動に対応する在留資格への変更の許可を受ける必要がある。在留資格の変更とは、在留資格を有する外国人が在留目的を変更して別の在留資格に該当する活動を行おうとする場合に、法務大臣に対して在留資格の変更許可申請を行い、従来有していた在留資格を新しい在留資格に変更するために許可を受けることをいう。

⑪【資格外活動許可】(第19条第2項)
　日本に在留する外国人は、入管法別表第1または第2に定められた在留資格（資料A：41頁）をもって在留することとされており、入管法別表第1に定められた在留資格は、就労や留学など日本で行う活動に応じて許可されるものであるため、それぞれの在留資格に応じて行うことのできる活動が定められている。日本に在留する外国人が現に有する在留資格に属する活動のほかに、本来の在留目的の活動を行うかたわら、それ以外の活動で収入を伴う事業を運営する活動または報酬を受ける活動を行う場合には、あらかじめ法務大臣の許可を受けなければならない。これを資格外活動の許可という。例えば、留学生がアルバイトをする場合などがこれに該当する。資格外活動許可を受けないで、付与されている在留資格に属する活動以外の収入を伴う事業を運営する活動または報酬を受ける活動を専ら行っている場合は、退去強制事由（第24条第4号イ）に該当し、退去強制の対象とされる。

⑫【在留資格の取得】(第22条の2)
　在留資格の取得とは、日本国籍の離脱や出生その他の事由により入管法に定める上陸の手

続を経ることなくわが国に在留することとなる外国人が、その事由が生じた日から引き続き60日を超えてわが国に在留しようとする場合に必要とされる在留の許可をいう。例えば、日本で出生したが日本国籍を有さない者や日本国籍を離脱したりして外国人となった者等が、その事由の生じた日から60日を超えて引き続き日本に在留しようとする場合には、在留資格取得の許可を受ける必要がある。

⑬【再入国許可】（第26条）

再入国許可とは、日本に在留する外国人が一時的に出国し再び日本に入国しようとする場合に、入国・上陸手続を簡略化するために法務大臣が出国に先立って与える許可である。

原則として、日本に在留する外国人が再入国許可を受けずに出国した場合には、その外国人が有していた在留資格および在留期間は消滅してしまうため、再び日本に入国しようとする場合には、再度その入国に先立って新たに査証を取得したうえで、上陸申請を行い、上陸審査手続を経て上陸許可を受けなければならない。これに対し、再入国許可を受けた外国人は、再入国時の上陸申請にあたり、通常必要とされる査証が免除される。また、上陸後には従前の在留資格および在留期間が継続しているものとみなされる。例えば、就労や長期滞在を目的とする外国人が、在留期間内に一時的な用務等により日本を出国した後に再び日本に入国をしようとする場合には、出国前にあらかじめ再入国の許可を受けていれば、日本へ再入国するに際しては、再入国の許可に付された有効期間内であれば新たに査証を取得する必要はない。再入国許可は、地方入国管理局において申請を受け付けている。再入国許可が与えられる場合には、旅券に再入国許可証印が押印される。

なお、出国後に日本国大使館および総領事館において再入国許可を申請することはできない。ただし、再入国許可を受けて出国した外国人が、病気等のやむを得ない事情により、その有効期間内に再入国することができない場合には、「再入国許可の有効期間の延長許可」を日本国大使館および総領事館において申請することができる。

また、2012（平成24）年7月9日からの改正入管法の施行による「新しい在留管理制度」の導入に伴い、施行日後に許可される再入国許可の有効期間の上限が「3年」から「5年」に伸長されることとなる。また、有効な旅券および在留カードを所持する外国人が出国する際、出国後1年以内に再入国する場合には、原則として再入国許可を受ける必要がなくなる「みなし再入国許可」の制度が導入されることとなっている（詳細については次節参照）。

⑭【永住許可】（第22条）

永住許可は、在留資格を有する外国人が「永住者」への在留資格の変更を希望する場合または出生等により「永住者」の在留資格の取得を希望する場合に、法務大臣が与える許可であり、在留資格変更許可の一種である。ただし、在留資格「永住者」は、活動の内容、在留期間ともに制限されないという点で、ほかの在留資格と比べて大幅に在留管理が緩和される

ことから、通常の在留資格の変更よりも慎重な審査が必要とされるため、一般の在留資格の変更許可手続とは独立した規定が特に設けられている。「永住者」は日本における一定の在留実績を積んだ後に取得できる在留資格であり、外国人が入国の時点で「永住者」の在留資格を付与されることはない。

②───外国人の退去強制と出国命令

⑮【違反調査】（第27条）

違反調査とは、退去強制手続の第一段階であり、入管法第24条に規定する退去強制事由に該当すると思われる外国人に対して、入国警備官が行う。

⑯【収容】（第39条）

違反調査の結果、容疑者（退去強制事由に該当すると思われる外国人）が退去強制事由に該当すると疑う相当の理由があれば、容疑者が出国命令対象者に該当すると認めるに足りる相当の理由があるときを除き、地方入国管理局の主任審査官が発付する収容令書により容疑者を施設（入国者収容所や地方入国管理局の収容場）に収容することとなる。

⑰【仮放免】（第54条）

被収容者について、請求により、または職権で、一時的に収容を停止し、身柄の拘束を仮に解く措置である。収容令書による収容期間は「30日（ただし、主任審査官においてやむを得ない事由があると認めるときは、30日を限り延長することができる）」、退去強制令書による収容は「送還可能のときまで」と定められているが、被収容者の健康上の理由、出国準備等のために身柄の拘束をいったん解く必要が生じた場合に対応するために設けられた制度である。（資料D：49頁）

⑱【退去強制令書の発付】（第51条ほか）

容疑者が、入国審査官の認定または特別審理官の判定に「異議なし」と服したことの知らせを受けるか、あるいは法務大臣への異議の申し出に対して理由がない旨の裁決の通知を受けたときに、主任審査官が発付するのが退去強制令書である。一連の退去強制手続で「容疑者」と呼ばれた外国人は、この退去強制令書が発付されたときから容疑者ではなく「退去強制される者」（「被退去強制者」）となり、日本から退去させられることが確定した人となる（図2-7）。

⑲【退去強制令書の執行】（第52条）

退去強制令書が発付されると、入国警備官は、退去強制を受ける外国人に退去強制令書またはその写しを示して、速やかにその外国人を送還しなければならない。退去強制令書の発

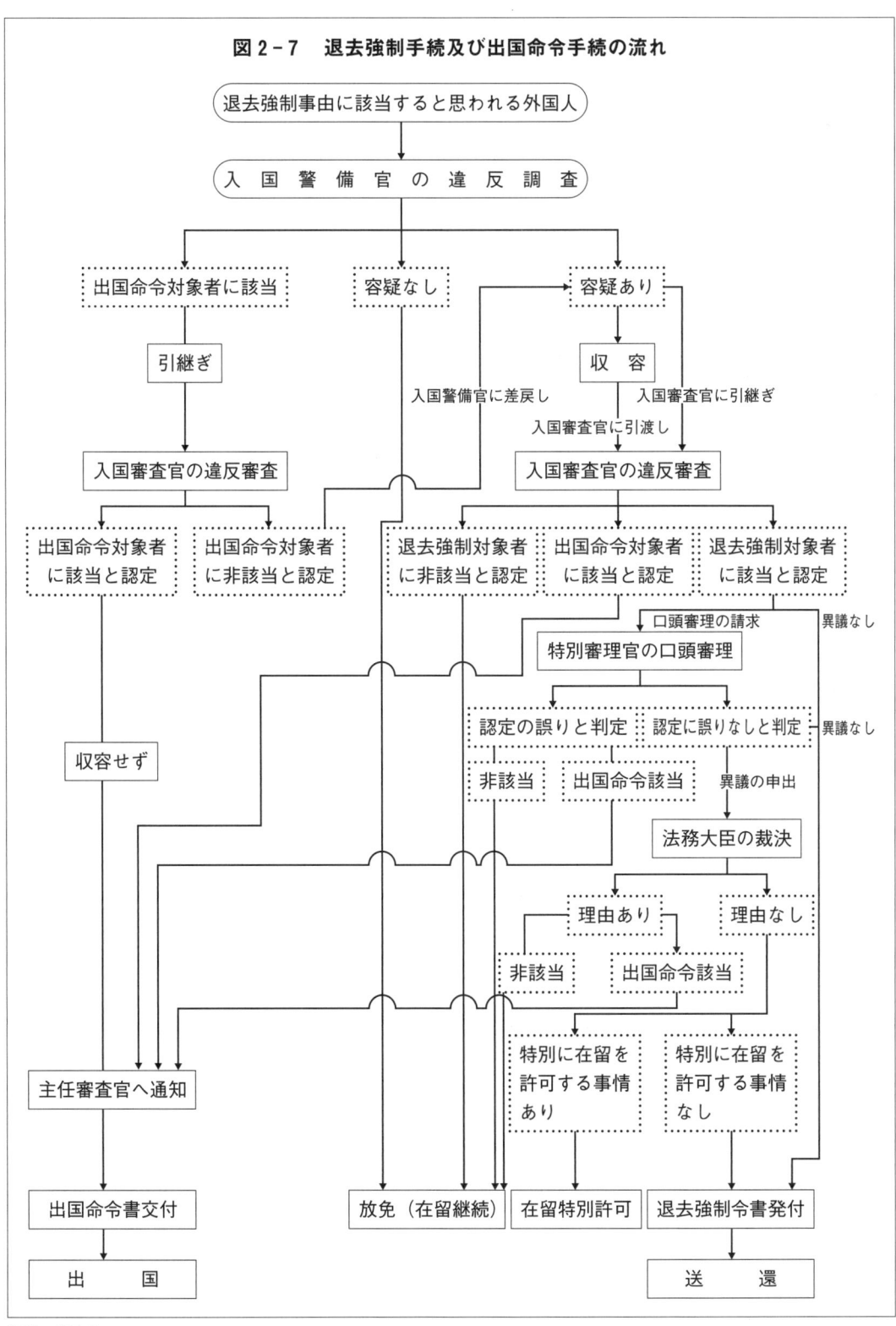

図2-7　退去強制手続及び出国命令手続の流れ

```
退去強制事由に該当すると思われる外国人
           ↓
    入国警備官の違反調査
    ┌──────┬──────┬──────┐
 出国命令      容疑なし      容疑あり
 対象者に該当                    ↓
    ↓                         収容
   引継ぎ         入国警備官に差戻し    入国審査官に引継ぎ
                              入国審査官に引渡し
    ↓                           ↓
 入国審査官の違反審査        入国審査官の違反審査
  ┌──┬──┐         ┌────┬────┬────┐
出国命令 出国命令     退去強制  出国命令  退去強制
対象者に  対象者に    対象者に  対象者に  対象者に
該当と認定 非該当と認定  非該当と認定 該当と認定 該当と認定
                                      口頭審理の請求    異議なし
                              特別審理官の口頭審理
                              ┌──────┬──────┐
                            認定の誤りと判定  認定に誤りなしと判定  異議なし
                              ┌──┬──┐
                            非該当 出国命令該当    異議の申出
                                          法務大臣の裁決
                                          ┌──┬──┐
                                        理由あり  理由なし
                                        ┌──┬──┐
                                      非該当 出国命令該当
                                              ┌──────┬──────┐
                                            特別に在留を  特別に在留を
                                            許可する事情  許可する事情
                                            あり        なし
    ↓        ↓                    ↓      ↓        ↓
 主任審査官
  へ通知
    ↓
 出国命令書交付    放免（在留継続）  在留特別許可  退去強制令書発付
    ↓                                          ↓
   出国                                         送還
```

資料：法務省

布を受けた外国人である被退去強制者を直ちに送還することができないときは、送還可能のときまで、その者を入国者収容所、地方入国管理局の収容場その他法務大臣またはその委任を受けた主任審査官が指定する場所に収容することができるとされている。強制送還後、5年間（事情によっては10年間となる場合もある）は日本に入国することはできない。

⑳【在留特別許可】（第50条）

　法務大臣は、異議の申し出に理由がないと認める場合でも、次のような場合には、在留を特別に許可できるとされている。この法務大臣の裁決の特例が在留特別許可である。在留特別許可は、本来であれば日本から退去強制されるべき外国人に対して、法務大臣が在留を特別に許可することができるとされているものであり、許可を与えるか否かは法務大臣の自由裁量に委ねられている。

- 永住許可を受けているとき（第50条第1項第1号）
- かつて日本国民として日本に本籍を有したことがあるとき（同項第2号）
- 人身取引等により他人の支配下に置かれて日本に在留するものであるとき（同項第3号）
- その他法務大臣が特別に在留を許可すべき事情があると認めるとき（同項第4号）

　在留特別許可はあくまでも法務大臣の裁決の特例であって、当該外国人本人の申請によって付与されるものではないことに留意する必要がある。

㉑【出国命令制度】（第24条の3、第55条の2から55条の6）

　不法残留者（第24条第2号の3、第4号ロまたは第6号から第7号までのいずれかに該当する外国人）が、帰国を希望して自ら入国管理局に出頭した場合は、以下の五つの要件をすべて満たすことを条件に、出国命令という制度により、入国管理局に収容されることなく出国することができる。出国命令により出国したときは、日本に入国できない期間は1年となる（図2-8）。

① 速やかに出国することを希望して、自ら入国管理局に出頭したこと
② 不法残留している場合に限ること
③ 窃盗その他一定の罪により懲役刑等の判決を受けていないこと
④ これまでに強制送還されたり、出国命令により出国したことがないこと
⑤ 速やかに出国することが確実であること

㉒【難民認定制度】（第61条の2）

　「難民の地位に関する条約」（以下、「難民条約」）および「難民の地位に関する議定書」（以下、「難民議定書」）が日本において1982（昭和57）年に発効されたことに伴い、難民条約および難民議定書の諸規定を国内で実施するため、難民認定制度が整備された。この制度では、難民である外国人は、難民認定申請を行い、法務大臣から難民であるとの認定を受けること

図 2-8　出国命令制度と退去強制

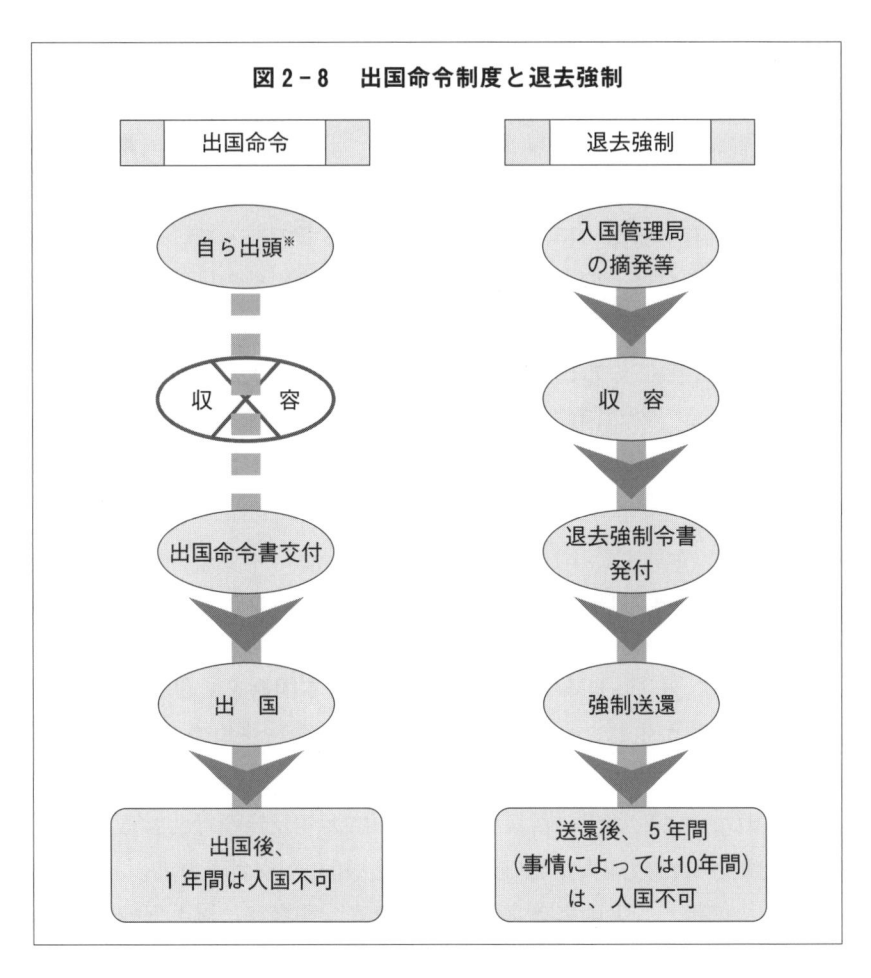

出国命令
- 自ら出頭※
- 収容（×）
- 出国命令書交付
- 出国
- 出国後、1年間は入国不可

退去強制
- 入国管理局の摘発等
- 収容
- 退去強制令書発付
- 強制送還
- 送還後、5年間（事情によっては10年間）は、入国不可

※出頭場所となる地方入国管理局等

札幌入国管理局	北海道札幌市中央区大通西 12 丁目	TEL 011-261-7502
仙台入国管理局	宮城県仙台市宮城野区五輪 1-3-20	TEL 022-256-6076
東京入国管理局	東京都港区港南 5-5-30	TEL 03-5796-7111
東京入国管理局横浜支局	神奈川県横浜市金沢区鳥浜町 10-7	TEL 045-769-1720
名古屋入国管理局	愛知県名古屋市港区正保町 5-18	TEL 052-559-2150
大阪入国管理局	大阪府大阪市住之江区南港北 1-29-53	TEL 06-4703-2100
大阪入国管理局神戸支局	兵庫県神戸市中央区海岸通り 29	TEL 078-391-6377
広島入国管理局	広島県広島市中区上八丁堀 2-31	TEL 082-221-4411
高松入国管理局	香川県高松市丸の内 1-1	TEL 087-822-5852
福岡入国管理局	福岡県福岡市博多区下臼井 778-1	TEL 092-623-2400
福岡入国管理局鹿児島出張所	鹿児島県鹿児島市泉町 18-2-40	TEL 099-222-5658
福岡入国管理局那覇支局	沖縄県那覇市樋川 1-15-15	TEL 098-832-4185

資料：法務省

ができ、また、難民条約に規定する難民としての保護を受けることができる。「難民」とは、難民条約第1条または難民議定書第1条の規定により定義される難民を意味し、それは、「1951年1月1日前に生じた事件の結果として、かつ、人種、宗教、国籍もしくは特定の社会的集団の構成員であることまたは政治的意見を理由に迫害を受けるおそれがあるという十分に理由のある恐怖を有するために、国籍国の外にいる者であって、その国籍国の保護を受けることができない者またはそのような恐怖を有するためにその国籍国の保護を受けることを望まない者及びこれらの事件の結果として常居所を有していた国の外にいる無国籍者であって、当該常居所を有していた国に帰ることができない者またはそのような恐怖を有するために当該常居所を有していた国に帰ることを望まない者」等とされている。難民認定手続とは、外国人がこの難民の地位に該当するかどうかを審査し決定する手続である（図2-9）。

㉓【外国人登録】

日本に90日以上在留する外国人は、「外国人登録法」という法律によって外国人登録をすることが義務づけられている。この新規登録申請は、日本に新規に入国したときは、その上陸の日から90日以内に、また、日本で出生した場合や日本国籍を離脱したときなどは、出生、日本国籍離脱等その事由が生じた日から60日以内に、その居住地の市区町村の長に対し、外国人登録申請書、旅券および一定の規格に合った写真2枚（16歳未満の場合は不要）を提出して行うこととされている。届出（新規登録申請）により登録が行われると、市区町村の長から登記事項が記載された外国人登録証明書（図2-10）が交付される。16歳以上の外国人はこの登録証明書を携帯し、入国審査官、入国警備官、警察官、海上保安官などの一定の公務員が職務上提示を求めた場合には、これに応じる義務がある。なお、在留資格がなくても、外国人登録証明書はつくることができる。また、外国人登録を行う際には、本人を公証するものとして旅券の提示が求められるが、難民認定申請者や難民とその二世等は日本に在留する当初から旅券を所有しない、あるいは旅券の更新ができない等の理由により有効な旅券を所持しない場合があり、その場合には、市区町村の担当窓口から管轄法務局へ受理伺いが行われることとなる。

なお、2012（平成24）年7月9日から、改正入管法の施行による「新しい在留管理制度」の導入に伴って「外国人登録法」による「外国人登録制度」は廃止されることとなった。これにより、中長期在留者に対しては新しく「在留カード」が交付されることとなる。また、「住民基本台帳法の一部を改正する法律」により在留カード交付対象、特別永住者である外国人住民にも「住民基本台帳法」が適用されることとなった。ただし、在留カード交付の対象である中長期在留者が所持する「外国人登録証明書」は、一定の期間「在留カード」とみなされる（詳細については次節参照）。

図2-9 難民認定業務の流れ

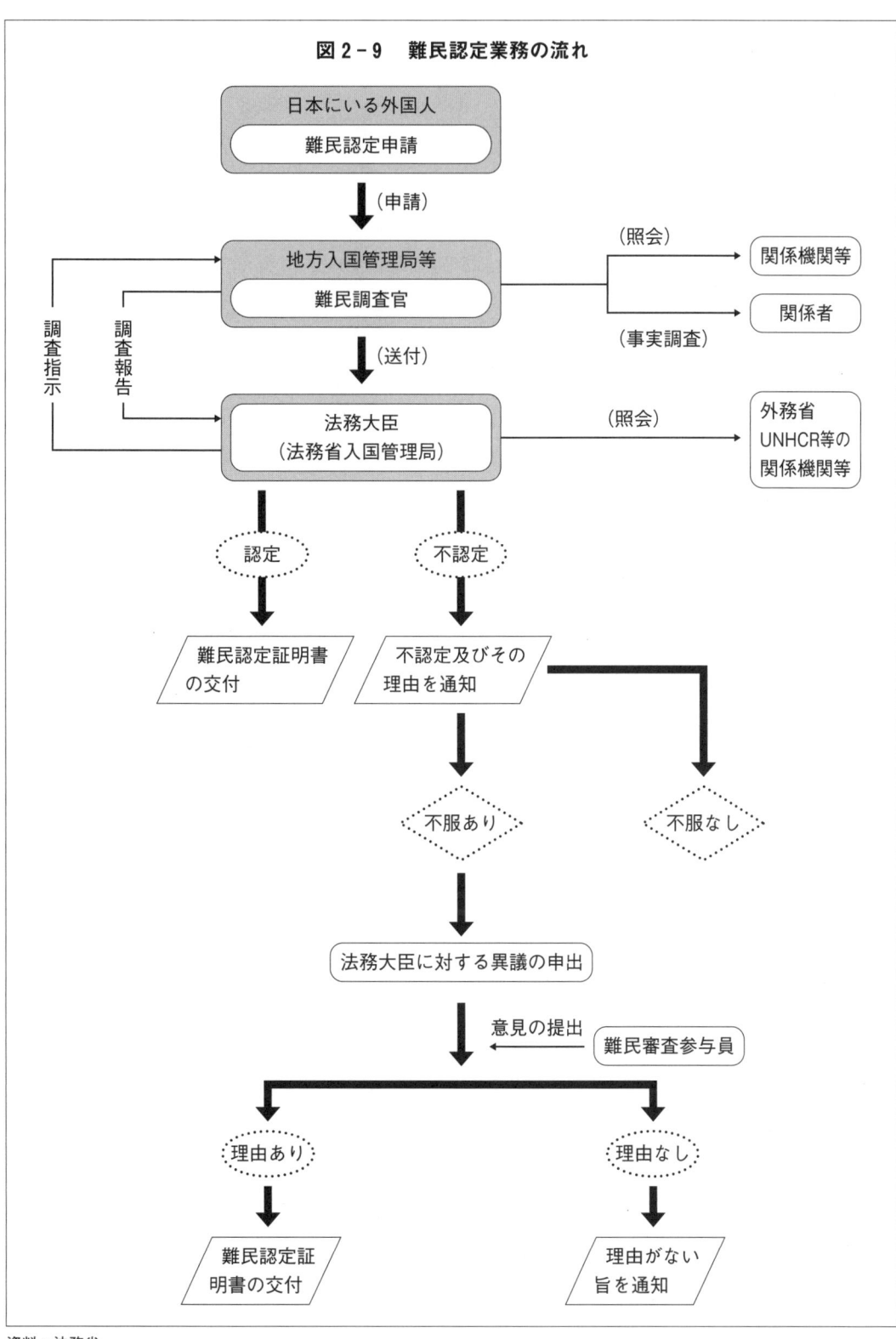

```
日本にいる外国人
  難民認定申請
       │(申請)
       ▼
地方入国管理局等 ──(照会)──→ 関係機関等
  難民調査官    ──(事実調査)→ 関係者
       │(送付)
       ▼
法務大臣              ──(照会)──→ 外務省
(法務省入国管理局)                  UNHCR等の
                                  関係機関等
   │            │
 (認定)       (不認定)
   ▼            ▼
難民認定証明書   不認定及びその
の交付         理由を通知
                │          │
                ▼          ▼
             不服あり    不服なし
                │
                ▼
          法務大臣に対する異議の申出
                │
                │←── 意見の提出 ── 難民審査参与員
                ▼
        ┌───────┴───────┐
        ▼               ▼
     理由あり          理由なし
        ▼               ▼
    難民認定証        理由がない
    明書の交付        旨を通知
```

地方入国管理局等には「調査指示」「調査報告」の矢印が法務大臣との間にある。

資料：法務省

3 「在留資格」の種類と就労等の活動制限

在留資格のカテゴリーは全部で26種類ある。うち、就労が認められる資格20種類、就労が認められない資格6種類（文化活動、短期滞在、留学、研修、家族滞在、特定活動）に分けることができる。また、身分・地位に基づく在留資格で活動に制限がない在留資格は「永住者」「日本人の配偶者等」「永住者の配偶者等」「定住者」の4種類である（資料A参照）。

なお、「雇用対策法及び地域雇用開発促進法の一部を改正する法律」の成立により、2007（平成19）年10月1日から、すべての事業主は、外国人労働者（特別永住者および在留資格「外交」「公用」の者を除く）の雇入れまたは離職の際に、当該外国人労働者の氏名、在留資格、在留期間等について確認し、厚生労働大臣（ハローワーク）へ届け出ることが義務づけられた。届出を怠ったり、虚偽の届出を行った場合は、30万円以下の罰金の対象となる。

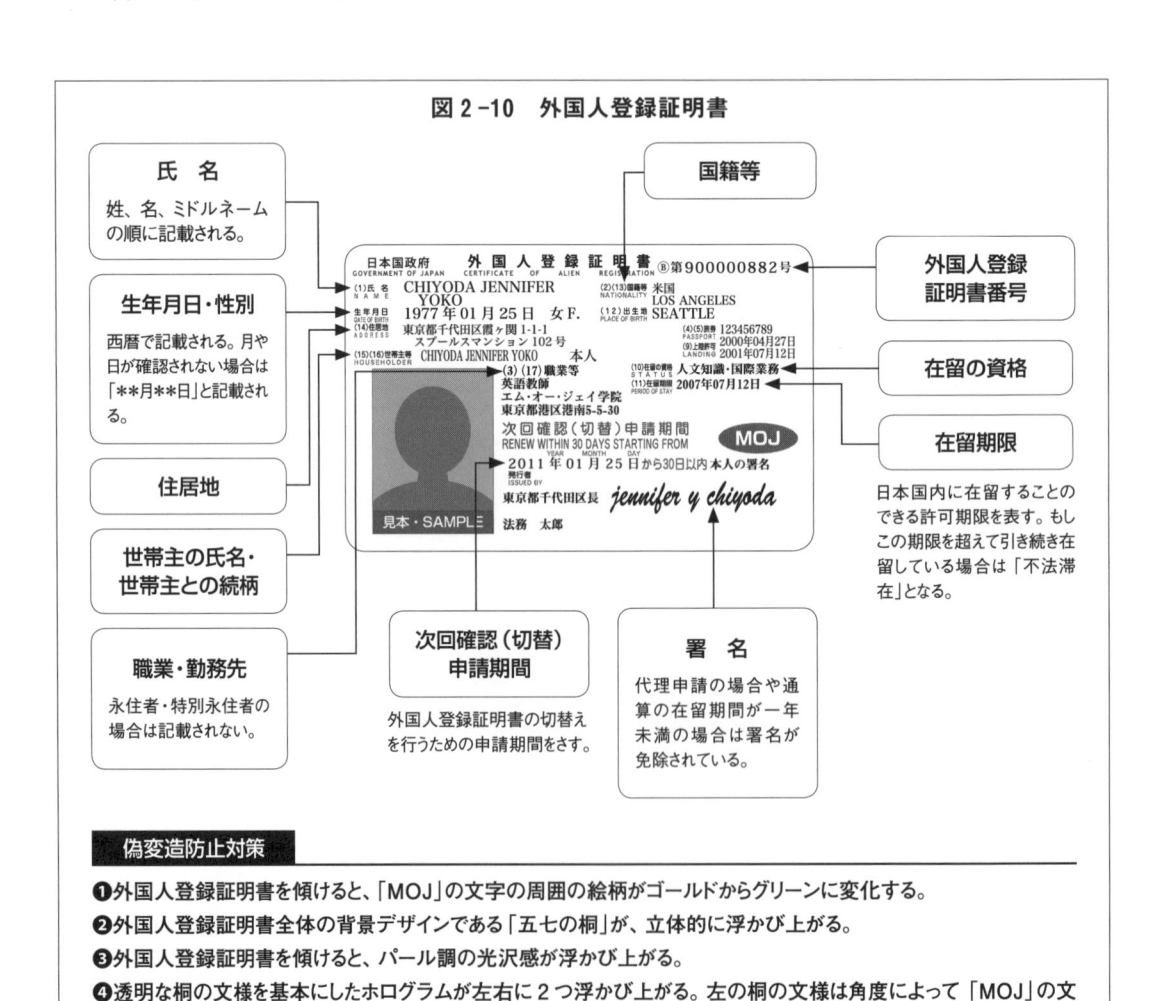

図2-10　外国人登録証明書

氏名
姓、名、ミドルネームの順に記載される。

生年月日・性別
西暦で記載される。月や日が確認されない場合は「＊＊月＊＊日」と記載される。

住居地

世帯主の氏名・世帯主との続柄

職業・勤務先
永住者・特別永住者の場合は記載されない。

国籍等

外国人登録証明書番号

在留の資格

在留期限
日本国内に在留することのできる許可期限を表す。もしこの期限を超えて引き続き在留している場合は「不法滞在」となる。

次回確認（切替）申請期間
外国人登録証明書の切替えを行うための申請期間をさす。

署名
代理申請の場合や通算の在留期間が一年未満の場合は署名が免除されている。

偽変造防止対策

❶外国人登録証明書を傾けると、「MOJ」の文字の周囲の絵柄がゴールドからグリーンに変化する。
❷外国人登録証明書全体の背景デザインである「五七の桐」が、立体的に浮かび上がる。
❸外国人登録証明書を傾けると、パール調の光沢感が浮かび上がる。
❹透明な桐の文様を基本にしたホログラムが左右に2つ浮かび上がる。左の桐の文様は角度によって「MOJ」の文字に変化する。

資料A　在留資格一覧表

入管法別表第1から第1の5として規定されているもの

在留資格	本邦において行うことができる活動	該当例	在留期間
別表第1			
外交	日本国政府が接受する外国政府の外交使節団若しくは領事機関の構成員、条約若しくは国際慣行により外交使節と同様の特権及び免除を受ける者又はこれらの者と同一の世帯に属する家族の構成員としての活動	外国政府の大使、公使、総領事、代表団構成員等及びその家族	外交活動の期間
公用	日本国政府の承認した外国政府若しくは国際機関の公務に従事する者又はその者と同一の世帯に属する家族の構成員としての活動（この表の外交の項に掲げる活動を除く。）	外国政府の大使館・領事館の職員、国際機関等から公の用務で派遣される者等及びその家族	公用活動の期間
教授	本邦の大学若しくはこれに準ずる機関又は高等専門学校において研究、研究の指導又は教育をする活動	大学教授等	3年又は1年
芸術	収入を伴う音楽、美術、文学その他の芸術上の活動（この表の興行の項に掲げる活動を除く。）	作曲家、画家、著述家等	3年又は1年
宗教	外国の宗教団体により本邦に派遣された宗教家の行う布教その他の宗教上の活動	外国の宗教団体から派遣される宣教師等	3年又は1年
報道	外国の報道機関との契約に基づいて行う取材その他の報道上の活動	外国の報道機関の記者、カメラマン	3年又は1年
別表第1の2			
投資・経営	本邦において貿易その他の事業の経営を開始し若しくは本邦におけるこれらの事業に投資してその経営を行い若しくは当該事業の管理に従事し又は本邦においてこれらの事業の経営を開始した外国人（外国法人を含む。以下この項において同じ。）若しくは本邦におけるこれらの事業に投資している外国人に代わってその経営を行い若しくは当該事業の管理に従事する活動（この表の法律・会計業務の項に掲げる資格を有しなければ法律上行うことができないこととされている事業の経営若しくは管理に従事する活動を除く。）	外資系企業等の経営者・管理者	3年又は1年
法律・会計業務	外国法事務弁護士、外国公認会計士その他法律上資格を有する者が行うこととされている法律又は会計に係る業務に従事する活動	弁護士、公認会計士等	3年又は1年
医療	医師、歯科医師その他法律上資格を有する者が行うこととされている医療に係る業務に従事する活動	医師、歯科医師、看護師	3年又は1年

研究	本邦の公私の機関との契約に基づいて研究を行う業務に従事する活動（この表の教授の項に掲げる活動を除く。）	政府関係機関や私企業等の研究者	3年又は1年
教育	本邦の小学校、中学校、高等学校、中等教育学校、盲学校、聾学校、養護学校、専修学校又は各種学校若しくは設備及び編制に関してこれに準ずる教育機関において語学教育その他の教育をする活動	中学校・高等学校等の語学教師等	3年又は1年
技術	本邦の公私の機関との契約に基づいて行う理学、工学その他の自然科学の分野に属する技術又は知識を要する業務に従事する活動（この表の教授の項、投資・経営の項、医療の項から教育の項まで、企業内転勤の項及び興行の項に掲げる活動を除く。）	機械工学等の技術者	3年又は1年
人文知識・国際業務	本邦の公私の機関との契約に基づいて行う法律学、経済学、社会学その他の人文科学の分野に属する知識を必要とする業務又は外国の文化に基盤を有する思考若しくは感受性を必要とする業務に従事する活動（この表の教授の項、芸術の項、報道の項、投資・経営の項から教育の項まで、企業内転勤の項及び興行の項に掲げる活動を除く。）	通訳、デザイナー、私企業の語学教師等	3年又は1年
企業内転勤	本邦に本店、支店その他の事業所のある公私の機関の外国にある事業所の職員が本邦にある事業所に期間を定めて転勤して当該事業所において行うこの表の技術の項又は人文知識・国際業務の項に掲げる活動	外国の事業所からの転勤者	3年又は1年
興行	演劇、演芸、演奏、スポーツ等の興行に係る活動又はその他の芸能活動（この表の投資・経営の項に掲げる活動を除く。）	俳優、歌手、ダンサー、プロスポーツ選手等	1年、6月、3月又は15日
技能	本邦の公私の機関との契約に基づいて行う産業上の特殊な分野に属する熟練した技能を要する業務に従事する活動	外国料理の調理師、スポーツ指導者、航空機等の操縦者、貴金属等の加工職人等	3年又は1年
技能実習	1号 イ　本邦の公私の機関の外国にある事業所の職員又は本邦の公私の機関と法務省令で定める事業上の関係を有する外国の公私の機関の外国にある事業所の職員がこれらの本邦の公私の機関との雇用契約に基づいて当該機関の本邦にある事業所の業務に従事して行う技能等の修得をする活動（これらの職員がこれらの本邦の公私の機関の本邦にある事業所に受け入れられて行う当該活動に必要な知識の修得をする活動を含む。） ロ　法務省令で定める要件に適合する営利を目的としない団体により受け入れられて行う知識の修得及び当該団体の策定した計画に基づき、当該団体の責任及び監理の下に本	技能実習生	1年、6月又は法務大臣が個々に指定する期間（1年を超えない範囲）

	邦の公私の機関との雇用契約に基づいて当該機関の業務に従事して行う技能等の修得をする活動 2号 イ　1号イに掲げる活動に従事して技能等を修得した者が、当該技能等に習熟するため、法務大臣が指定する本邦の公私の機関との雇用契約に基づいて当該機関において当該技能等を要する業務に従事する活動 ロ　1号ロに掲げる活動に従事して技能等を修得した者が、当該技能等に習熟するため、法務大臣が指定する本邦の公私の機関との雇用契約に基づいて当該機関において当該技能等を要する業務に従事する活動（法務省令で定める要件に適合する営利を目的としない団体の責任及び監理の下に当該業務に従事するものに限る。）		
別表第1の3			
文化活動	収入を伴わない学術上若しくは芸術上の活動又は我が国特有の文化若しくは技芸について専門的な研究を行い若しくは専門家の指導を受けてこれを修得する活動（この留学の項から研修の項までに掲げる活動を除く。）	日本文化の研究者等	1年又は6月
短期滞在	本邦に短期間滞在して行う観光、保養、スポーツ、親族の訪問、見学、講習又は会合への参加、業務連絡その他これらに類似する活動	観光客、会議参加者等	90日、30日又は15日
別表第1の4			
留学	本邦の大学、高等専門学校、高等学校（中等教育学校の後期課程を含む。）若しくは特別支援学校の高等部、専修学校若しくは各種学校又は設備及び編制に関してこれらに準ずる機関において教育を受ける活動	大学、短期大学、高等専門学校及び高等学校等の学生	2年3月、2年、1年3月、1年又は6月
研修	本邦の公私の機関により受け入れられて行う技術、技能又は知識の修得をする活動（この表の技能実習1号及び留学の項に掲げる活動を除く。）	研修生	1年又は6月
家族滞在	この表の教授から文化活動までの在留資格をもつて在留する者（技能実習を除く。）又はこの表の留学の在留資格をもつて在留する者の扶養を受ける配偶者又は子として行う日常的な活動	在留外国人が扶養する配偶者・子	3年、2年3月、2年、1年3月、1年、6月又は3月
別表第1の5			
特定活動	法務大臣が個々の外国人について特に指定する活動	高度研究者、外交官等の家事使用人、ワーキング・ホリデー、経済連携協定に基づく外国人看護師・介護福祉士候補等	5年、4年、3年、2年、1年、6月又は法務大臣が個々に指定する期間（1年を超えない範囲）

入管法別表第2として規定されているもの

在留資格	本邦において有する身分又は地位	該当例	在留期間
永住者	法務大臣が永住を認める者	法務大臣から永住の許可を受けた者（入管特例法の「特別永住者」を除く。）	無期限
日本人の配偶者等	日本人の配偶者若しくは民法（明治29年法律第89号）第817条の二の規定による特別養子又は日本人の子として出生した者	日本人の配偶者・実子・特別養子	3年又は1年
永住者の配偶者等	永住者の在留資格をもつて在留する者若しくは特別永住者（以下「永住者等」と総称する。）の配偶者又は永住者等の子として本邦で出生しその後引き続き本邦に在留している者	永住者・特別永住者の配偶者及び我が国で出生し引き続き在留している実子	3年又は1年
定住者	法務大臣が特別な理由を考慮し一定の在留期間を指定して居住を認める者	インドシナ難民、日系3世、中国残留邦人等	3年、1年又は法務大臣が個々に指定する期間（3年を超えない範囲）

注：在留期間は入管法施行規則別表第2による

※なお、2012（平成24）年7月9日からは、改正入管法の施行により在留期間の上限が最長「5年」となったことにより、各在留資格に伴う在留期間が次のように追加される。

主な在留資格	在留期間（＿＿は新設されるもの）
「技術」、「人文知識・国際業務」等の就労資格（「興行」、「技能実習」を除く）	5年、3年、1年、3月
「留学」	4年3月、4年、3年3月、3年、2年3月、2年、1年3月、1年、6月、3月
「日本人の配偶者等」「永住者の配偶者等」	5年、3年、1年、6月

資料：法務省

資料B　在留資格認定証明書交付申請書（大学等における研究の指導又は教育等用）

所属機関等作成用 1　Ⅰ（「教授」・「教育」）　　　　　　　　　　　　　　　　在留資格認定証明書用
For organization, part 1 ("Professor" / "Instructor")　　　　　　　　　　　For certificate of eligibility

1　雇用又は招へいする外国人の氏名
　　Name of the foreigner to employ or invite

2　雇用契約先　Contracting place of employment
　(1)名称
　　　Name
　(2)所在地
　　　Address
　(3)電話番号
　　　Telephone No.
　(4)外国人職員数　　　　　名
　　　Number of foreign employees

3　稼働先（2と異なる場合に記入）　Place of work (to be filled in when different from 2)
　(1)名称
　　　Name
　(2)所在地
　　　Address
　(3)電話番号
　　　Telephone No.
　(4)外国人職員数　　　　　名
　　　Number of foreign employees

4　活動内容　Type of work　□ 研究の指導　　　　　□ 教育
　　□ 研究　　　　　　　　Research guidance　　　 Education
　　　Research

5　就労予定期間
　　Period of work

6　職務上の地位
　　Position

7　雇用形態　　　　　　（□ 常勤　　　　　　　□ 非常勤　）
　　Type of employment　　Full-time employment　Part-time service

8　給与・報酬（税引き前の支払額）　　　　　　　　　円（□ 年額　□ 月額）
　　Salary/Reward (amount of payment before taxes)　Yen　Annual　Monthly

以上の記載内容は事実と相違ありません。I hereby declare that the statement given above is true and correct.
勤務先又は所属機関等の記名及び代表者氏名の記名及び押印／申請書作成年月日
In cases where descriptions have changed after filling in this application form up until submission of this application, the organization must
correct the part concerned and press its seal on the correction.

　　　　　　　　　　　　　　　　　　　　　　印　　　　年　　月　　日
　　　　　　　　　　　　　　　　　　　　　　Seal　Year　Month　Day
Name of the organization and representative, and official seal of the organization　／　Date of filling in this form

注意　Attention
申請書作成後申請までに記載内容に変更が生じた場合、所属機関等の変更箇所を訂正し、押印すること。
In cases where descriptions have changed after filling in this application form up until submission of this application, the organization must
correct the part concerned and press its seal on the correction.

資料：法務省

資料C 在留期間更新許可申請書（大学等における研究の指導又は教育等用）

第2節　出入国管理及び難民認定法をうまく理解するうえでの基礎知識

所属機関等作成用 1　I（「教授」・「教育」）　　在留期間更新・在留資格変更用
For organization, part 1 ("Professor" / "Instructor")　　For extension or change of status

1　雇用又は招へいしている外国人の氏名及び外国人登録証明書番号
　　Name and alien registration certificate number of the foreigner employing or inviting
　(1)氏　名
　　　Name
　(2)外国人登録証明書番号
　　　Alien registration certificate number

2　雇用契約先　Contracting place of employment
　(1)名称
　　　Name
　(2)所在地
　　　Address
　(3)電話番号
　　　Telephone No.
　(4)外国人職員数　　　　　　　　名
　　　Number of foreign employees

3　稼働先（2と異なる場合に記入）Place of work (to be filled in when different from 2)
　(1)名称
　　　Name
　(2)所在地
　　　Address
　(3)電話番号
　　　Telephone No.
　(4)外国人職員数　　　　　　　　名
　　　Number of foreign employees

4　活動内容　Type of work
　　□ 研究　　□ 研究の指導　　□ 教育
　　　Research　　Research guidance　　Education

5　彼労予定期間
　　period of work

6　職務上の地位
　　Position

7　雇用形態　（□ 常勤　　□ 非常勤　）
　　Type of employment　　Full-time employment　　Part-time service

8　給与・報酬（税引き前の支払額）　　円（□ 年額　□ 月額）
　　Salary/Reward (amount of payment before taxes)　　Yen　Annual　Monthly

以上の記載内容は事実と相違ありません。I hereby declare that the statement given above is true and correct.
勤務先又は所属機関名、代表者氏名の記名及び押印／申請書作成年月日 Date of filing in this form
Name of the organization and representative, and official seal of the organization
　　　　　印　　　　　　年　　月　　日
　　　　　Seal　　　　Year　Month　Day

注意　Attention
申請書作成後申請までに記載内容に変更が生じた場合、所属機関等が変更箇所を訂正し、押印すること。
In cases where descriptions have changed after filling in this application form up until submission of this application, the organization must correct the part concerned and press its seal on the correction.

申請人等作成用 3　I（「教授」・「教育」）　　在留期間更新・在留資格変更用
For applicant, part 3 ("Professor" / "Instructor")　　For extension or change of status

24　代理人（法定代理人による申請の場合に記入）　Proxy (in case of legal representative)
　(1)氏　名　　　　　　　　　　　　　　　(2)本人との関係
　　　Name　　　　　　　　　　　　　　　Relationship with the applicant
　(3)住　所
　　　Address
　　　電話番号　　　　　　　　携帯電話番号
　　　Telephone No.　　　　　Cellular Phone No.

以上の記載内容は事実と相違ありません。I hereby declare that the statement given above is true and correct.
申請人（法定代理人による申請の場合は、法定代理人）が変更箇所を訂正し、署名すること。
申請人（法定代理人）の署名／申請書作成年月日
Signature of the applicant (legal representative) ／ Date of filing in this form
　　　　　　　　　　　　　年　　月　　日
　　　　　　　　　　　　　Year　Month　Day

注意　Attention
申請書作成後申請までに記載内容に変更が生じた場合、申請人（法定代理人）が変更箇所を訂正し、署名すること。
In cases where descriptions have changed after filling in this application form up until submission of this application, the applicant (legal representative) must correct the part concerned and sign their name.

25　代理人・申請取次者等（申請取次者・弁護士・行政書士等による申請の場合に記入）
　　Proxy, agent or other (in case of an agent, lawyer, administrative scrivener or other)
　(1)氏　名　　　　　　　　　　　　　　　(2)住　所
　　　Name　　　　　　　　　　　　　　　Address
　(3)所属機関等（親族等については、本人との関係）　電話番号
　　　Organization to which the agent belongs (in case of a relative, relationship with the applicant)　Telephone No.

資料：法務省

資料D　仮放免許可申請書

日本国政府法務省
Ministry of Justice, Japanese Government

番　号
No.

年　月　日
Date

仮 放 免 許 可 申 請 書
APPLICATION FOR PROVISIONAL RELEASE

To:
法務省　　　　　　　　　入国者収容所長
Ministry of Justice　　　Director of　　　Immigration Detention Center

入国管理局主任審査官
Supervising Immigration Inspector of Immigration Bureau　　　殿

出入国管理及び難民認定法第五十四条第一項の規定により、下記の者の仮放免の許可を申請します。

I hereby apply for the Provisional Release of the Person named below, pursuant to the provision of Article 54, Paragraph 1, of the Immigration-Control and Refugee-Recognition Act.

1　氏　名　　　　　　　　　　　　　　　　　　　　　　　男　Male
　　Name_____女　Female
　　　　　　　Last　　　　First　　　　Middle

2　生年月日　　　　　年　　　　月　　　　日
　　Date of Birth　　　Year　　　Month　　　Day

3　国　籍
　　Nationality _____

4　申請の理由
　　Reason for Application _____

　　(1)　申請人の氏名　　　　　　　　　　　　　　　男　Male
　　　　 Name of Applicant_____女　Female
　　　　　　　　　　Last　　First　　Middle
　　(2)　申請人の生年月日
　　　　 Date of Birth _____年_____月_____日
　　　　　　　　　　　Year　　Month　　Day
　　(3)　申請人の国籍
　　　　 Nationality _____
　　(4)　申請人の居住地
　　　　 Present Address in Japan _____
　　(5)　本人との関係
　　　　 Relationship _____

署　名
Signature

資料：法務省

第3節 出入国管理政策をめぐる近年の動向

　外国人に対する出入国管理政策にかかる近年の動向について、関連する法律等の公布と施行、改正を踏まえてその概要を以下に紹介する。

1 出入国管理政策をめぐる近年の動向

①――「配偶者からの暴力の防止及び被害者の保護に関する法律」及び「配偶者からの暴力の防止及び被害者の保護のための施策に関する基本的な方針」に係る在留審査及び退去強制手続に関する措置について
（2008（平成20）年7月10日法務省入国管理局長通達法務省管総第2323号）

　「配偶者からの暴力の防止及び被害者の保護に関する法律」の一部が、2007（平成19）年に改正され（施行は2008（平成20）年1月11日から）、いわゆるDV事案に対する政府の取り組みが強化されたこと等の状況を踏まえ、外国人被害者についても、より一層保護の観点に立って慎重に対応する必要があることから、2008（平成20）年7月10日「DV事案に係る措置要領」が作成され、法務省出入国管理局長から通達が出された。この通達では、地方入国管理局等に対し、外国人被害者にかかる在留審査および退去強制の手続については、同措置要領に基づくことを求めている。

　「DV事案に係る措置要領」では、基本方針として、「配偶者からの暴力は、犯罪となる行為をも含む重大な人権侵害であり、人道的観点からも迅速・的確な対応が求められていることにかんがみ、DV被害者の保護を旨とし、在留審査又は退去強制手続において、DV被害者本人の意思及び立場に十分配慮しながら、個々の事情を勘案して、人道上適切に対応しなければならない」と規定している。措置の具体的内容としては、DV対策事務局の設置、職員に対する研修についての義務やDV被害者等を認知した場合の措置、関係部門との連携、関係機関への連絡等およびDV被害者にかかる在留審査、DV被害者に対する退去強制手続について規定している。

②───出入国管理及び難民認定法施行規則の改正
（2009（平成21）年7月1日施行）

申請書の様式が改められ、すべての申請書において携帯電話番号の記載欄が設けられ、携帯電話を所持している場合には記入が必要となった。

③───在留資格の変更、在留期間の更新許可のガイドラインの改正
（2010（平成22）年3月改正）

在留資格の変更および在留期間の更新は、入管法により法務大臣が適当と認めるに足りる相当の理由があるときに限り許可することとされており、この相当の理由があるか否かの判断は、専ら法務大臣の自由な裁量に委ねられ、申請者の行おうとする活動、在留の状況、在留の必要性等を総合的に勘案して行われるところ、この判断にあたっては、以下のような事項が考慮される。ただし、以下の事項のうち、①の在留資格該当性については、許可する際に必要な要件となる。また、②の上陸許可基準については、原則として適合していることが求められる。③以下の事項については、適当と認められる相当の理由があるか否かの判断にあたっての代表的な考慮要素であり、これらの事項にすべて該当する場合であっても、すべての事情を総合的に考慮した結果、変更または更新を許可しないこともある。なお、社会保険への加入の促進を図るため、2010（平成22）年4月1日から申請時に窓口において保険証の提示が求められることとなった[3]。

① 行おうとする活動が申請にかかる入管法別表（**資料A：41頁**）に掲げる在留資格に該当すること
② 入管法別表第1の2の表（「投資・経営」「法律・会計業務」等11種類）または4の表（「留学」「研修」「家族滞在」の3種類）に掲げるものの活動を行おうとする者については、原則として法務省令で定める上陸許可基準[4]に適合していること
③ 素行が不良でないこと
④ 独立の生計を営むに足りる資産または技能を有すること
⑤ 雇用・労働条件が適正であること
⑥ 納税義務を履行していること
⑦ 外国人登録法にかかる義務を履行していること

3）保険証が提示できないことで在留資格の変更または在留期間の更新を不許可とすることはないとされている。
4）法務省令で定める「上陸許可基準」は、外国人が日本に入国する際の上陸審査の基本となるもの。在留資格変更や在留期間更新にあたっても、原則として上陸許可基準に適合していることが求められる。

④ 新しい研修・技能実習制度について（2010（平成22）年7月1日施行）

　研修・技能実習制度は、日本で開発され培われた技能・技術・知識の開発途上国等への移転等を目的として創設されたものであるが、研修生・技能実習生を受け入れている機関の一部には、本来の目的を十分に理解せず、実質的に低賃金労働者として扱う等の問題が生じており、早急な対応が求められていた。

　新しい研修・技能実習制度では、改正法によって、新たな在留資格「技能実習」が創設され、①実務研修を行う場合、原則、雇用契約に基づいて技能等の修得をする活動を行うことを義務づけ、労働基準法や最低賃金法等の労働関係法令上の保護が受けられるようにすること、②技能実習生の安定的な法的地位を確立する観点から、従来、独自の在留資格がなく、在留資格「特定活動」（法務大臣が個々に活動内容を指定する在留資格）により在留が認められていた技能実習生に、独立の在留資格である「技能実習」を付与することが可能となった。新しい研修・技能実習制度は、研修生・技能実習生の法的保護、その法的地位の安定化を図るために創設されたものであるが、このような新たな制度が実効性をもつためには、実際に技能実習生の受け入れを行う団体や企業等が、新制度の趣旨を理解して受け入れを行うことが求められている。

⑤ 医療滞在ビザの創設（2011（平成23）年1月）

　医療滞在ビザとは、日本での治療等を受けることを目的として訪日する外国人患者等（人間ドックの受診者等を含む）および同伴者に対し2011（平成23）年1月から日本の在外公館において発給される査証（ビザ）である。医療機関における治療行為だけでなく、人間ドック・健康診断から温泉湯治などの療養まで、幅広い分野が対象となる。必要に応じ、外国人患者等に数次にわたって来日可能な査証が発給され、外国人患者等の親戚だけでなく、親戚以外の者であっても、必要に応じ同伴者として同行が可能である。有効期限は必要に応じ3年で、外国人患者等の病態等を踏まえて決定される。また、滞在期間は最大6か月で、外国人患者等の病態等を踏まえて決定される。なお、滞在予定期間が90日を超える場合は入院が前提となり、この場合、外国人患者等は、本人が入院することとなる医療機関の職員または日本に居住する本人の親族を通じて法務省入国管理局から在留資格認定証明書を取得する必要がある。

⑥ 「出入国管理及び難民認定法及び日本国との平和条約に基づき日本の国籍を離脱した者等の出入国管理に関する特例法の一部を改正する等の法律」（2009（平成21）年7月15日公布）の概要

　「新しい在留管理制度」は、これまで入管法に基づいて入国管理官署が行っていた情報の把握と、外国人登録法に基づいて市区町村が行っていた情報の把握を基本的に一つにまとめて、

法務大臣が在留管理に必要な情報を継続的に把握する制度の構築を図ることを目的としている。この改正法は、2009（平成21）年に公布され、2012（平成24）年7月9日より施行されることとなった。「新しい在留管理制度」の対象となるのは、入管法上の在留資格をもって日本に中長期在留する外国人（以下、「中長期在留者」という）で、以下の①〜⑥のいずれかに該当する人は"対象外"となる。

① 「3月」以下の在留期間が決定された人
② 「短期滞在」の在留資格が決定された人
③ 「外交」または「公用」の在留資格が決定された人
④ ①から③の外国人に準じるものとして法務省令で定める人
⑤ 特別永住者
⑥ 在留資格を有しない人

上記のうち、⑤の特別永住者に対しては、市町村窓口において現在の「外国人登録証明書」に代わり、「特別永住者証明書」が交付される。在留資格を有しないいわゆる「不法滞在者」と呼ばれる外国人については、これまでの外国人登録制度においては登録の対象となっていたが、新しい在留管理制度においては対象とならない。

「中長期在留者」を対象とした新しい在留制度のポイントは次のとおりである。

① 上陸許可や、在留資格の変更許可、在留期間の更新許可などの在留にかかる許可に伴って「在留カード」（図2-11）が交付される
② 在留期間の上限が最長5年になる
③ 「みなし再入国許可」制度が創設されることにより、有効な旅券および在留カードを所持する外国人が出国する際、出国後1年以内（在留期限が出国後1年未満に到来する場合は、その在留期限まで）に日本での活動を継続するために再入国する場合は、原則として再入国許可を受ける必要がなくなる
④ 外国人登録制度が廃止される（ただし、中長期在留者が所持する「外国人登録証明書」は、一定の期間「在留カード」とみなされる）

また、日本の国籍を有しない者については、適用除外とされていた現行の住民基本台帳法（以下、「住基法」）が改正され、先述の改正入管法の施行日と同じ2012（平成24）年7月9日より施行されることとなった。この住基法の改正により、在留カード交付対象者である「中長期在留者」や「特別永住者」等の外国人住民についても住基法の適用対象に加えられ、日本人と同様に、外国人住民についても住民票が作成され、日本人住民と外国人住民の住民票が世帯ごとに編成され、住民基本台帳が作成されることになる（図2-12）。

図2-11 在留カード

在留カードは、中長期在留者に対し、上陸許可や、在留資格の変更許可、在留期間の更新許可などの在留にかかる許可に伴って交付されるものである。
※在留カードには偽変造防止のためのICチップが搭載されており、カード面に記載された事項の全部又は一部が記録される。

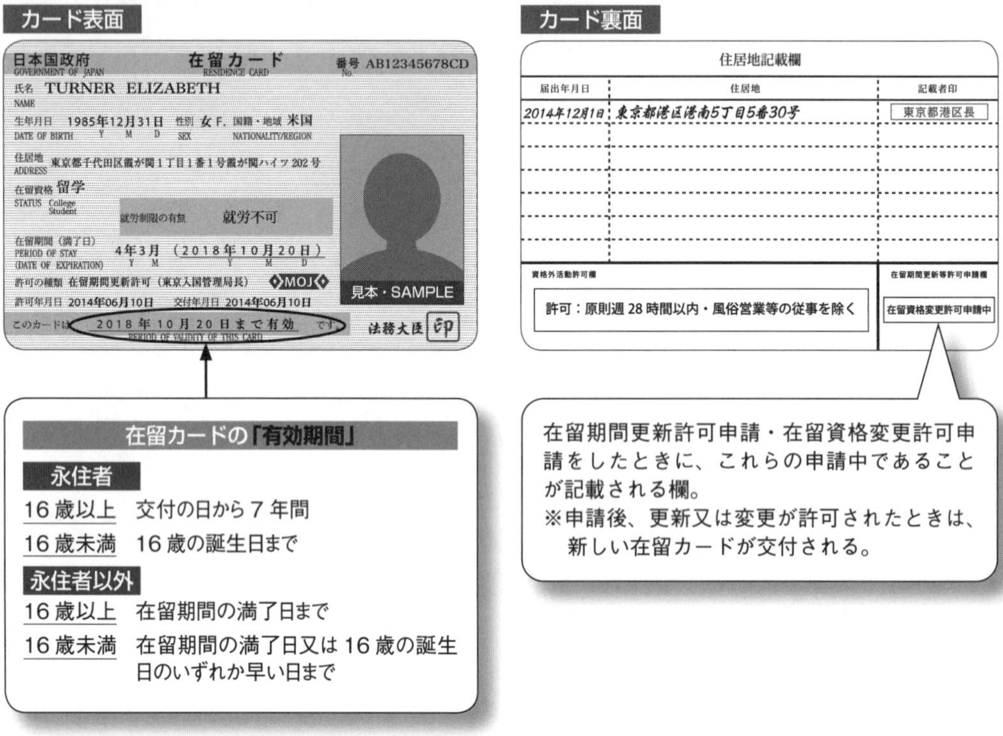

カード表面

日本国政府　在留カード　番号 AB12345678CD
GOVERNMENT OF JAPAN　RESIDENCE CARD　No.
氏名 TURNER ELIZABETH
NAME
生年月日 1985年12月31日　性別 女 F、国籍・地域 米国
DATE OF BIRTH　Y M D　SEX　NATIONALITY/REGION
住居地 東京都千代田区霞が関1丁目1番1号霞が関ハイツ202号
ADDRESS
在留資格 留学
STATUS College Student
就労制限の有無　　就労不可
在留期間（満了日）4年3月（2018年10月20日）
PERIOD OF STAY
(DATE OF EXPIRATION) Y M D
許可の種類 在留期間更新許可（東京入国管理局長）
許可年月日 2014年06月10日　交付年月日 2014年06月10日
このカードは 2018年10月20日まで有効 です
PERIOD OF VALIDITY OF THIS CARD
見本・SAMPLE
法務大臣 印

カード裏面

住居地記載欄

届出年月日	住居地	記載者印
2014年12月1日	東京都港区港南5丁目5番30号	東京都港区長

資格外活動許可欄
許可：原則週28時間以内・風俗営業等の従事を除く

在留期間更新許可等申請欄
在留資格変更許可申請中

在留カードの「有効期間」

永住者
- 16歳以上　交付の日から7年間
- 16歳未満　16歳の誕生日まで

永住者以外
- 16歳以上　在留期間の満了日まで
- 16歳未満　在留期間の満了日又は16歳の誕生日のいずれか早い日まで

在留期間更新許可申請・在留資格変更許可申請をしたときに、これらの申請中であることが記載される欄。
※申請後、更新又は変更が許可されたときは、新しい在留カードが交付される。

図2-12 外国人住民の住民基本台帳制度

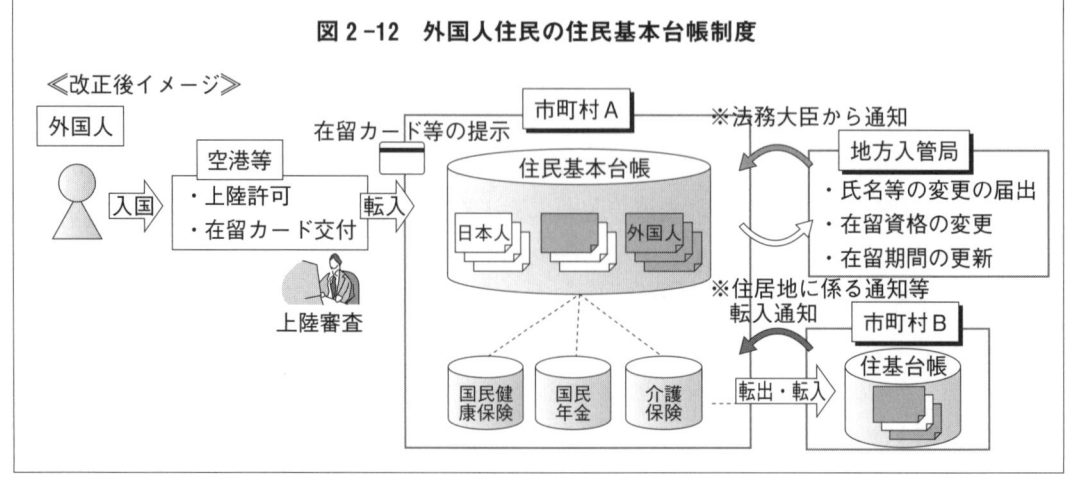

≪改正後イメージ≫

外国人 →入国→ 空港等（・上陸許可 ・在留カード交付）→転入→ 在留カード等の提示 → 市町村A

上陸審査

住民基本台帳（日本人・外国人）
- 国民健康保険
- 国民年金
- 介護保険

※法務大臣から通知 → 地方入管局
- 氏名等の変更の届出
- 在留資格の変更
- 在留期間の更新

※住居地に係る通知等
転入通知 → 市町村B（住基台帳）
転出・転入

資料：総務省

●参考文献●
・法務省入国管理局編『平成 22 年版出入国管理』2010 年
・東京弁護士会外国人の権利に関する委員会『実務家のための入管法入門（改訂版）』現代人文社、2006 年
・謝俊哲『実例でわかる外国人在留資格申請ガイド② 定住・永住・国際結婚』明石書店、2008 年
・出入国管理法令研究会編『注解・判例 出入国管理外国人登録実務六法 平成 20 年版』日本加除出版、2007 年
・社団法人日本社会福祉士会滞日外国人支援委員会『滞日外国人支援の手引き 2009 年度改定増補』2009 年

●参考ホームページ●
・「配偶者からの暴力の防止及び被害者の保護に関する法律」及び「配偶者からの暴力の防止及び保護のための施策に関する基本的な方針」に係る在留審査及び退去強制手続に関する措置について（通達）
http://www.gender.go.jp/e-vaw/kanrentsuchi/04/h_05_2323.pdf
・在留資格の変更、在留期間の更新許可のガイドライン
http://www.moj.go.jp/content/000024813.pdf
・技能実習生の入国・在留管理に関する指針
http://www.moj.go.jp/content/000033317.pdf
・外務省 医療滞在ビザ
http://www.mofa.go.jp/mofaj/toko/visa/medical/
・入管法が変わります！―新たな在留管理制度―
http://www.immi-moj.go.jp/newimmiact/newimmiact.html
・外国人住民に係る住民基本台帳制度について
http://www.soumu.go.jp/main_sosiki/jichi_gyousei/c-gyousei/zairyu.html

第 3 章

社会資源

第1節 社会資源にかかわる公的サービス

1 はじめに〜社会資源とは〜

　地域での自立生活を支えるためには社会資源の活用が不可欠だが、外国人の場合は活用する資源や手続において日本人のケースとはさまざまな点で異なる。また、外国人の場合は、日本語の理解の問題、在留資格という法的立場の問題、利用者の価値観、サポートネットワークの状態などを含め、個人がおかれている状況やニーズは千差万別である。

　本章では、社会資源と国や自治体が実施する公的サービスである社会保障制度、自治体が運営・実施しているサービスやその期間、そしてこうした支援を補完するインフォーマルサービスの概要を紹介する。制度や資源は、存在することそのものがクライエントの生活支援を保障することになるわけではなく、個々のクライエントの事情に合わせて活用を検討していく必要がある。そのため、本章の最後で社会資源の活用においてソーシャルワーカーが留意すべき点についても触れる。

2 医療保険

①———国民健康保険

　国民健康保険は、外国人の加入義務は明文化していないが、外国人登録をしており日本に1年以上滞在する、または滞在する見込みがあると認められる外国人は加入することとされている。滞在期間を満たしていなくとも「見込みがある」ことを証明できるものがあれば対応する自治体もあるなど、運用は自治体により多少の差があるが、外国人登録をしていないケース、生活保護受給ケースなどは適用外となる。なお、2012（平成24）年1月の国民健康保険法施行規則および高齢者の医療の確保に関する法律施行規則の一部改正により、加入対象が滞在期間1年以上だったものが2012（平成24）年7月9日の新しい在留管理制度の実施に伴い、3か月以上に変更となる予定である。

　手続は、各市区町村の国民健康保険課となる。手続に必要となるのは外国人登録を証明するもので、従来は外国人登録証明書だったが、2012（平成24）年7月9日の住民基本台帳法

の一部改正の施行により在留カードに代わる見込みである。これに加え、パスポートや印鑑などを求める自治体もある。在留資格の有無を証明する書類は、求める自治体、求めない自治体両方が存在するのが実情である。

ちなみに、出産育児一時金は2011（平成23）年1月現在、1児につき42万円（医療機関での出産の場合）支給されるが、国民健康保険および健康保険の加入者が対象となる。請求の際には市区町村の窓口にて母子健康手帳と外国人登録を証明する書類（新しい在留管理制度においては在留カードとなる見込み）が求められる。妻が夫の就業先の健康保険に加入している場合は夫の会社に申請して受け取り、国民健康保険の場合は市区町村または社会保険事務所の窓口にて書類を受け取る。

②───健康保険

法律により、事業所は基本的に従業員を健康保険に加入させなくてはならず、その義務履行は外国人に対しても同様である。その意味で、外国人の加入は在留資格が要件ということではなく、事業所の義務履行の結果として加入が可能といえる。ただし、健康保険法上の非適用事業所（従業員5人未満の法定適用業種および法的適用外の業種である農業、牧畜、水産、漁業、サービス業、宗教など）は任意適用なので、加入できないこともある。また、本来日本での労働が許されるのは就労可能な在留資格をもつ外国人であるため、在留資格がない外国人はそもそも常用雇用者という概念も成立しないという解釈において、ほとんどの場合加入できないという見方もあり、実際には事業主の判断による部分も大きい。

福祉現場では日雇いで工場、土木工事、産業廃棄物関連業、農業、個人経営の飲食店などに従事する人と出会うこともあるが、こうした仕事に従事している人々のうち健康保険に未加入の外国人は少なからず存在する。健康保険料の負担を考えると加入したくないという人もいれば、在留資格がないゆえに加入をあきらめる人もいる。

なお、加入のハードルとなるのが、現状では健康保険と厚生年金保険はセットで加入するシステムになっていることである。同時に健康保険と厚生年金に加入しなくてはならないのは、年金をもらう年齢になるまで日本で就労、生活をしていくという見通しを立てることが難しい人にとっては、加入に消極的にならざるを得ない。その結果、健康保険に加入しないままで働くケースも存在する。

3 年金保険

①───国民年金

国民年金は、原則として、日本国内に住所がある20歳以上60歳未満の者で厚生年金・共

済年金に加入していない人は、国籍にかかわらず加入することになっている。

外国人加入者の場合、加入期間が6か月以上でかつ、途中で帰国するなどの理由で年金を受け取ることができない場合は、日本を出国後2年以内に請求することで脱退一時金が戻ってくる。しかし、書類を整えてから帰国後に書類を日本に郵送し、最終的に振り込まれるまでは3、4か月かかることからあまり使い勝手がよくないことも否めない。

②———厚生年金

厚生年金の加入要件については健康保険と同様である。

加入における実態としては、前述しているように、健康保険とのセット加入となっている現状では掛け捨てになるので加入したくないという労働者、在留資格自体がないので入らない、また事業主がその対応を行わないというケースがある。

日本は、2011（平成23）年の時点でドイツ、イギリス、韓国、アメリカ、ベルギー、フランス、カナダ、オーストラリア、オランダ、チェコ、スペイン、アイルランドとの間に「社会保障協定」という協定を結んでいる。これらの国の出身者は、厚生年金に該当する年金は自国のものに加入し続けるために日本での加入を要しない（派遣時に見込まれる日本での滞在期間によって決定される）場合や、健康保険、労災保険、雇用保険などを日本で加入しないことが可能となる場合がある。それにより、二重加入や掛け捨てをせずに済むようになっている。現在日本政府はイタリア、ブラジル、スイスとも署名済みであり、ハンガリー、ルクセンブルク、インド、スウェーデン、中国とも交渉中であるが、実際に支援を要するアジア各国とは協定締結はなされていない。なお、社会保障協定では、協定を結ぶ相手国により対象となる社会保障制度は異なっている。

一方、法務省入国管理局は2009（平成21）年に在留資格の変更、在留期間の更新許可のガイドラインを発表し、2010（平成22）年には再改正を行った。この改正で2010（平成22）年4月以降、外国人労働者が就労ビザ申請を行う際、入国管理局の窓口において健康保険証を提示することが義務づけられた。法務省のガイドラインでは、健康保険・厚生年金・国民健康保険・国民年金に加入していない企業・労働者が、就労ビザの変更・更新の際に健康保険証を提示できないことを理由に申請を不許可にすることはしないことを示しているものの、健康保険・厚生年金の強制適用事業所や、国民健康保険・国民年金の加入対象者であるにもかかわらず未加入である状態で変更や更新申請を行った場合、在留資格の更新ができない可能性もある。

なお、日本年金機構のホームページでは8か国語での年金の仕組みのパンフレットを掲載している。

4 社会福祉制度

①──身体障害者手帳・療育手帳

身体障害者手帳・療育手帳ともに国籍・在留資格要件はないが、外国人登録証明書が申請時に必要となる。申請書、指定医師の診断書、写真、印鑑、世帯状況がわかる所定の書類を行政窓口の障害福祉課に持参する。後述する更生医療を利用するためには手帳の取得が必要となるため、HIV患者が治療を受けるうえでは手帳取得は重要である。

②──自立支援医療（更生医療・育成医療・精神通院医療）

障害の軽減のために必要な医療にかかる医療費の自己負担分を公費で補助されるのが更生医療であり、18歳未満の場合は育成医療の対象となる。HIV患者も1998（平成10）年から「免疫機能障害」として更生医療の対象となっている。精神科に通院する際の医療費の助成が精神通院医療である。これらはみな障害者自立支援法に移行し、自立支援医療の対象になっている。自立支援医療では在留資格は要件ではないが、障害者自立支援法への移行時に医療保険の未加入者は適用除外という指針が示されたため、医療保険の未加入者、つまり在留資格が1年未満の外国人は事実上対象外といえる。また、更生医療を申請するためには身体障害者手帳の取得が前提となる。そして、身体障害者手帳の取得の際には医師の診断書が必要であるということは、基本的には医療保険加入の状態で病院に行くことが想定される。その意味で、要件として問題はなくても、更生医療・育成医療の申請は困難であるというのが実情である。

③──養育医療

養育医療は未熟児（体重2000g以下、あるいは運動不安、体温、消化器系の異常や黄疸などがみられる状態）に適用される医療給付であり、在留資格にかかわらず適用可能である。手続きは保健所または市区町村の窓口となる。所得がわかる書類、世帯調書、医療機関の意見書を提出することになる。保険加入の条件はないが、自治体によっては保険加入者のみを対象とする自治体、そして保険証の写しを提出書類に含める自治体もあるため、保険未加入の場合は適用が困難であることもある。

④──行旅病人及行旅死亡人取扱法

この法律は1899（明治32）年にできた法律で、いわゆる行き倒れ（定住所をもたない、無職、引き取ってくれる人がいない）の人が医療を要するときに自治体が調査のうえで適用するもので、社会福祉士国家試験などで触れることもほぼないため、専門職にもあまり浸透し

ていない法律であろう。入院のみが対象であり、また退院後の請求はできない。

対象として定住所がある人には法解釈上適用はできないともいえるため、外国人登録をしている場合は困難と解釈でき、適用をする場合には相談・交渉が必要となる。

実施が市区町村で費用負担は都道府県（政令指定都市、中核市）であるが、自治体の予算措置なので自治体により運用状況に差がある。

⑤ 特別診療券（無料低額診療事業）

社会福祉法上に規定されている制度で、生計困難な人が「無料低額診療事業」実施の医療機関において相談のうえ、適用されれば「特別診療券」が交付され、生活保護水準の所得の場合は無料、それ以外の場合も一定の基準に従い、低額で医療を受けることができる。厚生労働省は対象者の例として「低所得者」「要保護者」「ホームレス」「DV（ドメスティック・バイオレンス）被害者」「人身取引被害者」などと位置づけており、介護老人保健施設もその対象となっている。なお、院外処方の薬代は対象外となる。医療機関は、「生活保護の患者と減免を受けた患者が全患者の1割以上を占める」などの条件を満たす機関が届出て認可を受けるが、認可を受けた医療機関が非常に少ない都道府県もあるなど、地域差がある。実施機関一覧は市区町村のホームページに掲載されていることが多い。

⑥ 生活保護

生活保護法は、1946（昭和21）年に施行された時点では国籍条項がなく、外国人も対象となっていた。しかし、1950（昭和25）年施行の生活保護法では対象は国民とされ、外国人は対象外となった。1954（昭和29）年に厚生省（現・厚生労働省）は、社発第382号厚生省社会局長通知により「外国人は法の対象とはならないが、当分の間、生活に困窮する外国人に対しては一般国民に対する生活保護の決定実施の取扱に準じて保護を行う」（保護の準用）とした。

一方、生活保護の予算削減と短期滞在やオーバーステイの外国人等の増加に伴い、厚生省（当時）は1990（平成2）年に「生活保護対象外国人は定住者に限る、非定住外国人は生活保護法の対象とならない」という口頭指示を出した。この口頭指示によって、自治体はそれ以後、非定住外国人に対する生活保護の準用を抑制する流れとなった。一方では、1997（平成9）年厚生省は、1996（平成8）年7月30日の法務省による通達を受けて、「定住者」の在留資格がほぼ確実に取得できるケースについて、生活保護の準用も可能であるとする見解を提示した。東京都は、2003（平成15）年に「日本人の子、日本人に認知された子を養育している等、在留資格取得の可能性が高いと判断されること、在留資格の取得申請をしていること、または取得申請を準備していることという条件を満たす外国人に対して、例外的に生活保護を準用する」という見解を示している。

しかし、2010（平成22）年に大分県で争われた生活保護受給に関する裁判では、定住外国

人も適用外とした。この裁判では、その後、2011（平成23）年11月には福岡高等裁判所にて、永住資格をもつ外国人の生活保護を認める判決が出されている。

こうした経緯をまとめると、従来は生活保護法によれば外国人は生活保護の対象ではなく、外国人が生活保護を受給する場合は行政措置として保護の対象となっていた。そして、在留資格が定住、またはその取得が見込まれる（取得申請を出している、または出そうとしている）場合は生活保護の準用が行われることもある。しかし、前述の福岡高裁の判決をみても、国や自治体として統一見解に至っていないというのが実情である。

こうした事例とは別に、例えば父親は外国人だが母親と子どもは日本人であるといったケースの場合は、世帯分離により日本国籍の子どものみ受給できるというケースもある。

申請での留意点として、適用された際の申請地は日本人の場合は現居住地であるが、外国人は登録地となる。ただし、DV被害者で夫に見つかりたくないので登録地には行けないという人の場合、状況を勘案のうえ、現在の居住地で適用できるなどの個別対応もある。近年は、国の財政を生活保護費が圧迫している実態もあるなかで、生活保護費用を削減する潮流にある。

5 労働関連法規

外国人の相談で特に多いのが労働関係で、「治療が必要になったのをきっかけに解雇されて生活苦に陥った」「職を失ったのでお金がなく病院に行けない」「雇用主に給料を払ってもらえない」「労災を適用してもらえない」など、生活や医療の問題との関連も深い。

厚生労働省による2010（平成22）年10月末現在の「外国人雇用状況の届出状況」では、外国人労働者を雇用している事業所数は10万8760か所、外国人労働者数は64万9982人であり、国籍別では中国が最も多く28万7105人（外国人労働者の44.2％）、次いでブラジルの11万6363人（同17.9％）、フィリピンの6万1710人（同9.5％）となっている。外国人労働者を雇用する事業所および外国人労働者は、東京都が最も多くそれぞれ24.1％、23.8％で、外国人労働者数では次いで愛知、静岡、神奈川となっており、この4都県で全体の約半数を占める。

産業別では製造業が31.6％で最も多く、また外国人労働者を雇用する事業所の52.9％が、「30人未満の事業所」となっている。また、外国人労働者のうち27.9％が労働者派遣・請負事業での就労となっている。

また、2008（平成20）年7月1日に発効した日・インドネシア経済連携協定に基づき、平成20年度よりインドネシア人看護師・介護福祉士候補者の受け入れ、そして同年12月11日に発効した日・フィリピン経済連携協定に基づき、平成21年度よりフィリピン人看護師・介護福祉士候補者の受け入れを実施している。このように、労働者の多国籍化は今後促進する

ことが見込まれるが、労働環境の問題は多々指摘されている。

また、独立行政法人労働政策研究・研修機構（JILPT）による日系人労働者の就労実態調査「世界同時不況後の産業と人材の活用に関する調査（事業所調査）」および「外国人労働者の働き方に関する調査（労働者調査）」（2011（平成23）年）によると、事業所が求める日本語読解能力を有する日系人労働者は約3割で、企業が求める日本語能力と日系人労働者の日本語能力にギャップがある。公的年金に未加入の者が4割以上で、健康保険については6割以上の者が加入しているが約1割の者は未加入となっている。これらをみても、就労環境が必ずしも整備されているとはいえない環境での就労となっている外国人は少なくない。

労働基準法第3条では「使用者は、労働者の国籍、信条又は社会的身分を理由として賃金、労働時間その他の労働条件について差別的取扱をしてはならない」と規定している。

また、厚生労働省による「外国人労働者の雇用管理の改善等に関して事業主が適切に対処するための指針」では、

① 労働関係法令および社会保険関係法令を遵守する
② 外国人労働者が適切な労働条件および安全衛生のもと、在留資格の範囲内で能力を発揮しつつ就労できるよう、この指針で定める事項について、適切な措置を講ずる

としたうえで、

○ 外国人労働者の募集および採用の適正化
○ 適正な労働条件の確保
○ 安全衛生の確保
○ 雇用保険、労災保険、健康保険および厚生年金保険の適用
○ 適切な人事管理、教育訓練、福利厚生等
○ 解雇の予防および再就職の援助

などを事業主の努力として求めている。

労災などは国籍を問わず、在留資格がなくても適用される。しかし、2007（平成19）年10月より施行された改正雇用対策法では、外国人労働者の適切な受け入れや管理、外国人労働者を日本人と同等にその能力・識見を評価し、能力に見合った報酬・処遇を与える等の適切な処遇をするために、外国人雇用施策を明記し、外国人雇用状況の届出を事業主へ義務づけた。

また、不法就労外国人を雇用した事業所は入管法第73条の2により3年以下の懲役または300万円以下の罰金を科せられることになっていることから、労災など届出が必要になるものがあったとしても、事業主は対応したがらず、その結果、労災が適用されないことも多く、問題となっている。

就労ビザの更新についても2007（平成19）年に厚生労働省は、ビザの更新の条件として、

① 雇用・労働条件が適正であること
② 納税義務を履行していること

を規定した。

6 教育

学校は下記に大別できる。
① 日本の文部科学省認可・管轄下であるいわゆる「学校教育法1条校」[1]
② 朝鮮学校、インターナショナルスクールなどの各種学校の認可を受けた外国人学校
③ 南米やアジアの児童が通う認可を受けていない外国人学校

「国際人権規約」「児童の権利に関する条約」では教育の保障が規定されており、学校教育法では国籍要件、在留資格条件はないゆえに外国人児童の公立学校への通学は可能であるが、就学義務もない。

就学のお知らせなどが家に届くためには、外国人登録が必要である（2012（平成24）年7月9日からは在留カードを市町村に提示して、住民基本台帳での登録となる）。入学に関する案内としては、文部科学省ホームページ、または場所によっては自治体のホームページや教育委員会のホームページに19か国語の就学ガイドが掲載されている。

また、文部科学省は日本語指導を必要とする児童を対象とした学習支援・日本語支援のプログラムであるJSL（Japanese as a Second Language）カリキュラムを展開している。さらに、「帰国・外国人児童生徒受入促進事業」により、コーディネーターの配置や巡回指導等も実施されている。この事業を展開する役割を担う「指定地域センター校」は、平成21年度は18都道府県、47の教育委員会で133校となっている。一方で、指定地域センター校ゼロの都道府県もあり、外国人集住地域での自治体や学校の独自支援に頼る部分も大きい。

認可外の外国人学校のなかには、助成金がなく学費が月3万円前後かかり、通学定期券の購入ができない、校舎修理もままならないといった課題を抱えるところもある。近年報じられている不就学児童の多くは、親の解雇に伴い外国人学校の高い学費が払えない児童も含まれるが、文部科学省管轄の学校ではないためにその数は未掌握である。こうした学校への公的支援は、現状ではほとんどないといってもよい。平成22年度以降の公立高校の授業料無償化・高等学校等就学支援金創設の際でも、一定の基準を満たしているといえる外国人学校の多くが対象外となっており、こうした学校での不就学が懸念されている。

1）学校教育法の第1条には「この法律で、学校とは、幼稚園、小学校、中学校、高等学校、中等教育学校、特別支援学校、大学及び高等専門学校とする」という記述があり、学校教育法の対象となる、つまり文部科学省の管轄のもとに助成金を得て運営される学校を指す。

7 母子保健（母子健康手帳・予防接種・入院助産）

　出産が確定すると、母親は市区町村の窓口または保健所に妊娠届を提出して母子健康手帳を受け取る。基本は居住地での申請となり、在留資格にかかわらず母子健康手帳は入手可能であるが、基本的には外国人登録証明書（2012（平成24）年7月9日からは住民基本台帳への登録）の確認が求められる。外国語版母子健康手帳を発行している自治体もあるが、英語、中国語など言語は限られている。

　形式は自治体により多少異なるが、母子健康手帳には子どもの予防接種のクーポンがついており、それを切り取って持参すれば予防接種を受けることができる。自治体によっては在留資格がない母親にはそのクーポン部分を切り取って手帳部分のみを渡すところもある。

　手帳そのものの入手について、株式会社母子保健事業団のホームページからは、英語、ハングル、中国語、タイ語、タガログ語、ポルトガル語、インドネシア語、スペイン語の母子健康手帳の購入が可能である。

　入院助産は出産費用をまかなえない場合に指定医療機関において助産を受けるものであり、国籍・在留資格は関係なく利用が可能である。しかしながら、入院助産指定医療機関のみで利用可能なので該当機関を調べる必要がある。多くは自治体のホームページに掲載されており、近年は医療機関が限られている現状である。申請窓口は福祉事務所となる。

8 無年金障害者・高齢者対象の給付金

　外国人高齢者福祉給付金、外国人心身障害者給付金など名称は違うが、多くの自治体で制度上の無年金障害者・高齢者[2]への給付金制度が設けられている。

---

2) 1959（昭和34）年の国民年金制度の開始以降、多くの在日外国人は長年、制度の対象外となっていた。1982（昭和57）年の難民条約・議定書の発効により国民年金法から国籍要件が撤廃され、国籍を問わず国民年金の加入が可能となったが、在日外国人で当時20歳以上でかつ1982（昭和57）年の時点ですでに障害があった者（2011（平成23）年現在49歳以上）、1986（昭和61）年の国民年金法改正時に60歳以上であった高齢者（2011（平成23）年現在85歳以上）は制度上対象外となったままであり、小笠原・沖縄返還時や中国残留帰国者へは救済措置がある一方で、これらの人々は、所得保障としての年金がないなかで、障害をもち、あるいは85歳以上の高齢者となって苦しい生活を強いられており、外国人の生活保護受給増加にも影響を与えている。

第2節 自治体や公的機関によるサービス

社会保障制度を補完するものとして、地域でのさまざまな制度や機関、サービスを知っておくと役に立つ。在留資格がないゆえに社会保障制度の対象にならないクライエントでも、後述のサービスのほとんどが利用可能であるため、大いに活用したい。

1 市区町村の窓口

2009（平成21）年現在、外国人登録は市区町村の役所の戸籍課・住民課など住民票や各種届出を扱う窓口で行うことになっている。これらの窓口では外国籍住民のための生活ガイドを多言語で配布しているところも多く、内容も非常にわかりやすく丁寧なものになっている。

2 国際交流センター・国際交流協会・国際交流財団・多文化共生センター

ほとんどすべての都道府県、外国籍住民の多い市区町村では国際交流センターを設置している。自治体によっては「国際交流協会」という名称の場合もある。日本語教室、生活に関するセミナー、市民交流イベント、ボランティア養成（支援者、多文化共生ソーシャルワーカーなど）、通訳の養成講座を実施している。

【国際交流センターの主な事業内容】
① 通訳紹介
② 無料相談（法律相談、健康相談、入管関係相談など）
③ 留学生奨学金給付
④ 留学生の学費、医療費、住宅費、生活費、一時帰国費等の資金貸付
⑤ 留学生住宅保証制度
⑥ 日本語学習

これらとは別にあげられるのが「多文化共生センター」や「国際交流財団」である。重複する支援内容もあるが、「多文化共生センター」は阪神・淡路大震災の「外国人地震情報センター」の活動からスタートしたNPOであり、国際交流協会は自治体のなかに設置された部署、または外郭団体であるという点で異なる。設置主体や経緯の相違などにより活動内容もそれぞれの特徴をもっている。

財団法人自治体国際化協会のホームページ内の多言語生活情報のページでは、13か国語の生活ガイドが掲載されている。在住外国人のための国際生活Q&A、全国の地域国際化協会（国際交流センターなど）リスト、官公庁などほぼすべての外国人支援に必要な生活情報につながる。

3 専門職団体

①──── 医師会

年に1回ほど都道府県の医師会が外国人を対象に無料の健康診断や歯科健診、健康相談会を実施しており、ほとんどは無料である。群馬県や徳島県の医師会のように外国人ハンドブックを作成してホームページに掲載しているところもあれば、多言語問診表を作成しているところもあり、それらは各医師会のホームページに掲載されている。

将来的に相談のできる医師とつながっていくためにも、こうした情報や資源を活用すると有効だろう。

②──── 弁護士会

日本弁護士会、都道府県弁護士会において無料で英語、中国語などの通訳付きの法律相談を実施している（要予約）。全弁護士会で取り組んでいるものではないため、都道府県弁護士会に問い合わせることが望ましい。東京都のように外国人相談センターを設けていたり、無料相談日を設けていたりすることもあるので、ホームページか電話での問い合わせをするとよい。無料相談会では対面での相談は無料だが、継続的な相談の場合は有料となる。

③──── 行政書士

結婚、離婚など法的手続の実務の専門家といえるのが行政書士であり、多くの行政書士が国際結婚、在留資格などの書類作成や手続を外国人に代わって行っている。しかし、行政書士を依頼する費用は減免されないため、誰もが利用している、または望ましいというわけではない。多くの行政書士のホームページでは国際結婚や労働に関する書類作成上の案内や制度のQ&Aを掲示しており、とてもわかりやすい。

4 国連関連

①───アムネスティ・インターナショナル

　人権問題に関する啓発・広報などを行う国際人権団体で、国連における経済社会理事会の特別協議資格をもつNGOである。日本国内では、難民認定申請者への支援と入管法に対する提言などを行っているほか、難民認定申請を出している外国人が申請の際の参考情報として、自国の人権侵害や紛争に関する資料を得るときにアムネスティ・インターナショナルに連絡を取っているケースがある。

②───国連難民高等弁務官事務所（UNHCR）

　国連難民高等弁務官事務所（UNHCR）は、事務所は東京にあり、難民および難民出身国の情報提供や広報活動を行う。このほか、難民認定手続と難民・難民申請者に対する処遇（情報収集、収容中の問題、申請者の子どもの教育など）や難民認定基準などについてさまざまな提言を行うとともに、パートナー団体やNGOに業務委託を行う形で法律カウンセリング、収容者・病気の申請者へのカウンセリング、日本語教育などを行っている。

5 教育機関

①───日本語学校

　学校内でさまざまな情報を得ることができる。また学校法人格をもつ学校であれば、多くの場合、学生募集の担当職員は入国・出国にかかわる必要手続などに精通している。

②───外国人学校

　外国人学校は、各種学校の認可を受けている朝鮮学校や一部のインターナショナルスクール、そして認可を受けていない外国人学校に大別される。各種学校の認可を受けていない外国人学校（多くが南米系）は、文部科学省の管轄、助成対象となる「学校教育法1条校」ではなく「私塾」扱いとなるために助成金がなく、そのために児童・生徒が通学定期券を買えないなどの課題もある。同じ出身国のコミュニティがしっかりしている。

6 労働基準監督署・公共職業安定所（ハローワーク）

　労働者の基本的な権利に関する情報提供や相談に応じ、労働基準法を守るよう広報活動を行っている。労災となり得る傷病においても手続をさせない、給料を支払わないなどの問題に対しても「外国人雇用管理アドバイザー」が設置され、相談を受けている。各都道府県に設置され、通訳を配置している自治体もある。

7 大使館

　パスポートに関する業務が必要な場合にかかわるほか、DV被害者や人身売買取引の被害者の支援に関して連携をとるケースがある。
　ただし、難民申請者の場合はある意味「自国へ反旗を翻した人」でもあるので、手厚い支援を得ることが難しいこともあり、また出身国の情勢によってはコンタクトをとることを慎重にしたほうがよい場合もある。

8 婦人相談所・婦人保護施設、配偶者暴力相談支援センター等

　婦人相談所は各都道府県に1か所設置されており、各種の相談のほか一時保護も行っている。婦人保護施設は生活型施設であり、全国に50か所設置されている。
　女性支援センターは、都道府県、市町村などが自主的に設置している女性のための総合施設であり、「女性センター」「男女共同参画センター」など名称はさまざまである。「配偶者暴力相談支援センター」（配偶者からの暴力の防止及び被害者の保護に関する法律（DV防止法）で規定された支援機関）としての役割をもつ場合もある。
　厚生労働省の資料によれば、平成19年度で6478人の女性が保護されている。また、平成13年度から20年度までの間に保護された外国人女性は254人で、おそらく、その他女性のための民間シェルターなども含めると、外国人女性の割合は20％程度と推測できる。婦人相談所やシェルターでは在留資格関連の問題解決、医療支援、生活全般の支援など幅広い支援を行っており、これらの機関の多くでは、数か国語での支援を求めるときに提示するカードを作成している。

第3節 さまざまなインフォーマルサービス

　外国人の支援では、言語通訳や法律情報の提供など、同じ主訴を抱えて相談に訪れたとしても、日本人の支援では活用することのない資源を活用したり、通訳などの資源の活用自体を可能にするための資源を活用したりすることは頻繁に起こる。外国人の生活を支える資源としては、教会などの宗教的な資源や同国人同士のコミュニティ、日本語教室のボランティアなども重要な役割を果たしている。公的な支援を十分には利用できないことが多い外国人に対する支援の隙間を埋めるインフォーマルな資源やネットワークは、どこでどのような形で存在するのかを知っておくことが重要である。また、外国籍住民がその地域でどのくらいの人数が居住しており、住民全体における比率がどれくらいなのかによっても社会資源の質および量に差が生じるため、社会福祉士は地域の実情を知ることも必要となる。

　次に紹介するもの以外にも多くの社会資源があるため、居住地域の国際交流協会やウェブサイトでの検索などで探すとよい。

1 通訳・翻訳

　国際交流協会などで医療通訳を行うNPOが登録していることもあるほか、ボランティア団体でも通訳サービスを行っている。費用については、無料で交通費のみ、または1回につき数千円などさまざまである。家族や知人が通訳を行うケースも少なくないが、通訳者への負担、守秘義務やプライバシーの問題なども生じるため、必ず身近な人のほうがよいということではない。実際に通訳の有無で支援は大きく変わるが、専門にやっている家族や知人以外の通訳であってもトレーニングの質や量に差があるため、まずは事前に調べてから活用するとよい。

　ケースワークでは言語コミュニケーションでの支援が中心となるため、あまりフォーカスされないが、クライエントが会話に支障がない程度の語学力を有しているからといって文書の読解や作成も可能であるとは限らない。さまざまな書類を読んだり必要な書類を作成したりするうえでは翻訳の支援も必要であり、サービスの一環として翻訳の支援を行っているNPOもある。

2　地域のNPO・ボランティア団体

　形態や内容はさまざまであるが、相談会や交流会、日本語教室を行っているところが多く、日本語教室のなかで、個人的にさまざまな生活相談にのるボランティアもいる。外国語学校や大学などにも語学ボランティアサークルがあり、活動を行っている。

3　同国人の協会・ネットワーク

　出身国が同じ人同士のコミュニティとしては、レストランなどの飲食店が人と人とをつなぐ役割を果たしていることも多く、こうしたネットワークが生活者としてのニーズに対応しているケースはよくみられる。コミュニティという形でなくとも、同じ国の出身の友人やサポートネットワークは非常に大きな役割を果たしている。ただ、出身国により差が大きく、日本での人口が少ない出身国の人々はこうしたコミュニティがないことも多い。また、コミュニティのなかだからこそ話しにくいということもあるため、必ずしも同じ国の出身だから気心が知れているということにはならないことも留意する必要がある。

4　教会などの宗教に関連する組織

　キリスト教、イスラム教などの教会や集まりは日本人の信者、外国人の信者にかかわらず相互扶助的なコミュニティとしての役割を果たすと同時に、精神的な安定ももたらすものとして大きな役割を果たしている。また、教会での活動の一環として外国人の相談や日本語教室などを行っているところもある。

5　職場の雇用主（元雇用主）

　外国人が問題を抱えたときの雇用者の対応は実際にはさまざまである。賃金を受け取るため連絡をとろうとしても連絡がとれなくなる雇用主もいる一方、不法就労、不法滞在という形で拘留されたとき、保証人となって拘留中や放免後も面倒をみる雇用主もいる。外国人労働者と日本人雇用主の関係はケースバイケースなので、本人からの情報を収集したうえで資源となり得るかを判断することが求められる。

6 家族・親戚・友人

　出身国において親戚や多世代で生活する環境にあった外国人は、いとこなども家族に近い役割を果たしているケースがみられる。また、日本人配偶者がいる外国人の支援を行う際には、配偶者の両親がもともと二人の結婚に肯定的ではなく、結果的に問題が起きたときに配偶者や配偶者の家族からの支援を受けることが難しいケースもある。法的関係としての距離は必ずしも支援の度合いとは一致しないことも留意する必要がある。

7 その他

　近隣住民として生活のなかで親しくなり、助け合っているケースもある。高齢者や独居の高齢者が最も支援してくれるというクライエントもいる。

8 さまざまな情報の活用

　インターネット、書籍などの情報の活用も忘れてはならない。各省庁のホームページや専門機関のホームページでは、概要から支援機関の一覧などの情報を得ることができる。中国語やスペイン語のページをもつサイトもあるため、利用者への説明などではこうした情報を活用することも一つの方法である。

第4節 資源活用の課題
～なぜ資源が活用されないケースが生じるのか～

　実際に調べてみると何かしらの社会資源が存在するが、資源や制度が存在していれば問題が解決するということではなく、社会資源があっても活用されないケースも存在する。その理由として次のようなものがあげられる。

1 資源までのアクセス

　資源があっても、その人や部署にたどり着くまでの方法に関する情報が多言語で用意されていない、といったようなことがある。また、紹介されている情報にその言語での対応できる曜日が記載されていないなど条件面の情報が提示されないようなケースもある。
　また、自治体予算や病院での予算措置で対応するサービスの場合、自治体やその機関の財政的な状況に左右され、制度はあるが実質的に運用されていないといったことも起きている。

2 クライエントの知識

　日本の社会保険制度や社会保障制度自体の概念を理解していないということも多くみられる。例えば、母子健康手帳は自国に母子健康手帳が存在していたり似たような制度が存在したりしていれば申請をしようと考えるだろう。しかし、自国ではその制度がなかったのでよくわからない、というクライエントも存在する。また、言語も知識も不十分な状態で手続に行っても要領を得ず、疲れてしまって再度トライするパワーがなくなることにもつながっているだろう。

3 クライエントがもつ不安

　クライエントはさまざまな不安を抱えながら助けを求めている。物理的な不安としては、サービスの費用の問題がある。制度や資源を活用する際、一定の金額を減免されたとしても、自国では支払い額で子どもの学費が十分払える、だからちょっと自分は我慢して仕送りしよう、というケースもある。医療保険などは日本人には当然のものとして認知されているが、

その保険料やその保険料に見合うサービスが適当と思えるか、という点については全員が日本人と同じ感覚ではないということを覚えておきたい。

　また、法的な対応に不安を感じるケースもある。公的な窓口に行くことで在留資格の問題が浮上して、拘留されたり強制送還になったりするのではないかという不安を抱く人は少なくない。自分がそうした事態にならずとも、結果的に自分にかかわる情報が出回ることで知人が摘発されるのではないか、など不利益がおよぶことを避けたいという心理もはたらくようである。

　その他のものとしては、「福祉制度を利用するのは恥ずかしい」「親としてこうしたことは口を出すべきではない」という価値観をもつ人、また、精神科医療を受けることは母国では否定的な受け止められ方をするために利用に抵抗を感じる人もいる。あるいは、制度そのものへの抵抗はなかったとしても、例えばDV被害者支援のための窓口に行くことは、「ひどい夫ではあるけれども、自分を金銭的には養ってくれた人でもあるから…」「離婚そのものが自分の国の文化では否定されているから…」といった心理的な抵抗や不安がある場合もある。

第 5 節 社会福祉士の役割

1 的確なアセスメント

　外国人利用者のその時点での環境的、法的な立場によっても必要となる、または利用できる資源の種類や内容はかなり異なる。また、DV の被害者や在留資格がない外国人の場合、法的な立場や加害者からの追跡を防ぐという意味で公的資源の利用が限定され得ることは事実である。その場合は、いかにフォーマル、インフォーマルな資源を活用することによって本人の問題解決を行うかを検討する必要がある。その資源を取捨選択するには、外国人の状況の多様性、複雑性をもつケースに対応する際に十分に時間をかけてアセスメントを行い、本人がおかれた状況をできる限り正確に把握することが重要である。アセスメントでは、外国人が別の機関や人から紹介を受けている場合、そこに問い合わせをして十分な情報を収集するが、言語の違いによりこちらが知りたいことと本人が表現していることが微妙にずれることも多々あるので、通訳の手配も時に必要である。

　外国人に限ったことではないが、それでも言葉の壁によって、体の痛みの表現の仕方（「頭が痛い、おかしい」という言葉で心理不安を表現することもあれば、身体的痛みを訴え治療を要するケースもあるなど）や問題の捉え方が違う、また、はっきりとほしいものやしてほしいことを伝えてくる人もいれば、「助けてほしいです」を繰り返すだけというケースもある。いかに正確な情報を収集できるかによって、何が必要なのか、どこから手をつけるのかがみえてくる。そのためには、エコロジカルな視点の徹底が必要になる。

　情報収集で重要なのが適切なインタビューである。通訳の活用、そしてクライエントが今までにかかわった人や機関との連携が有効である。

　話を聞くなかでは、

○　帰りたいのか、日本にいたいのか、その理由は何か？（日本での生活はつらいが自国には子どもがいて彼らの教育費を仕送りでまかなっているということもある）
○　サポート状況の確認（現在はどのような人や機関の誰が本人の何をどこまで支えているのか）
○　今までどのような制度については利用を試みているのか

などを聞いてみるとよい。彼らの状況は日本国内で完結しているわけではなく、「アメリカやカナダに兄弟が住んでいて送金はそちらからしてもらう」「自国の家族を養うためには帰

国できない」「自国で問題があるので帰国できない」というケースもあり、日本人とは違うこのような状況もあり得るという気持ちで話を聴くことが望ましい。

2　心理的な抵抗感への配慮とエンパワメント

　資源の利用ができる法的立場にあるとしても、夫からの追跡への不安を抱えたり、在留資格がないことにより追跡や拘留・強制送還につながるのではないかと考えたりすることによって社会資源を利用しない、という選択をすることもある。そうした事情にすべて沿った援助を行うことは簡単ではないが、まずは本人が抱える心理的不安や抵抗感などを把握し、それらがどのようないきさつからくるのかを理解することが重要となる。社会福祉士は情報収集と並行して、そうした心理も把握しながら社会資源の効果的な利用に向けて外国人に対する心理的な支援、エンパワメントを行うとともに、環境調整を行うことが求められる。

　政治情勢という点では、自国では賄賂(わいろ)による問題解決などが行われることはそれほど珍しくないという外国人もいる。そうした外国人は遵法意識などについて悪気はなくとも、日本人よりも当事者としては法的な問題に対して切迫感が薄い、という印象を与えることもあり得るということは留意しておくとよい。

　また、民族間紛争や宗教による自国内での対立がある国の出身者の場合、同国人に対しても「この人は味方か、敵か」という疑念・不安を抱えていることもある。そうした実情も存在するということを踏まえ、例えば、新聞の国際記事欄などに日頃から目を通すことは援助者としての技術や視野を広げることになるだろう。

3　制度を使えるようにする／ほかの社会保障制度を活用する

　準用、または適用の形を変えて援助している事例をもとに行政の担当者と相談することも有効である。例としては、医療支援として、行旅病人及行旅死亡人取扱法の適用や特別診療券の活用などがあげられる。職員の入れ替わりや運用ケースの少なさなどから行政窓口でもすんなりと手続が進まないこともあるが、過去の事例や根拠の情報を収集したうえで相談すると効果的である。

　また、医療の例では、自治体により「外国人未払医療費補てん事業」[3]（東京都）等の外国人緊急医療費救済制度[4]などが設けられているので、活用を検討するのもよい。神奈川県に

3）財団法人東京都福祉保健財団が東京都からの受託を受け、外国人未払医療費にかかる医療機関の負担の軽減および外国人医療の確保を目的として実施しており、未払いが発生し、申請のあった医療機関に対し財団が補てんを行うものである。

おいては、公的医療保険に加入できない外国人が利用できる会員制医療保険制度がある[5]。

4 資源・時事情報・法改正・自治体の取り組みなどの情報収集

　地域に存在する社会資源の質および量には差がある。そのため、社会福祉士はまず資源がどこでどのようなものが得られ、どのような形態で運営され、そして利用するために必要な手順や費用がどのようなものかを知る必要がある。利用手順についても生活保護のように画一的ではなく地域差が存在することは珍しくないため、直接電話をするなどして確認するとよい。

　基本は関係省庁（法務省、厚生労働省、文部科学省など）の通知などからの情報収集となるが、併せて勉強会などで人脈をつくり、口コミ情報をたくさんもつことも有効である。

　上記にもあげたように、役立つ情報や事例が得られるのは同じ社会福祉関連機関や専門職からのみとは限らず、NPOや弁護士、行政書士、通訳NPOなどから得られることも多い。

5 傾聴と受容

　とにかく大切なのが傾聴である。「これが必要、なぜ日本は助けてくれない。難民条約を批准しているのに」など制度やサービスへの訴えを表すクライエントもいる。しかし、よくよく話を丁寧に聴いていくと、制度的な不満を訴えるクライエントの訴えの裏には、明日の生活がみえない、来月自分がどのような生活を送ることができているのか見通しが立たないという不安や行き詰まり感を抱えており、それが強い口調でフラストレーションや不満を訴えることにつながっていることも多い。

　また、そもそも頼れる人自体が多くはないなかで危機的状況におかれているということを踏まえて本人の不安やつらさに共感していくことで、本人が精神的に落ち着きを取り戻し、一時はその人自身が見失いかけていたストレングスが復活して自分で問題に取り組めるようになることも実に多い。どんなケースでも傾聴、受容的対応が非常に重要である。

4）外国人患者がやむを得ない事情で医療費が払えない場合に未収の医療費の一部を都道府県が補てんする制度で、東京都の外国人未払医療費補てん事業のほか神奈川県の救急医療機関外国籍県民対策費補助事業、埼玉県の外国人未払医療費対策事業、群馬県の外国人未払医療費対策などがある。要件等の詳細は自治体により異なる。
5）外国人互助会制度と呼ばれ、神奈川県港町診療所、その他のクリニックで行われている。医療保険未加入の外国人が加入し、月2000円の支払いにより医療が必要になったときに3割負担で医療を受けることができる制度である。

【参考】インフォメーションセンター

○ インフォメーションセンターとは？

　法務省入国管理局が、入国手続や在留手続などに関する各種の問い合わせに応じるために、仙台、東京、横浜、名古屋、大阪、神戸、広島および福岡の各地方入国管理局・支局に設置しているものである。ここでは、電話や訪問による問い合わせに日本語だけでなく、外国語（英語、韓国語、中国語、スペイン語など）でも対応している。また、札幌、高松および那覇の各地方入国管理局・支局には相談員を配置し、電話や訪問による問い合わせに対応している。

○ 入国管理局、法務省のホームページ
　　・法務省　http://www.moj.go.jp/
　　・入国管理局　http://www.immi-moj.go.jp/

○ 入国管理局によるメールでの問い合わせ
　　・メールアドレス　info-tokyo@immi-moj.go.jp

○ インフォメーションセンター所在地

		住所	電話番号
外国人在留総合インフォメーションセンター	仙台	〒983-0842　宮城県仙台市宮城野区五輪1-30-20	0570-013904 （IP・PHS・海外：03-5796-7112） 平日　午前8:30〜午後5:15
	東京	〒108-8255　東京都港区港南5-5-30	
	横浜	〒236-0002　神奈川県横浜市金沢区鳥浜町10-7	
	名古屋	〒455-8601　愛知県名古屋市港区正保町5-18	
	大阪	〒559-0034　大阪府大阪市住之江区南港北1丁目29番53号	
	神戸	〒650-0024　兵庫県神戸市中央区海岸通り29	
	広島	〒730-0012　広島県広島市中区上八丁堀6-30	
	福岡	〒812-0003　福岡県福岡市博多区下臼井778-1　福岡空港国内線第3ターミナルビル内	
相談員配置先	札幌	〒060-0042　北海道札幌市中央区大通西12丁目	
	高松	〒760-0033　香川県高松市丸の内1-1	
	那覇	〒900-0022　沖縄県那覇市樋川1-15-15	
外国人総合相談支援センター		〒160-0021　東京都新宿区歌舞伎町2-44-1　東京都健康センター「ハイジア」11階　しんじゅく多文化共生プラザ内	03-3202-5535

●参考文献・参考資料●
- NGO 神戸外国人救援ネット『外国人の社会福祉・社会保障・医療制度相談の手引き』NGO 神戸外国人救援ネット、2009 年
- 外国人医療・生活ネットワーク編『講座 外国人の医療と福祉―NGO の実践事例に学ぶ―』移住労働者と連帯する全国ネットワーク、2006 年
- 移住労働者と連帯する全国ネットワーク編『日英対訳 日本で暮らす外国人のための生活マニュアル―役立つ情報とトラブル解決法―』スリーエーネットワーク、2005 年
- 日本社会福祉士会「2009 年度滞日外国人支援研修資料」2009 年
- 日本社会福祉士会「滞日外国人支援の手引き 2009 年度増補版」2010 年
- 南野奈津子、川廷宗之「多文化背景を持つ児童の就学問題とスクールソーシャルワーカーの役割に関する基礎研究」『大妻女子大学人間関係学部紀要』大妻女子大学、145～158 頁、2010 年
- 月刊『イオ』編集部編『日本の中の外国人学校』明石書店、2006 年

●参考ホームページ●
- 外務省
  http://www.mofa.go.jp/mofaj/gaiko/kiyaku/index.html
- 法務省
  http://www.moj.go.jp/
- 全国社会福祉協議会・全国母子生活支援施設協議会
  http://zenbokyou.jp/

●充実した情報をもっており活用できるウェブサイト●
- NPO 法人難民支援協会
  http://www.refugee.or.jp/
- 難民事業本部
  http://www.rhq.gr.jp/
- 厚生労働省 外国人雇用施策
  http://www.mhlw.go.jp/bunya/koyou/gaikokujin.html#document
- 内閣府 定住外国人施策ポータルサイト
  http://www8.cao.go.jp/teiju-portal/jpn/index.html
- 文部科学省 帰国・外国人児童生徒教育等に関する施策概要
  http://www.mext.go.jp/a_menu/shotou/clarinet/003/001.htm
- 財団法人自治体国際化協会 多文化共生ポータルサイト
  http://www.clair.or.jp/tabunka/portal/index.html
- 特定非営利活動法人シェア＝国際保健協力市民の会
  http://share.or.jp/health/library/knowledge/health_of_migrant_in_japan/dv.html
- 多文化共生センター
  http://www.tabunka.jp/
- 特定非営利活動法人 AMDA 国際医療情報センター
  http://amda-imic.com/
- 財団法人大阪府国際交流財団
  http://www.ofix.or.jp/
- 日本弁護士連合会
  http://www.nichibenren.or.jp/
- 移住労働者と連帯する全国ネットワーク
  http://www.jca.apc.org/migrant-net/Japanese/Japanese.html
- 浜松 NPO ネットワークセンター

http://www.n-pocket.jp/
・全日本民医連
　http://www.min-iren.gr.jp/
・東京都医療機関案内サービス
　http://www.himawari.metro.tokyo.jp/qq/qq13tomnlt.asp
・外国人集住都市会議
　http://www.shujutoshi.jp

第 4 章

生活の現状と課題

第1節 医療

　医療の場は、非日常の特殊な場所である。身体の不調や不慮の事故での受診、たとえ健康診断であっても、誰しも不安な思いを抱き、緊張をもって訪れる場所である。そのような場では、患者が自身でも思ってもいない感情表出や行動をとることがあることを、援助者は心にとめておきたい。

1　わかりにくい医療システム

　健康なときに、医療や病院のことを考えることはほとんどないだろう。身体的危機の状態で受診するとき、医療システムや病院のことをよくわからないままに受診することになる。外から見ると、病院は規模の違いはあってもどこも同じように思えるが、実際は病院はその機能で分かれており、保険診療の医療費も病院により異なる場合もある。

　筆者は、行政や支援団体から外国人の受診の相談を受けることがあるが、問い合わせてきた方も病院のシステムを知らないことが多く、まずそこから説明している現状である。例えば、特定機能病院は紹介制の病院であり、地域の開業医や他病院からの紹介で患者を診るところである。紹介状がなければ、保険外診療として自費で数千円支払うことになる。最初から大きな病院がよいと考えるのかもしれないが、まずは住まいの近くの開業医を受診し、日頃からホームドクターをもっておくことをお勧めする。また、療養型病院、回復期専門リハビリテーション病院などは、急性期の病院を経て転院するのが一般的である。

　しかし、医療システムは、国によって異なる。ホームドクターを介さないと病院受診できないとか、予約しても数か月待ちとか、たいていの病気は民間療法で治す、祈祷師が治すという国もある。そのような国から来た人々は、日本の医療システムを知らないので、病気の不安に加え、日本の病院という見知らぬ場所への不安や心細さをもつ反面、日本の医療に過度の期待をもっていることもある。病院の社会福祉士の前に現れる外国人患者の母国の医療体制を知っておくことが、多文化理解の第一歩になる。

2　外国人患者を医療機関はどうみているか

　医療を行う側は、外国人の受診にどのように対応しているのだろうか。外国語の案内を掲

げ、外国人を診ることを日常としている医療機関はまだまだ少ない。外国人の受診は、医療費、言葉、文化などの対応に苦慮すると想像し、敬遠する医療機関が多い。

　患者が日本語に不自由なく、日本の保険証を持っていれば、外来ではほとんど問題を感じないだろう。日本語が不自由であっても、日本語のわかる家族や友人が付き添い、保険証があれば同様である。また、保険証がなくても、私保険（例えば海外渡航保険など）で支払えるとか、軽度の病気で自費で支払うことができる、となると医療費の問題もあまり生じない。

　外国人といっても滞在資格は多様であり、旅行中、仕事や学業で１～２年の短期滞在、長期滞在や永住、日本人と婚姻している、非正規滞在、そして最近では医療査証で入国し受療目的で滞在している、いわゆる医療ツーリズム[1]などがある。医療機関では患者の滞在資格がわからないので、受付で無保険とわかると保険に加入してから受診するように、とか、日本語がわからない患者には日本語のわかる人を同行するようにと告げて、受付で患者を帰してしまう医療機関もあると聞く。

　一方、日本人の患者は外国人の受診をどう思っているのか。野村総研の調査では、医療ツーリズムには比較的肯定的であるが、外国人のマナーと日本人患者の待ち時間への影響を気にする患者が多く、それに対して医療機関の対応を期待しているとされる。つまり、医療機関は外国人患者への対応だけでなく、ほかの日本人の患者にも配慮しなければならないこともあり、それらが外国人を敬遠することになっている。

3　言葉と文化

　母国語のほかに英語で会話ができる患者であっても、医師の前では、不安と緊張のせいか英語で思うように話せなくなることが多い。筆者の経験した事例で、患者が日本人で、妻が日本語はわからないが母国語と英語を話すという夫婦がいた。半年以上の外来受診をいつも夫婦二人で来院し、医師は患者には日本語、妻には英語で説明して理解されているものと思っていた。しかし、病状が悪化したときに、妻が急に医師に対して怒り始め、医師との関係が悪化した。妻の母国語の通訳者を介して、実はこれまでの外来での説明を妻はほとんど理解していなかったことがわかった。母国語による通訳で誤解が解け、医師との関係も改善し、治療にとても協力的になったということがあった。

　このように、母国語以外の言葉がわかる患者や家族は、わからなくなったときに曖昧に返答をしてしまうことがある。患者や家族の母国語ではない言葉を用いるときには、本当に理

---

[1］医療観光、メディカルツーリズムとも呼ばれる。2010（平成 22）年に閣議決定された新成長戦略に「国際医療交流」が盛り込まれ、経済産業省が中心となり進展している事業。医療を観光資源ととらえ、高度医療や健康増進を目的に来訪する外国人を受け入れる。日本以外のアジア諸国では以前から行われている。医療滞在ビザ（査証）が新設され、整備が進んでいる反面、国内の認知や医療通訳者の確保などが課題となっている。

解されているのか注意する必要がある。

　家族や友人などが、通訳者として付き添うのがやむを得ないときもあるだろうが、望ましいとはいえない。家族や友人、職場の上司・同僚にはそれぞれの立場がある。患者の受診に、小学生の子どもが学校を休んで毎回付き添っていることがある。この場合、問題なのは、学校を休むということだけでなく、親である患者が病状を知る前に、子どもが知ってしまうことである。子どもに病気の知識がどのくらいあるか、正しく理解できるかということも疑問だが、特に重病の場合には、子どもは親の心境を思ったり、家の経済を考えて、事実をそのまま訳すことができないことも起こり得る。

　また、職場の上司や同僚であれば、仕事が続けられるかどうかを患者本人よりも先に知ってしまう。職場には知られたくない病気や治療があるかもしれないが、患者には隠すことができなくなる。上司や同僚は、職場の現状や利害を含めた考えを通訳の内容に反映することがあり得る。

　身内や友人の場合は、患者の背景をよく知っているために、通訳に徹する前に、患者を思って解決策を加えた通訳内容になってしまうこともあり得る。例えば、妊娠した若い女性の出産の場をめぐり、飛行機にも十分耐えられる状態なので母国での出産も可能だと医師が言っても、同行した姉が日本で出産させたくて、今はもう飛行機で母国に戻るのは無理だと医師が言っている、と訳していたことがあった。

　医療の場では、治療を巡り患者自身が選択・決定しなければならないことが多々ある。そのときに必要なことは、医師の説明を、私見を入れずに正しく患者にわかるように説明することである。患者にとっては、伝えたいこと以外を医療側に伝えずに済むことも大切なことである。これは、通訳ができる人なら誰でもできそうだが、実はとても難しい。

　医療通訳は制度化されていないが、医療通訳者の団体のなかには、病気や医療の専門用語と、日本の医療体制、対人援助の知識や倫理まで研修し医療通訳者を養成しているところもある。そのような医療通訳の専門家が利用できる地域や医療機関はよいが、医療通訳者はおろか、通訳できる人がまったくいない地域もある。近年、外国人の母国は多様化しており、希少言語の通訳者を探し出せないこともある。

　そのようなときに、社会福祉士はどう対応したらよいか。医療通訳団体や国際交流課などの行政への相談のほかに、他機関の社会福祉士や外国人が受診することの多い病院の職員、寺院や教会、国際ボランティア団体など、公的、非公的すべて思いつく限り通訳者を探す努力が求められる。言語によっては通訳者を探すためにとても時間がかかり、筆者は一日かけても探せないこともあった。日頃から地域の通訳者の言語別有無などの情報を準備しておく、外国人支援のネットワークの情報を得る、地域に多く住む外国人の言語で受診カードを用意しておく、自身の相談相手を見つけておくなどの準備をしておくと、短時間で結果を出すことができる。

　言葉が通じると、次には文化の違いがみえてくる。イスラム教は戒律が厳正で、祈りの決

まり、食の制限、夫以外の男性に触れさせてはいけないなどがあるが、治療上緊急性があり絶対に必要な場合には、よく説明し理解を得られれば、許されることもある。このほかに、例えば、出産は帝王切開で行う国、女児への儀礼として割礼をする国、国民性として自己主張の強い国、その逆の国もある。けがや病気で足や手を切断したとき、日本ではそれを火葬しなければならないし、骨を小さな骨壺で受け取ることもあるが、国によっては骨を受け取らないこともある。死産の子の受け取りを親が拒否することもある。支援の際には、患者の母国事情を調べておきたい。

　現代は、インターネットで多くの情報を得ることができる。国の文化を理解したうえで、患者・家族に、日本の制度や文化も理解してもらわねばならない。多文化共生とは、外国の文化を一方的、全面的に受け入れることではなく、着地点を一つにするために互いに文化を理解し合うプロセスという一面もあると考える。

4　無保険外国人の医療費

　日本の医療保障で、外国人だから利用できないとか、外国人だけに利用できる制度というものはない。日本の医療保険に、滞在資格によって加入できないことが大きな問題になっている。不法残留や不法入国・上陸などで非正規滞在となっている外国人のなかには、まれに組合保険加入者もいるが、多くは無保険である。そのため体調が悪くても市販薬で対応し、受診が遅くなり、悪化してからの受診や救急入院になることが多い。

　非正規滞在者は不法であり強制退去の対象者であるが、医療の場では病をもった人である。医師法では「診療に従事する医師は、診察治療の求があった場合には、正当な事由がなければ、これを拒んではならない」(第19条)と定められ、非正規滞在者を拒むことはできない。しかし、病院受付で帰されたり、救急隊員が受け入れ病院を探すのに苦労したという話も聞く。

　無保険の場合、医療費が高額になるというのは、自費扱いを通常の20倍の計算とする医療機関が多いからである。数回の外来通院で治る病気なら自費での支払いも可能かもしれないが、入院、手術、難治性疾患の場合は高額になる。例えば、心臓バイパス術を伴う入院を20割で請求すると一般的に1000万円程度になる。

　このように高額な医療費の未収をおそれ、医療機関は外国人の受診を回避したがるのだが、その理由として、未収金は民法上の債務不履行であり医療機関が自ら回収するしか方法がないということが大きい。外国人の救急医療補助金として、未収金の一部を補てんする事業(外国人緊急医療費救済制度：77頁参照) があるが、ごく一部の自治体であり予算も限られている。無保険で高額な医療費がかかった場合、医療機関が未収を抱えているというのが現状である。

　それでも、社会福祉士は病をもった人が医療にかかることができるように、最善の努力を

すべきである。無保険外国人への社会資源活用の実際は、まず、労災保険と健康保険加入（組合保険の扶養の可能性も視野に入れて）の再検討をする。次に、行旅病人の扱い、医療助成制度を検討する。どれも適用できないときは、無料低額診療事業施設[2]に相談をする方法もある。しかし、自院の患者を経済的な事情があるからといって、診断や治療の途中で無料低額診療事業施設のような他院にお願いするのは困難だろう。大使館は医療費の相談にはのらないが、患者の住むコミュニティに同国人が多くいれば、相互扶助が期待できるかもしれない。

医療費の問題は、無保険者だけではない。外国人の不法残留者は最近の10年で半数以下になっており、2010（平成22）年1月1日では9万人超である。外国人の多くが滞在資格をもち、日本の保険証を取得している人も増えているが、国民健康保険加入要件を満たしていても加入していない外国人や、保険税を滞納して期限付きの保険証であったり、高額療養費が利用できないということがある。このような外国人に遭遇したときには、日本の保険制度をよく説明し、保険税も生活費の一部であると理解してもらえるよう教育的にかかわる必要もある。

無保険や医療費問題のある外国人には、解決策を検討していくためにも通訳は欠かせない。生活背景や事情がわからなければ制度の活用もできない。治療と医療費の説明をして、支払いが難しければ、医師にできるだけ医療費を抑えられる治療を検討してもらう必要がある。

5　母国に帰る

特に、難治性疾患、がんなどは、治療期間が長くなるので、医療費が公費助成対象外であれば、日本で長く自費で医療を受け続けることは困難であり、母国に帰るという選択も検討しなければならない。その場合、社会福祉士は母国の医療レベルや医療保障がどの程度か調査して、医師に情報提供し、場合によっては帰国後の継続医療が可能な医療処置を施しておくことも必要になる。継続医療機関を決め、確実にその医療機関に情報提供書やデータ類が届くような支援も必要である。

非正規滞在者が帰国を希望する場合、入国管理局へ相談交渉し、強制退去措置をとってもらうことになる。本人の希望による帰国であっても法律上は強制退去となる。旅券紛失や偽造などのときには、大使館に出向き旅券を再発行してもらわなければならない。強制退去といっても旅費は自費になる。長時間の飛行機搭乗の場合、車いすを使ったり、体を横たえる

2）無料低額診療事業とは、社会福祉法で定められている「生計困難者のために、無料又は低額な料金で診療を行う事業」のことであり、認可を得た医療機関が、低所得者などに無料または低額な料金によって診療を行っている。対象として、低所得者や要保護者、ホームレス、DV被害者、人身取引被害者などがある。

必要があるときには、使用する座席分のチケットを購入しなければならない。病気の進行、治療の過程と入管の手続進捗状況を見込んで航空券の購入をすることになるので、状態と状況を常に把握しておくことが最も重要である。タイミングを逃すと、帰国できない事態になる。

　帰国できずに状態が悪化し亡くなったときは居所の市町村に死亡届を提出し、外国人登録証明書の変更手続等も行い、大使館にも連絡する。非正規滞在や身元がまったくわからないときには警察に通報する。日本で火葬せずに遺体を母国に輸送するときには、その国の大使館ともよく相談のうえ、遺体の防腐処理をしたうえで貨物扱いでの搬送となるが、この防腐処置は実施していない地域もある。一部葬祭業者が扱うが高額になるので、亡くなった患者の関係者とよく相談をする必要がある。また、日本で火葬し遺骨を移送するときにも大使館とよく相談をして進める必要がある。

6 組織のバックアップを得る

　言葉や文化、医療費の問題をもつ外国人への支援は、完全に解決できないことが多く、問題が改善すらされないこともある。非正規滞在などの複雑な背景の事例では、社会福祉士の倫理観と組織の指示にギャップを感じつらい思いをすることもあるだろう。ある程度の結果が出てから報告しようとして、社会福祉士が一人で頑張っているうちに日がたち、外国人がいなくなったり治療費がどんどん高額になってしまう事態も起きるかもしれない。

　特に、複雑な背景のある外国人の支援は、支援開始直前直後から所属組織に社会福祉士のアセスメントや意見を述べたうえで、組織としての判断を得ておくことが重要である。医療費や管理体制がポイントになるので事務職員と相談して進めがちだが、組織全体としての判断を得るために、病院の管理者や医師・看護師などが参加する会議を招集してもらうことを勧める。公共・人道的な視点から医療費の抑制法まで組織全体の判断と合意を確認しておくと、社会福祉士が一人で抱え込まずに済むし、他職種との協働が可能となる。

　外国人支援は、医療費が回収できず組織に被害を与える結果になったり、重症の外国人が母国に帰ったりするなど、社会福祉士として大きな不全感をもつことがある。自分の力量を責め、以降の外国人支援に消極的になってしまうことがある。大切なことは、解決できなくても最善を尽くして支援したかどうかである。最善とは何か。筆者は、迷うときにはコンサルテーションを得ることにしている。自分が尊敬する社会福祉援助者や専門家に相談し、その方々も筆者と同意見であるとか、母国に帰るのが最善策だ、など自分の支援を支持してもらえたら、最善を尽くしたとしている。

　燃え尽きないで、次の外国人支援に経験を活かしていくこと、少しずつでも支援の質を上げていくことを心がけたい。

●参考文献●
・株式会社野村総合研究所「経済産業省平成 21 年度サービス産業生産性向上支援調査事業 国際メディカルツーリズム調査事業報告書」2010 年
・西村明夫『疑問・難問を解決！外国人診療ガイド』メジカルビュー、2009 年
・加藤剛『もっと知ろう！！わたしたちの隣人―ニューカマー外国人と日本社会―』世界思想社、2010 年
・森恭子監修、特定非営利活動法人難民支援協会編『外国人をめぐる生活と医療―難民たちが地域で健康に暮らすために―』現代人文社、2010 年
・移住労働者と連帯する全国ネットワーク編『多民族・多文化共生社会のこれから―NGO からの政策提言―』現代人文社、2009 年

第2節 メンタルヘルス

　滞日外国人が定着する過程においてメンタルヘルスの問題が生じる時期があり、メンタルヘルスへの支援は欠くことができない。しかしながら、言葉の問題や異文化理解という困難な課題により、支援に「消極的」になってしまう精神保健福祉専門家が多いと思われる。ここでは、肩の力を抜いて支援を行うことができるように、滞日外国人のメンタルヘルスの「診方と理解」について解説する。

1 滞日外国人が抱えるメンタルヘルスの問題

　従来、移住者の精神病院への入院率の高さから、「移住」そのものがメンタルヘルスのリスク要因といわれてきたが、近年では、移住そのものは精神障害の率を高める要因ではなく、移住に付随するいくつかの危険因子が精神障害の原因となるといわれている[1]。以下では、滞日外国人のメンタルヘルスに影響を与える危険因子を、個人的背景、社会環境、時間経過の視点から述べる。

①――社会属性的条件

　移住に際して最も揺らぎを体験するのは、思春期と老年期世代の人々である。思春期世代は新しい文化的価値観の吸収において自己同一性の危機を感じやすい。高齢者は適応が遅く、伝統的価値観から離れ難いゆえに孤立感を抱き、自尊心の喪失などからうつ状態に陥りやすい[2]。性別では女性のほうに精神障害を示す例が多いと指摘する声もあるが、性別自体が適応に直接影響するのではなく、家族構成や家族の役割の変化、社会的支援の欠如など、ほかの要素が絡んだ結果、女性のほうが男性よりもハイリスクになるといわれている[3][4]。また、言語と教育は適応にとって重要な要素である。言葉ができないことは男性においては統合失調症の発症に、女性においてはうつ病の発症に関連があるという指摘もある[5]。一方、移住者の教育レベルは必ずしも適応の良否には影響しない。かえって高学歴の移住者のほうが、移住地で専門的な仕事を見つけられず、自尊心の低下につながるなど、スムーズな適応が難しい場合もみられる[6]。

②――移住時の条件

　移住に対して強い動機をもっている人、現実的な考えをもっている人、情報をもっている

人は、そうでない人に対して適応はよい[7]。一方、安易な動機によって移住することで、移住先で潜在的に抱えていた精神障害が顕現してしまうケースも少なくない[8]。また難民は、脱出のプロセスにおいて酷い拷問を受けた、虐殺を目撃した、瀕死の逃走体験をしたなどの大きなストレスにより、心的外傷後ストレス障害（PTSD）となる者が多い。さらに家族構成も移住者のメンタルヘルスに大きな影響を与える。単身者、配偶者と離別してきた人、家族と分離された人はハイリスク・グループである。しかし、このリスクは移住後、家族や配偶者を呼び寄せられる場合は軽減されるため、同国人のコミュニティに接触する手段をもつことも有効である[9]。近年、日本で急増している難民認定申請者の多くは単身での移住であり、家族・配偶者とのコンタクトも難しく、密告をおそれるあまり同国人との接触を避けることから、うつ病に罹患する者も少なくない。

③——移住後の条件

移住者が精神障害を発症するとき、受け入れ国へのパラノイド的反応[3]から始まることは、よく指摘される[10]。受け入れ国の態度が好意的か否か、または外国人の定住促進に向けた施策整備や地域の受け入れ体制の状態によって、移住者のメンタルヘルスは変わってくる。また、滞日外国人が自らの社会的・経済的立場に満足感を覚えていないことも極めて高いリスクファクターである。日本における外国人労働者や難民はいわゆる3K（汚い、危険、きつい）と呼ばれる仕事に従事することが多いが、それは彼らにとって高いストレスであり、受け入れ国の体制への不満と相乗して彼らをハイリスク・グループとさせている可能性が高い。さらに、文化的にも言語的にも孤立しているマイノリティ・グループから統合失調症で初めての入院をする確立が高いという報告もみられ[11]、移住者が必ずしも同国人コミュニティと接触するかしないかは別として、同じ文化を分け合う人々と接触できる機会をもつことは大切である。

④——滞在期間

移住者は定着のプロセスにおいて、メンタルヘルスの問題を抱えやすい時期があるといわれている。最もハイリスクな時期は、移住後の3か月から18か月、特に1年目のアニバーサリー・リアクション[4]あたりにあるといわれている[12]。なかには移住後、長い時間をおいて問題が生じてくる人がいる。望郷の念に駆られたり、老後を憂慮しはじめた折りに危機的な状態に陥ることもある。

移住とメンタルヘルスの関係をまとめると、移住に伴う最も大きなストレス要因は次のよ

3）移住者は往々にして脆弱な精神状態にあり、移住後の日常生活における些細な出来事から被害妄想（例えば、日本社会より排除、攻撃を受けているなど）を抱くことがある。
4）難民などに特徴的である移住後1年目あたりに迎えるハイリスクは「アニバーサリー・リアクション」と呼ばれ、必死になって暮らしてきた時期が一段落した頃、うつ病などの精神疾患に襲われるというものである[13]。

うなものとなる[5]。
① 移住に伴う社会的・経済的地位の低下
② 移住した国の言葉が話せないこと
③ 家族離散、もしくは家族からの別離
④ 受け入れ国の友好的態度の欠如
⑤ 同じ文化圏の人々に接触できないこと
⑥ 移住に先立つ心傷体験もしくは持続したストレス
⑦ 老年期と思春期世代

これらは日本に暮らす難民や外国人労働者に等しく当てはまるものである。滞日外国人のメンタルヘルス支援を行う際に、まず頭に思い浮かべてほしい。

2 文化とメンタルヘルス

本質的な精神症状の現れ方に大きな文化差はないものの、「患いの表現」「精神疾患についての認識」「支援探索行動」には文化により相違がみられる。

例えば、アジア・アフリカ圏の民族の多くは、メンタルヘルスの問題を身体愁訴[6]によって表現する。来談した彼らに困っていることを尋ねると、まず頭痛、腰痛、胸痛、手足のしびれなどをあげる。丁寧に聴き取っていくなかで、不眠、食欲低下、気分の落ち込みや憂うつなどが認められ、うつ病であることがわかる。しかし、うつ病の理解を促そうにもその説明が難しい。「抑うつ状態」にあたる言葉がない民族もいる。カンボジアでは家族メンバーがうつうつとして元気がないとき、それを何と表現するかというと「ビバー・チャット」（大変だ）という言葉になる[15]。「ビバー・チャット」という表現で表された状態を「うつ」という概念に置き換えてもらうには、文化親和的な懇切な説明が必要となる。また往々にして彼らは家族のメンタルヘルスの問題を表沙汰にすることを嫌い、重篤な状態に陥るまで専門家を頼らない。薬物療法といった西欧医学にも心理的抵抗を示す民族も多い。彼らは「（患者との）徹底した話し合い」やハーブを用いた解決法を好む[16]。統合失調症の一症状である解体した言動は、誰もが異常であると思うのだが、「先祖の恥ずべき行為の報い」「先祖や精霊が憑依している」と認識する民族もおり、先祖の墓参りや悪魔払い[7]で解決を試みる家族も

---

5) 「カナダ移住者と難民の精神保健に関する特別調査委員会」が指摘した七つのメンタルヘルスの危険因子[3]より。
6) 身体愁訴とは、身体各部の痛みなどの身体症状を訴えるにもかかわらず、診察・検査によって器質的原因が認められない症状を指す。また、身体愁訴はあるが心理的苦悩が表現されない場合、その訴えこそが「苦悩の文化的慣用表現」（Cultural Idioms of Distress）とも呼ばれるものであることを Kirmayer, L. J. などは指摘している[14]。
7) 精神症状による奇異的行動を悪魔・悪霊・怨霊などが憑依した状態ととらえ、それを取り除くために行われる一連の儀式のことである。現代においても医療が十分でない世界の一部の地域では、一種の治療行為として行われていることもある。

いる[17]。このようにさまざまな伝統的治療を試みて効果のないとき、初めて専門家のもとを訪れるのである。またアルコール依存症の問題も興味深い。アジア圏では「男性はお酒を飲んで暴力を振るうもの」と認識している民族も存在し、病気であるという認識は希薄である。ここに治療概念をもち込むことは至難である。

支援者はこれらを西欧的疾患概念でくくることではなく、彼らの「経験」に耳を傾け、疾患の「説明モデル」を尊重することが重要である。また、どの程度科学的・論理的説明や治療を受け入れられるのかの判断も大切である。滞日外国人の「困っていること」を解決し、異文化で楽に生きる方法をともに模索する姿勢は、単に原文化的伝統のみを尊重することとは異なる。こういうケアを「Cultural Competence：文化を理解し対処する能力」[8]の高いケアと呼ぶ。

3　滞日外国人のメンタルヘルス支援の実際

では次に、滞日外国人のメンタルヘルス支援において配慮すべき点をあげる。

①———インテークの際の留意点

予診では、現在困っていることについて何度も丁寧に聞き取り、その問題が母国でどのように認識されており、どのような対処行動がとられているのかについても把握することが大切である。支援者が自分の文化圏での流儀も理解していると思うことは、滞日外国人に大きな安心を与える。それが異文化圏での治療も受けてみようと思わせることにつながる。また、治療過程で通訳を用いる場合は、相手が答えやすい短い質問を繰り返し行うことが望ましい。また多文化間精神医学会[9]ホームページ（http://www.jstp.net/）には、外国人診療支援資料として多言語の問診表や、英語で標記された入院関連資料が掲載されている。このような資料も活用することを勧める。

②———説明と合意

治療に際してはインフォームド・コンセントといわれる「説明と合意」が必要である。滞日外国人に限らず、治療協働は、提供された情報の理解や納得、主体性のある自己決定の尊重により円滑となる。しかしながら、滞日外国人の場合、時に「説明」と「合意」が食い違

8）Tseng, W. S. は、Cultural competence をもつために、文化への感受性、知識、共感性を高め、文化的に妥当な相互作用を調整し、治療技術の獲得、ガイダンスなどの能力が必要であると述べている[18]。
9）多文化間精神医学会は、海外駐在員やその家族の適応問題、帰国子女の再適応、日本国内における外国人労働者の適応問題、外国人花嫁問題、国家間・民族間の紛争、それに伴う難民問題、宗教・民族問題などを多方面から専門的に探求するために1993（平成5）年7月に創立された。

うことがある。例えば、アジア・アフリカ圏の身体愁訴を主訴とするうつ病のケースに抗うつ薬が処方されたとする。彼らは専門家から、「これは抗うつ薬である。これを飲むことで食欲も出て元気になる。あなたが困っている頭痛も軽減するだろう」と説明を受ける。数か月の服薬によりうつ症状は改善し、彼らの多くは「頭痛」が治ったと喜ぶが、うつ病については認めることはない。「頭痛を直すために通院し服薬した」と彼らは述べる。この場合、うつ病の概念がきちんと理解されたかという問題がある。私たちの科学的な解釈を押し付けることは重要ではなく、彼らの疾患の説明モデルを尊重し、治療に納得し安心感を抱いてもらうことが、継続した治療につながる。

③——経済的負担の軽減

滞日外国人が通院を続けるためには経済的負担を軽減させる必要がある。日本には障害者自立支援法における自立支援医療（精神通院医療）があるが、滞日外国人、日本での在留資格のない難民認定申請者[10]でもこの制度は利用することができる（東京都福祉保健局ホームページ「自立支援医療（精神通院医療）についてのQ&A」より）。

4 おわりに

現在、日本には滞日外国人を診る専門家は少なく、彼らが利用できる社会資源も極めて限られている。カナダのように医療制度や医療保険の充実、医療ネットワークの確立などのソーシャル・サービスが整備されている国では、少数民族集団も在来のサービスに近づきやすいという報告がある[19]。滞日外国人のメンタルヘルス支援を行うにあたり、個々人の精神保健福祉専門家の文化理解能力（Cultural Competence）を高めるだけでなく、インフラ整備も念頭におき支援を展開することを忘れてはならない。

●引用文献●
① Murphy, H. B. M., 'Migration, Cultural and Mental Health', *Psychol Med*, 7, pp 677-684, 1997.
② Spitzer, J. B., 'Planning service for elderly refugees. The Vietnamese and Soviet Jews', *Migration Today*, 12(3), pp 25-27, 1984.
③野田文隆「多様化する多文化間ストレス」『臨床精神医学講座第29巻 多文化精神医学』中山書店、

---

10) 難民認定申請者は、在留資格がないことにより医療保険に加入することはできない。自立支援医療の申請においては書類に「難民認定申請中」と医師に明記してもらう必要がある。

19～31頁、1998年

④ O'Mahony, J., Donnelly, T., 'Immigrant and refugee women's post-partum depression help-seeking experiences and access to care: a review and analysis of the literature', *J Psychiatr Ment Health Nurs*, 17(10), pp 917-928, 2010.

⑤ Williams, H., Carmichael, A., 'Depression in mother in a multi-ethnic urban industrial municipality in Melbourne ; Aetiological factors and effects on infants and preschool children', *J Child Psychol Psychiatry*, 26, pp 277-288, 1985.

⑥ Starr, P. D., Roberts, A. E., 'Community structure and Vietnamese refugee adaptation ; The significance of context', *Int Migration Rev*, 16, pp 595-618, 1982.

⑦ David, H. P., *Involuntary International Migration ; Adaptation of Refugees. Behavior in New Environments*. Brody EB(ed), Sage Publications, Beverly Hills, 1969.

⑧ 植本雅治、森山成彬、大西守「パリ地区における邦人の精神障害―病的旅および放浪について―」『精神医学』第25巻、597～605頁、1969年

⑨ Westermayer, J., *Psychiatric care of migrants ; A clinical guide*, American Psychiatric Press, Washington, D. C., 1989.

⑩ 野田文隆「多文化社会の病理―移住と精神障害―」『文化とこころ 創刊準備号』17～23頁、1995年

⑪ Bland, R. C., Orn, H., 'Schizophrenia : Sociocultural factors', *Can J Psychiatry*, 26, pp 186-188, 1981.

⑫ Beiser, M., 'Influences of time, ethnicity and attachment on depression in Southeast Asian refuges', *Am J Psychiatry*, 145, pp 46-51, 1988.

⑬ Pollock, G. H., 'Anniversary reaction, trauma and mourning', *Psychoanal Q* 39, pp 347-371, 1970.

⑭ Kirmayer, L. J., Weinfeld, M., Burgos, G., 'Use of Health Care Services for Psychological Distress by Immigrants in an Urban Multicultural Milieu', *The Canadian Journal of Psychiatry*, 52(5), pp 295-304, 2007.

⑮ 野田文隆、倉林るみい、高橋智美他「日本に暮らす外国人のメンタルヘルス上のHelp-seeking行動の研究（第1報）―カンボジア人のメンタルヘルスの概念と対処行動―」『こころと文化』第8巻第2号、154～167頁、2009年

⑯ Dinh, kha, Dinh, Ganesan, S., Morrison, N., *Cross-Cultural Caring* 2nd, pp 247-287, UBC, Vancouver・Toronto, 2005.

⑰ 鵜川晃、野田文隆、手塚千鶴子他「日本に暮らす外国人のメンタルヘルス上のHelp-seeking行動の研究（第2報）―ベトナム人のメンタルヘルスの概念と対処行動―」『こころと文化』第9巻第1号、56～68頁、2010年

⑱ Tseng, W. S.（曽文星）、鵜川晃、野田文隆訳「エスニックマイノリティ（民族少数派）のケアにおける文化精神医学の役割はなにか」『こころと文化』第5巻第1号、70～79頁、2006年

⑲ Ganesan, S.、桂川修一訳「バンクーバーにおける文化に基づいたメンタルヘルスケア」『こころと文化』第5巻第1号、80～87頁、2006年

●参考ホームページ●
・東京都福祉保健局ホームページ「自立支援医療（精神通院医療）についてのQ&A」
http://www.fukushihoken.metro.tokyo.jp/shougai/nichijo/tsuuin/index.html

第3節 不就学児童

1 外国籍児童の不就学の実情

　1990年代以降に急増した、南米諸国やアジアから来日したいわゆるニューカマーの外国人家族とその子どもたちが地域で生活するようになり、教育現場でもさまざまな課題が表面化している。学校生活への不適応、日本語習得が困難なゆえに授業についていけない、経済的な困窮により保護者が教育費を払うことができない、親の出身国にも日本にも自分のアイデンティティを見いだせないために子どもたちが葛藤と反社会行動をもつといった問題もみられ、日本も批准している「児童の権利に関する条約」[11]に示されている学習権の保障とは程遠い実情がある。

　最初に外国人児童の実情について整理する。文部科学省の「平成22年度日本語指導が必要な外国人児童生徒の受入れ状況等に関する調査」によると、2010（平成22）年9月において公立の小学校・中学校・高等学校・中等教育学校および特別支援学校に在籍する外国人児童[12]は7万4214人で、そのうち日本語指導を要する外国人児童は2万8511人となっている。このうち実際に日本語指導を受けている児童数は2万3448人で、日本語指導を要する児童数の約82％を占めている。

　この調査対象は認可を受けた学校であり、かつ数値はあくまでも「外国籍」児童であるため、児童自身が日本国籍であっても親のいずれかが外国籍である家庭は、調査の数値には含まれていない。

　母語別にみると、多い順にポルトガル語（33.2％）、中国語（21.6％）、フィリピノ語（15.3％）、スペイン語（12.4％）となり、これらの言語で82.5％を占める。また、都道府県別では、愛知県のみで約20％を占め、神奈川県、東京都を加えた1都2県に全体の約40％が集中している。

　上記の数値はいわゆる「学校教育法1条校」、文部科学省が認可している学校である。多文

---

[11] 1959年に国連で採択された「児童の権利に関する宣言」の30年後の節目である1989年の国連総会において採択された国際条約である。子どもが受動的権利のみならず能動的権利をもつことを示した点が特徴的である。日本は1994（平成6）年に批准した。
[12] 文部科学省の調査では、在学する学校の種別により「児童」「生徒」等用語の整理がなされているが、本節では単に「児童」としている。

化背景をもつ児童は、朝鮮学校などの「各種学校」、そしてさらには無認可である「外国人学校」にも通っている。無認可の外国人学校は規模や通学形態、授業料もさまざまであり、現在200弱の外国人学校があるという調査もあるが、正確な実態は明らかになっていない。

なお、調査で気になる点は高校の数値である。高校で日本語指導を要する全児童数は1980人であり、そのうち定時制は1058人、通信制は44人と定時制、通信制合わせて全児童数の半数強を占める。そして、ポルトガル語の児童数は中学では28.2％の学校に在籍しているが、高校では13.0％に落ち込んでいる。高校進学は一般的である日本の事情を考えると、外国籍児童の在籍割合は中学も高校も大きく異なるはずはないが、ポルトガル語が母語の児童数は高校ではかなり減少している。外国籍児童の中学校卒業後の進路および生活状況についても課題があることがうかがえる。

文部科学省が平成17年度から18年度に実施した、外国人の集住する自治体1県11市における「外国人の子どもの不就学実態調査」によると、対象県・市で登録されている全9889人のうち公立・私立の学校に在籍する児童が6021人で60.9％、外国人学校等で学習を受けている者が2024人で20.5％、不就学児童が112人で全体の1.1％となっている。しかし、就学状態が把握できない児童が1732人と17.5％であり、静岡県掛川市や愛知県豊田市では全体の3〜4割が未掌握となっている。平成22年度における5歳から14歳の登録外国籍児童数は12万2934人だが、公立の小学校・中学校・高等学校・中等教育学校および特別支援学校に通学している児童数は7万4214人である。残りの児童が外国人学校に通学しているとは考えにくく、就学状況は日本人児童と比較しても良好とはいえないことが想像できる。

文部科学省が全国のブラジル人学校等を対象に行った実態調査では、2008（平成20）年12月1日から2009（平成21）年2月2日の間に、生徒数がブラジル人学校では34.9％、ペルー人学校では20.5％減少している。子どもたちの移動先として、「本国に帰国」はブラジル人学校では42.0％、ペルー人学校では45.5％に次いで「自宅・不就学」はそれぞれ34.8％、45.5％となっており、家庭の経済状況が子どもの就学環境を不安定にしていることも予想できる。

2 なぜ外国人児童の不就学率は高いのか

高い不就学率の要因としては、社会的要因、親の事情、教育現場の要因などがあげられる。まず、日本の地域社会でのつながりの希薄化により他人の生活への干渉を控える風潮が強まる一方、外国人家庭側にしてみれば地域行事も十分に理解できないこともあり、孤立してしまいがちである。一方で、自治体による外国人支援施策や支援資源は質量ともに地域格差が大きい。つながりの場になり得る学校については、愛知県、静岡県など外国人労働者が多い地域では多くの外国人の流入に伴い、この10年で多くの外国人学校が設立された。これら

の学校は自国から認可を受けている場合もあるが、文部科学省の認可は受けていない場合、私塾扱いとなるため、毎月の学費は月に3万円から4万円払うこともまれではない。2008（平成20）年のリーマン・ショック以降の経済不況により工場労働者であった外国人の家庭は打撃を受け、学費を捻出できない家庭が増加した。

　第二には親の事情である。学校教育法では国籍要件はないため、外国籍であっても通学は可能だが、外国人登録を行わないことで就学に関するお知らせが家族の手元に届かないことも不就学の一因となる。保護者自身も毎日の生活に精一杯で、児童の就学に関する問題まで対応できないのみならず、家庭の経済状況が厳しいと児童も働いて家計を支えるケースも少なからずある。

　保護者は、自身の仕事や生活に必要な最低限の日本語のみを習得し、家庭生活では母国語中心の生活を継続する結果、子どもの日本語修得は遅れがちになる。保護者が子どもへの学習支援や人間関係への適応支援が十分にできないことで、問題の早期発見や対応、そして学校との連携が遅れてしまう。あるいは、児童は学校で言葉を覚えて日本社会に適応するにつれ、親や親の文化をあまり尊重しなくなり、親子間で出身国の文化や生活習慣、価値観などを共有できないことが児童のアイデンティティ確立を困難にする。自己理解、自己肯定をできない葛藤が反社会的行動につながるという指摘もある。

　第三に、教育現場では教員がさまざまな業務に追われ、外国人はおろか日本人児童の支援すら手が回らないという実態がある。外国人児童の支援については、研修やサポートシステム、情報が少なく、内容も適応相談や言語相談にとどまっている。遠足のお弁当のつくり方からそろえるものまで説明する学校もあるようだが、それは一部の努力にすぎない。

3　不就学児童問題における取り組み

　文部科学省大臣官房国際課国際統括官は「平成21年度概算要求主要事項の概要」で、「外国人の生活環境適応加速プログラム」として、
① 　帰国・外国人児童生徒受入促進事業（教育委員会と連携した就学促進、外国語のわかる人材配置、拠点のセンター校設置などによる地域・学校での受け入れ体制の整備）
② 　「生活者としての外国人」のための日本語教育事業
③ 　調査研究
④ 　外国人児童生徒の日本語指導等充実のための総合的な調査研究
⑤ 　外国人児童生徒の母国政府との協議会等運営事業
を提示した。また、2009（平成21）年3月に発表した「定住外国人の子どもに対する緊急支援（第2次）～定住外国人子ども緊急支援プラン～」では、五つの方策（公立学校への受入れの円滑化方策、不登校の外国人児童生徒に対する対策、ブラジル人学校等に通う子どもの

就学支援、子どもたちの居場所づくり、定住外国人の子どもの支援に関わる人材の雇用）などを今後進めていくとしている。子どものための日本語教室や居場所づくりなどの活動を行うNPOが増えつつあり、2008（平成20）年に文部科学省が導入したスクールソーシャルワーカー事業では支援すべき対象のなかに外国人児童も言及しているなど、外国人児童の不就学問題に対して各省庁、自治体、NPOなどでもさまざまな取り組みが行われつつあるが、予算や先駆的モデルケースが少ないといった課題はまだ多く残されている。

●参考文献●

- 石河久美子「外国人相談に求められる人材育成と体制の充実化」『自治体国際化フォーラム』第217号、2〜5頁、2008年
- 石河久美子『異文化間ソーシャルワーク―多文化共生社会をめざす新しい社会福祉実践―』川島書店、2003年
- 殿村琴子「外国人子女の不就学問題について」『ライフデザインレポート』第一生命経済研究所、35〜37頁、2008年
- 社団法人日本社会福祉士会『滞日外国人支援の手引き』2008年
- 文部科学省「学校等における児童虐待防止に向けた取組について」2006年
- 「可児市における在住外国人への生活支援」『月間福祉』全国社会福祉協議会、2008年10月号、34〜37頁、2008年
- 山野良一『子どもの最貧国・日本―学力・心身・社会におよぶ諸影響―』光文社新書、2008年
- 兵庫県教育委員会子ども多文化共生センター「子ども多文化共生センターにおける教育相談について」『自治体国際化フォーラム』第217号、9〜10頁、2008年
- 文部科学省「スクールソーシャルワーカー実践活動事例集」2008年
- 文部科学省「ブラジル人学校等の実態調査研究結果について」2009年
- 社団法人日本社会福祉士養成校協会「スクール（学校）ソーシャルワーカー育成・研修等事業に関する調査研究」2008年
- 文部科学省「平成21年度文部科学省予算主要事項」2008年
- 文部科学省「平成21年度学校基本調査速報」2009年
- 文部科学省 平成17年度〜18年度実施「外国人の集住する自治体1県11市」における「外国人の子どもの不就学実態調査」
- 文部科学省大臣官房国際課国際統括官「平成21年度概算要求主要事項の概要」（「外国人の生活環境適応加速プログラム」）
- 文部科学省「定住外国人の子どもに対する緊急支援（第2次）〜定住外国人子ども緊急支援プラン」2009年
- 外国人労働者問題関係省庁連絡会議「『『生活者としての外国人』に関する総合的対応策』の実施状況について」2009年
- 日本学校ソーシャルワーク学会「2009年度第4回大会報告要旨集」2009年
- 川崎市市民局人権・男女共同参画室子どもの権利担当「川崎市子どもの権利に関する実態・意識調査報告書」2008年
- 愛知県多文化共生社会づくり推進会議「多文化共生の県づくりに向けて―愛知県多文化共生社会づくり推進会議報告書―」2007年

- 総務省「多文化共生の推進に関する研究会報告書～地域における多文化共生の推進に向けて」2006 年
- 月刊『イオ』編集部編『日本の中の外国人学校』明石書店、2006 年
- 外国人医療・生活ネットワーク編『移住連ブックレット 3　外国人の医療と福祉―NGO の実践に学ぶ―』移住労働者と連帯する全国ネットワーク、2006 年
- 東京外国語大学多言語・多文化教育センター編『シリーズ多言語・多文化共同実践研究 4　外国につながる子どもたちをどう支えるのか―当事者も参加した拠点・ネットワークの構築　川崎市での実践―』東京外国語大学多言語・多文化教育研究センター、2008 年

●参考ホームページ●

- 外務省ホームページ・児童の権利に関する条約
  http://www.mofa.go.jp/mofaj/gaiko/jido/index.html
- 外務省ホームページ・国際人権規約
  http://www.mofa.go.jp/mofaj/gaiko/kiyaku/index.html
- 法務省ホームページ
  http://www.moj.go.jp/
- サンタ・プロジェクト（外国籍児童就学支援プロジェクト）ホームページ
  http://www.anpie.or.jp/santa_project/index.htm

第4節 児童虐待

1 はじめに

　今日必要とされるのは、日本に生活基盤をもち、将来にわたって定住意思をもつニューカマーの増加に対応した子ども家庭支援の枠組みの構築である。

　本節では、まず、多言語・多文化背景のある人々の個別性を尊重しながら何を理解することが大切なのか、また、どのような立場から接近する必要があるのかを明らかにする[13]。次に、多言語・多文化背景のある家庭の児童虐待に対する視点と課題を確認したうえで、多言語・多文化背景をもつ子どもとその家庭への支援方法の構築に向けた試論を、主に言語面から試みたい。

　多文化ソーシャルワークは、グローバル化により国家の枠を超えて起きる、政治的・経済的・社会的状況を背景としたマクロの視点と、個別のクライエントを支援する際のミクロの視点に加えて、グローカルな課題に焦点をあてるメゾの視点が必要とされる。

　本節では、児童虐待そのものについての説明は最小限として、多文化ソーシャルワーク実践に必要な理解として、多文化間にまたがる虐待の位置づけと、文化的な背景の重要な要因の一つである言語的な視座の必要性について述べる。

2 ソーシャルワークの視座

　米国におけるソーシャルワークの発展は、19世紀後半以降の産業革命と欧州各地域からの移民の増加に伴う社会の混乱への対応の必要が背景にある[14]。黎明期からソーシャルワークにおける多言語や多文化への理解と対応は不可欠であった。その後の公民権運動や自立生活運動、フェミニズムなどの流れを経て、今日では、社会的マイノリティの人々の多様性（diversity）への理解と文化的対応能力（Cultural Competency）は、ソーシャルワーカー養

---

13) 仲村優一、一番ヶ瀬康子、右田紀久恵監修『エンサイクロペディア社会福祉学』（中央法規出版、2007年）1268頁「国際社会福祉学とは何か」において、本論で論じる多文化ソーシャルワークについての記述がある。しかし、そこには言語社会学の視点から「セミリンガル」について述べられているが、第二言語としての日本語全体との関連は十分ではない。

成の重要な項目の一つとなっている[15)]。

　だが、日本においては、グローバリゼーションが進むなか、移民としての滞日外国人との関係からソーシャルワークを論じる視点は少ない。日本における滞日外国人の数は増加しつつあるが、日本の社会においては、総人口に占める割合からみて少数派である。さらに、日本の法制度や社会制度は基本的に、多数派を占める日本語を母語とし、日本文化を基底にもつ日本国民と規定される人々の福祉の向上を前提としている。このため、日本語を母語とせず、日本文化を基底においていない滞日外国人は、社会的仕組みのなかに十分に組み込まれていないという意味で少数派である。このように考えていくと、日本において少数派である滞日外国人の家族と子どもたちのアイデンティティと日本社会との関係は、国境を越えた人の移動に伴い、多言語・多文化環境における生活問題が文化変容、統合などの視点から論じられている欧米諸国の研究と類似の構造があると理解できる[16)]。

　したがって、日本においても、社会的少数派である滞日外国人を生活者として捉え、支援対象として論じる際に、欧米で使われている「エスニック・マイノリティー」に関する知見や言説を援用することは可能であると考える。

　本節では、今日の社会を理解する視座として、ポスト・コロニアリズムとの関連を含めて、これらの基本的な知見や言説をもとに、ジェネリック・ソーシャルワークの立場をとり、多文化ソーシャルワークを論じていく。

　支援のゴールとしては、当事者の可能性を反映させることで、将来的には、支援を必要としなくてもすむ生活、主体的な人生を送ることができることにおく。

　このため、個人、家族、近隣生活圏、ソーシャルネットワーク圏[17)]などとの関係のなかで、公私にわたるさまざまな人々や機関を視野に入れ、ストレングスを十分に活用できるように当事者へのエンパワメントを行うことを、支援の重要な要素においている。また、権利擁護

---

14) 下平好博、三重野卓編著『グローバル化のなかの福祉社会』（ミネルヴァ書房、2009年）4頁および19頁で、グローバリゼーションの歴史と米国における移民急増期を論じている。また、米国では、ニューヨークから中西部を目的地とした「孤児列車」(Orphan Trains) が、1854年から1929年まで仕立てられていた。これは、親が移民としてニューヨークに向かう途中に死亡したり、到着後も脆弱な生活基盤しか築けず、まともな養育を受けられずに路上に溢れていた移民の子どもたちを救うために、メソジスト派の牧師であったチャールズ・ブレイス (Charles, L. Brace) により運行されていたものである。ウィキペディアの「子どもの権利運動」の記事において米国の子どもの権利運動が「孤児列車」を契機に始まった経緯が述べられている。しかし、先行して入植していたプロテスタント系の家庭にカソリック系の子どもたちが受け入れられることが多かったため、後に宗教観の違いからくるアイデンティティ問題や、子どもを労働力としてしかみない劣悪な家庭での生活が問題となった。「孤児列車」に関する内容の詳細や子どもの福祉への位置づけなどについては、以下のサイトなどを参照のこと（http://www.irish-society.org/home/hedgemaster-archives-2/groups-organizations/irish-children-and-the-orphan-trains、http://www.orphantraindepot.com/files/OTHSAWP.ppt)。「孤児列車」は日本ではあまり知られていないが、米国の当時の社会福祉活動と移民問題とは密接な関係がある事が確認できる。
15) カナダソーシャルワーカー協会編、仲村優一監訳、日本ソーシャルワーカー協会国際委員会訳『ソーシャルワークとグローバリゼーション』（相川書房、2003年）では、国際移民や権利剥奪、ジェンダー、エンパワメントなどからの視点が述べられている。
16) 欧州の国々では、EU統合に絡めた南欧、東欧からの経済移民の問題を抱えている。特に英国やフランスでは、植民地支配と絡めたエスニック・マイノリティ問題が、ドイツでは労働力として招聘した若年男性が家族を呼び寄せることで定着化したトルコ人問題が社会問題化していることは周知のとおりである。

の視点は、子どもの虐待を論じるときには欠かせない。さらに、当事者である子どもが、過去に自分に起きた出来事をどのように捉え解釈するかは、その後の人生への取り組みに大きく影響する。このため、主体的な「語り」を取り入れた、構成主義的アプローチを併せて念頭においたアプローチをとる。

3 児童虐待対応の視点

　児童虐待における困難さは、利益相反性、すなわち保護義務者と子どもの利害が対立するところにある。例えば、宗教上の理由で子どもを医療受診させない場合などである。親にとっては信仰が優位で、医療受診させない結果、わが子が死亡しても、信仰のうえでは子どもの死は受け入れるべき出来事となるかもしれない。しかし、子どもの立場からみると、助かるべき命を放置したことは親の養育責任の放棄であり、虐待となる。心身の成長過程にある子どもは、言語能力や社会的スキルをとってみても、年齢や養育された環境などによる個性差が大きい。そのため、常に大人と対等の権利として、単純に自己決定や自己責任を適用し、自己の希望を子ども自身が主張することは無理がある。その意味では、子どもの権利擁護を第一の目的としたアドボカシー（advocacy）機能は重要となる。

　「児童虐待の防止等に関する法律」によれば、子どもの虐待は、「身体的虐待」「性的虐待」「ネグレクト」「心理的虐待」の四つに分類されている。体にあざや傷の生じる「身体的虐待」や、長期間子どもが食事を与えられない「ネグレクト」は、可視的な、死亡に結びつくリスクの高い虐待であり、社会の関心も高い。だが、虐待は複合的な要素が重なっていることが多くあり、常に四つの分類のどれか一つに集約される性質のものではない。また、「悪影響の程度が可視的でない虐待」をどう取り扱うかという問題が残る。周囲には見えにくいという秘匿性のある「性的虐待」は、その後の人生に大きな負の影響を与えるという意味で、ハイ

17）通常、社会福祉領域では、「地域」という言葉を使うことが多い。しかし、行政関係者が使う場合は行政区域を示し、例えば、高齢者介護では地域包括支援センターが行政区域をいくつかに分割して介護圏として設定することが多い。ちなみに、全国社会福祉協議会が2009（平成21）年にまとめた『小地域福祉活動の活性化に関する調査研究報告書』では、自治会、町内会等地縁団体あるいは小学校区・中学校区を単位とするコミュニティ協議会を基盤とした地域として設定している。なお、大阪府都市防災協議会が出した「災害に強い街づくり」では、行政、住民、企業、ボランティアなどが災害時の安全確保や生活支援に必要な防災機能を備える単位として「安全生活圏」を設定している。町内会や自治会など、日頃から住民の顔の見える範囲で密接な交流が期待できる圏域で、集会所や小公園、鎮守の森などを含んでいる「最寄生活圏」、小学校区（概ね1km²を想定）をさまざまな地域活動の基本単位とした「近隣生活圏」、さらに、駅勢圏など、一つの"まち"地域としての広がりをもつ「まち生活圏」の三つに分けている。このように、それぞれの話題について、その文脈から意味するところを理解する作業が必要になる場合がある。ここでは、可視的な日常生活を営む単位として「近隣生活圏」を設定している。次に、今日のグローバリゼーションの特徴の一つとして情報化社会の実現がある。インターネットを活用することで、国境を越えたネットワークを駆使した情報交換や情報の共有が可能である。母国の家族や友人・知人などと、母国にいたときとほぼ同様の交流を可能にするのが「ソーシャルネットワーク圏」である。インターネットや携帯電話などを活用した交流は、時空を超えてリアルタイムで家族や友人・知人などとコミュニケーションを図り、情報の共有が可能な圏域である。この「ソーシャルネットワーク圏」の特徴を理解しておくことで、滞日外国人の生活と交流の様相を空間的な圏域と併せて視野に入れることができる。

リスクである[18]。同様に、自己の存在を否定されたり自分の気持ちや考えを受け止めてもらえない体験が心に傷を残す「心理的虐待」は、子どもの将来の人間関係や社会生活にさまざまな困難を引き起こすリスクを高める。まったく食事を与えないネグレクトはわかりやすいが、食事が不規則で栄養バランスを考えていないが、空腹にはさせていない食事はどうなのか。可視化されにくい性的虐待や心理的虐待やネグレクトの一部は、周囲の人々の危機感の程度が異なるなどで、対応の遅れがリスクを高めることがある[19]。

このように、子どもがおかれた状況をどの程度まで改善する必要があるかの判断には幅が生じている。「何について」「どのような」支援を行うのか、「どのレベル」をゴールとするのかについての明確な基準は機械的には設定できない。

したがって、筆者は児童虐待の本質を、可視的なものに限ることなく、一人の人間としての権利が侵害される、あるいは保障されていないというところに特有の問題があると捉える。そのためには、子ども自身のレジリエンシー（resiliency：回復力）を重視した支援が不可欠となる。同じ状況下におかれても、その意味するところは一人ひとり異なる。子ども自身の心身の脆弱性や困難を回避する力、あるいは回復できる力には個人差があるため、負の影響を最低限に抑える支援には個別性が求められる。このため、虐待を受けた当事者である子どもが、その事実をどう受け止め、今後どのような生活を望んでいくのかに着目した支援が重要である。子ども自身が今の生活に安全感や安心感、満足感を感じていないのであれば、その状況は改善する必要がある。自分らしく生きるために必要な力強さを身につけることは、将来、自分の人生を切り開く力にもつながる。

さらに、パーマネンシー（permanency：永続的な養育）を確保するためには、再発予防の視点に立った支援が重要である。公的機関が介入している期間のみ安全性が確保され、安心感があるのでは十分ではない。公的機関の介入をきっかけに、子ども当人や家族一人ひとりが虐待を回避できる力をつけ、より質の高い生活の確立・維持に向けた個別支援が大切となる。そのためには、日常生活圏における人間関係の絆を再度結びつけるはたらきかけや強化することを視野に入れることで、危機状況を早期に察知し、状況悪化防止を可能とする態勢づくりが必要である。さらに、子どもに限らず、誰もが住みやすい環境としていくため、行政等と連携した啓発活動や関連団体等との協力関係を発展させる運動などを視野に入れていくことが望ましい。

---

[18] 森田ゆり『子どもの性的虐待』（岩波新書、2008年）など、さまざまな文献がある。最近は当事者がカミングアウトしてその体験を明らかにした文献が増えており、いかに虐待がその後の人生のなかで克服すべき課題となっているかが明確化されている。例として、キャロライン・リーマン著、小西敦子訳『私たちは性犯罪被害者です』（青志社、2009年）をあげることができる。

[19] 西沢哲『子どもの虐待』（講談社現代新書、2010年）、増沢高『虐待を受けた子どもの回復と育ちを支える援助』（福村出版、2010年）などがある。当事者が体験を著したものには、グレゴリー・L・ジャンツ著、白根伊登恵訳『あなたは変われる─言葉や態度に傷つけられた心を救う本─』（毎日新聞社、2002年）、宮田雄吾『「生存者（サバイバー）」と呼ばれる子どもたち─児童虐待を生き抜いて─』（角川書店、2010年）などがある。

このように、その子どもが本来もっている潜在的な能力を十分に発揮できない環境下におかれること自体が、生活の質（QOL）の低下や、その子どもの将来の可能性や選択肢の幅が狭められるリスクがある場合、どれに分類される虐待であってもウェル・ビーイング（Well-being）の観点からの支援を視野に入れる必要がある。

ミクロとしての個別支援に限らず、メゾとしての近隣生活圏における当事者支援グループの組織化や、マクロとしての子ども自身への虐待を予防、あるいは早期対応するための社会を巻き込んだ啓発的な活動を組み合わせることが肝要な理由は、ここにある。

加えて、多文化ソーシャルワークを展開する際に十分配慮が必要なこととして、「虐待」概念自体が普遍的ではないということである。児童問題自体が構築的な要素を含んでいるという理解に立てば、子どもへの虐待も、また、歴史的および文化的背景をもっているという意味で、社会構築的な概念である。

歴史的な文脈を考えてみると、日本において現在の子どもへの虐待という概念ができたのは、2000（平成12）年5月の「児童虐待の防止等に関する法律」（児童虐待防止法）の成立以降である。それ以前は、虐待行為は事実としてあっても、保護義務者の親権行使が優先され、子どもの権利侵害に対する公的介入には限界があった[20]。昭和の大恐慌期には東北地方を中心に多くの子どもたちが買われて都会に連れて来られた。戦後の混乱期は、子どもの衣食住確保に欠ける状態であっても、社会的に誰もが同様な状態であり、そのことで親のネグレクトは問われなかった。

地域的、文化的理解の違いからくる解釈の相違はさらに複雑である。今日、未成年の人身売買は日本を含めた多くの国では社会的には虐待であり、犯罪である。だが、一部の国々では、貧困層を中心に子どもの人身売買、年少児童や義務教育期間中の労働は、いまだ残されている。

また、西欧の感覚では犯罪として糾弾されるものが、ほかの地域では異なる解釈となるケースもある。例として、一部ブラックアフリカの地域で古くから通過儀礼となっている女性器切除がある。さらに、一部のイスラーム文化圏の国では、婚前性交渉が発覚した未婚女性を、家族親族が、家族や一族に恥をかかせたとして殺める名誉殺人は、社会的に容認されている地域が残っている。これらの慣習のある文化圏の人は、法的なものとは別に、それらの行為は伝統に基づいたものであり、何ら問題はないと認識しているであろう。あるいは、ベトナムなど、一部東南アジアでは、発熱時に体をスプーンなどの金属で強く擦ることで熱さましとする"カオヨー"という慣習がある。当事者にとっては伝統的医療行為であるが、そのような慣習がない国においては、施術を行うことで体に線状のあざが残るため、それを虐待と

---

20) 1933（昭和8）年に児童虐待防止法が制定されている。世界経済の恐慌の影響や冷害による農作物の凶作という社会背景のなかで14歳以下の子どもを対象にしており、子どもが見世物、曲芸などに使われているなど、主に児童労働が問題となっていた。

受け取られる場合がある。子どもを自宅に置いたまま親が外出し、その間に出火して子どもが死亡するような事例については、日本では親は非難はされるが、そのことで刑事責任を問われることはない。しかし、虐待の定義に照らせば、これはネグレクトに該当すると考えられる。

このように、国や地域のおかれた社会状況や文化的背景で、子どもの虐待とされる行為への認識と社会的対応は一様ではない。保護義務者がとった言動が虐待であるかどうかは、社会的な文脈のなかで規定される側面がある。その社会の多くの人が行い、許容されている場合は、それは「虐待」として認識されないことがある。問題として認識されるようになるには、その言動が社会の許容範囲を超え、なおかつ、それが顕在化した場合である。

法的定義からは、どの文化やサブカルチャーにも適用できるような定義は生まれてこないのである。明らかに常識的に考えて虐待ではないと判断できる部分と、誰が見ても社会的に虐待であると考え、法的にもそれが認められる部分については、対応を決めやすい。だが、その中間にある養育状況をどう認定するかという部分は、グレーゾーンとして残ることになる。社会通念に照らした妥当性の検討や十分な客観的証拠、当事者の確認が不十分なままで、虐待があったとして安易な認定を行うと、子どもの虐待をした親についてのイメージが先行することで、ステレオタイプが生まれる。虐待者として疑われたか、あるいは認定された大人は、社会的スティグマを付与される存在となるリスクは高まる。とりわけ、多言語・多文化間にまたがる家庭での虐待を理解するためには、社会的マイノリティとして周縁化されがちな存在であり、より一層、社会的なスティグマを付与された存在ともなり得るという点に、注意を払うことが求められる。

図4-1は、歴史的・地域的・文化的背景により、ある行為を虐待とみなすかどうかに幅があることを概念的に示したものである。ある言動が社会的に多数派であれば、それは虐待としては認定されない場合があることを示す。

多言語・多文化の背景をもつ家庭においては、とりわけ、グレーゾーンを構成する部分の文化的理解と、当事者である親や子どもにとっての意味を十分に検討することが不可欠である。そのうえで、当事者の母国では虐待ではないと認識されている事柄であっても、日本の法的判断で虐待として取り扱われるものは、日本の法律にしたがって対応する必要がある。そのため、日本で生活する際には虐待として認識されることを、相手が理解できるよう明確

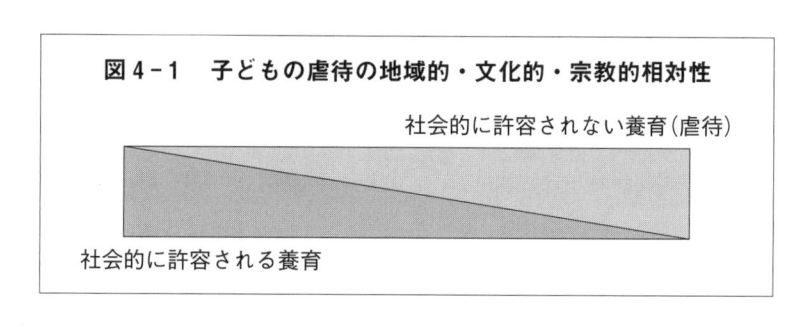

図4-1　子どもの虐待の地域的・文化的・宗教的相対性

社会的に許容されない養育（虐待）

社会的に許容される養育

に説明し、養育態度や方法の修正を求めることが重要となる。反対に、当事者の母国文化を認め、日本とは異なる価値観や行動原理に基づく養育態度や方法を許容する場合には、当事者の主張は理解できるが日本では誤解を生む可能性があることを明確に伝え、当事者が日本で許容される範囲をはっきりと理解できる説明が必要となる。併せて、当事者の日常生活圏内の人々が、当事者の事情を正しく理解し、相互の文化的許容度を高められる雰囲気を醸造していくことができる工夫が求められる。

さらに、滞日外国人同士の家庭や男性日本人配偶者をもつ外国出身女性のいる家庭では、その家族のなかで外国人女性が妻や母として位置づけられた状況についても注目する必要がある。国際（異文化間）結婚では、男性が生まれ育った国で外国から来た女性と一緒に暮らすのか、女性が生まれ育った国で外国から来た男性と一緒に暮らすのかにより、その生活構造は異なるからである。

子どもの虐待がDVなどの背景を伴って行われている場合には、フェミニストアプローチ（母親など女性の視点から課題を探る）の活用が必要になることがある[21]。

以上の基本的な価値と手法を踏まえることが子どもの虐待を扱う前提となる。

このように、多文化にまたがる虐待を扱う際に、異文化間での相互の理解を促進させるために必要とされる基礎的な知識を支援者が身につけ、文化的な違いに敏感であることが求められる理由はここにある[22]。

4 第二言語としての日本語

①———第二言語としての日本語

日本人が使用している日本語は第一言語と呼ばれる。人が出生して以降の生活のなかで習得する言語で、母語とも呼ばれる。日本語を母語としない人は、日本語を外国語として学習することになる。日本で生活する滞日外国人の背景により異なるが、日常生活は日本語以外を使用することで足りても、日本で生活していくためには、日本語運用能力が高いほうが生活するうえでは便利である（例えば、中華街のなかでの日常生活では日本語を知らなくても不便はないが、一般交通機関を利用したり、官公庁やデパート等で用を足す場合には、日本

---

[21] 吉田恭子「フェミニスト・ソーシャルワークの誕生と発展」『新しいソーシャルワーク入門』（学陽書房、2001年）、須藤八千代、土井良多江子、湯沢直美、景山ゆみ子『相談の理論化と実践—相談の女性学から女性支援へ—』（新水社、2005年）などを参照のこと。

[22] カルチャーショックや、コミュニケーションの言語的な意味合いと非言語的な意味合いの違いとその影響力、会話による伝達を言葉重視で行うか、言葉だけでなく、言葉の裏にある文脈が重視されるのかというスタイルの差にも注意が必要である。異文化関係の文献の一つに、池田理知子編著『よくわかる異文化コミュニケーション』（ミネルヴァ書房、2010年）がある。

語を自由に使用することで利便性の向上に結びつく)。このような場合、日本語は単なる外国語ではなく、母国語に次いで、生活上習得が必要な言語としての日本語となり、「第二言語としての日本語」(JSL：Japanese as a Second Language)と呼ばれる。日常では日本語を使う必要がない生活環境で、外国語として日本語を学習する海外の日本語学習者と異なる点である。

　また、第二言語の能力は、第一言語の運用能力の影響を強く受けるとされている。母語で高い教育を受けている人はその能力を第二言語の習得にも転用できるため、第二言語の運用力の高度化をより図ることが可能である。反対に、母語による教育を十分に受けていない場合は、第二言語の運用能力の高度化を図ることには限界があるとされている。大人の場合は、当事者の知的能力や年齢、学歴、学習動機の程度、言語の使用環境などで、学習効果には幅が出る。したがって、ソーシャルワークを展開するうえでは、クライエントの成育歴などを確認する際、必要に応じて言語的な要素を組み入れることを忘れてはならない[23]。

　人は、幼児時代に単語を覚えることから始まり、成長するにつれて状況に応じて使える単語の数が増え、その後は二語文、三語文と複雑な会話ができるようになる。しかし、読み書きは学習機会を得ないと自然には身につかないとされる。日本においては通常、小学校から、ひらがな、カタカナ、漢字を習い、漢字かな混じり文の読み書きを身につけていく。また、学年が上がるにつれて、具体的な物の名称から次第に、抽象度の高い単語・語彙（ごい）を修得していく。さらに、日常生活のなかで語彙は増えていく。加えて、学校教育で獲得した読み書き能力を基礎に、その後、新聞、雑誌や書籍などを通して、一層高度な日本語の読み書き運用能力をつけていく。

　日本においては、歴史的に日本語の読み書きができることが暗黙の前提として成り立っているため、読み書きが十分でない人には社会生活を送るうえでのハンディが多い。滞日外国人が日本で生活をしていくためには、必要最低限の日本語会話力がないと、コミュニケーションが成立しない。また、ある程度の日本語の読み書き運用能力がないと情報入手が限定されるため、住民として基本的な行政機関の諸届け手続やサービス利用などの申し込みができない。また、銀行口座の開設やカードの作成、携帯電話購入にも支障が出る。さらに、各種案内板に表示される日本語が読めなければ、電車・バスなどの一般交通機関の利用が制限されたり、シャンプーとリンスの違いがわからなかったりなど、日常生活を送るうえで不便である。そして、これらの積み重ねが社会生活の質に大きく影響を及ぼす。

②──社会生活言語・学習思考言語

　日常生活で習得した日本語は、日常生活でのコミュニケーションを図ることが目的となる

---

[23] 第二言語学習と習得に関しては、例として大石晴美『脳科学からの第二言語学習論―英語学習と教授法開発―』(昭和堂、2006年)がある。

ため、聞く・話すという会話中心であり、社会生活言語（Context-embedded language）と呼ばれる。社会生活言語は読み書きを自動的に伴うものではなく、読み書き能力を高めるためには、文法や語彙を学習する必要がある。読み書きを通して人は抽象概念を理解し、思考の高度化を図ることが可能になるとされている。これを学習思考言語（Contexed-redused language）という。会話運用能力が上達しても、それがそのまま日本語の読み書きの運用能力とはならないことに注意をする必要がある。

ちなみに、日本語運用能力を測るために標準化されているのが、日本語能力試験（Japanese Language Proficiency Test）[24]である。漢字100字、語彙800程度を理解し、基本的な日本語をある程度理解できるレベルであるN5から、高度の文法・漢字2000字程度と語彙1万程度の、幅広い場面で使われる日本語を理解することができるN1まで5段階に分かれている。滞日外国人がどのクラスで合格しているかを知ることで、おおよその日本語運用能力、特に識字の程度を推し量る参考となる。

③───子どものダブル・リミテッドと親子間の葛藤

子どもの場合は状況がより複雑である。まず、言語の臨界期仮説を理解しておく必要がある。子どもは来日年齢の違いが言語習得に大きく影響する。10歳前後までに学んだ言語は母語として定着するとされている。だが、臨界期を超えて学習する言語は外国語となるため、母語の確立以降に来日した子どもの場合は、外国語としての日本語の学習機会が必要となる。日本で生まれた子どもは、両親が日本人でなくても日本語環境下で成長すれば日本語が母語となるが、家庭内で母語が話され、家庭外での日本語使用環境との接点がなければ、その子どもの母語は日本語ではなくなる。また、家庭内では親の母語を話していても、外で日本語を使用している環境では、日本語使用環境の影響が強いため、子どもの母語は日本語となり、日本語での読み書きはできるが、親の母語では読み書きはできなくなることがある。さらに、家庭で親が子どもに対して親の母語の読み書き学習を継続的に行うなど、親がどのような教育方針をもつかによって子どもの言語環境は大きく変わる。このため、親が母語を話していても、子どもは自動的に両方の言語に習熟したバイリンガルになるわけではない。また、一口にバイリンガルといっても、ある言語は読み書きを伴うが、ほかの言語は聞く・話すだけで、読み書きを伴わないタイプなどもあり、個人差は大きい。

児童において、来日時期に応じた適切な学習支援は重要である。日本語環境下での生活が中心となると、それまでの母国での生活で習得していた母語は次第に消失してしまう。あるいは、母国で習得した年齢相応の言語能力の向上が進まず、その後も当時の年齢レベルの言語しか身についていないままになる。それと同時に、第二言語としての日本語が社会生活言

---

[24] 日本語能力試験は1984（昭和59）年より実施されており、日本国内だけでなく世界の主要都市で受験可能である。2010（平成22）年7月に内容が改訂された。

語中心となり、学習機会がないために学習思考言語の習得にまで至らない場合がある。このような状態になると、どちらの言語運用能力も年齢相応のレベルに達しない中途半端な状態となることがある。これを「ダブル・リミテッド」（Double-limited bilingual）と呼ぶ。この状態の子どもは、日常会話に不自由はしないようにみえても、読み書き能力を必要とする学習場面でつまずくことが多い。これら言語面での多面的な能力の違いを十分に理解していないと、言語面でのハンディを、日本語を使用した学習場面でその子どものもつ本来の能力を反映できていないとみるのではなく、単に学習能力の低い子どもと誤解されることがある。言語運用能力が不十分なまま大人になると、期待される日本語運用能力が身についていないために、読み書き能力を必要としない肉体労働を中心とする仕事に就くしかないなど、職業選択や社会生活を向上させる可能性のある情報入手量が不足する等のハンディを負う。

　さらに言語が及ぼす親子関係への影響は大きい。子どもは、言葉も大人より早く覚え、新しい生活にもなじんでいく。家庭内でどのような生活スタイルをもつかによっても異なるが、一般的に、親は日本語を外国語として改めて学習する機会を設けなくてはならないが、生活上、仕事優先になる場合も多く、継続的な学習機会を確保できないことがある。その結果、日本語の語彙や表現が増えないために、特に感情や思考に伴う抽象的な表現が不十分なままになり、親が母語を使って子どもに訴えかけても子どもは親の想いを理解できなくなることがある。反対に、子どもは、順能性に富んでいるがゆえにより早く日本人化する傾向がある。母国の言語や文化を重視している親は、家庭内で母国の生活スタイルをそのまま維持しようとするため、日本人化した子どもとの間での生活様式や考え方、価値観などの葛藤がより大きくなる傾向がある。子どもの日本語運用能力が高くなると、親は子どもに通訳をさせたり、学校からの文書を読ませたりするようになる。これは、子どもからみると、自分の親は読み書きができない人間として映ることになる。この結果、母国の生活スタイルを維持し、日本語運用能力の習得程度が不十分な親を、日本的生活スタイルや価値観になじみ、アイデンティティの日本人化した子どもが批判的にみるようになることがある。親に嫌悪感を感じて、家庭内では親と意思疎通を図ろうとしなくなる場合もある。

　このように、世代間に加えて、言語や文化的アイデンティティの面からも親子の断絶が深くなる事例が、日本語教育領域では多く報告されている[25]。滞日外国人家庭への支援を行う際には、これらの要因を理解していないと、真の問題がみえにくくなる。

　以上述べてきたように、滞日外国人の生活困難や葛藤に言語的要因が強く影響していることを十分に理解していることが、支援を行う際の必須の要件となる。さらに、顕在化・可視

---

[25] 日本語教育領域では、この問題は早くから問題視されている。また、国際結婚の増加により、両親のうちのどちらかが滞日外国人である家庭の子どもが増えたことで、公教育現場での子どもの日本語学習と親との意思疎通の困難さの問題の顕在化が一般に広がりつつある。

化した問題の背景にある親子の葛藤に及ぼす言語の影響について、支援者側がその意味を正しく理解していることは、支援の質を高めることに不可欠である。

●参考文献●
・アマルティア・セン著、後藤玲子訳『福祉と正義』東京大学出版会、2008年
・アマルティア・セン著、池本幸生、野上裕生、佐藤仁訳『不平等の再検討―潜在能力と自由―』岩波書店、2009年
・アーヴィング・ゴフマン著、石黒毅訳『スティグマの社会学―烙印を押されたアイデンティティ―』せりか書房、2001年
・アルク日本語書籍編集部『新日本語能力検定試験完全攻略ガイド』アルク、2010年
・母語・継承語・バイリンガル教育研究会『母語・継承語・バイリンガル教育（MHB）研究 創刊号』2005年
・母語・継承語・バイリンガル教育研究会 2005年度大会「学校教育の中で多言語を育てる」2005年
・クリス・トロッター著、清水隆則監訳『援助を求めないクライエントへの対応―虐待・DV・非行に走る人の心を開く―』明石書店、2007年
・海老坂武、加藤晴久共訳『フランツ・ファノン著作集 黒い皮膚・白い仮面』みすず書房、1970年、新版・みすずライブラリー、1998年
・エドワード・サイード著、板垣雄三、杉田英明監修、今沢紀子訳『オリエンタリズム 上・下』平凡社、2009年
・G・C・スピヴァク著、上村忠男訳『サバルタンは語ることができるのか』みすずライブラリー、みすず書房、2009年
・茨城大学地域総合研究所『国際結婚におけるタイ人女性の現状 委託調査報告書』財団法人女性のためのアジア平和国民基金、2002年
・ジョン・ロールズ著、矢島鈞次監訳『正義論』紀伊國屋書店、1979年
・池田理知子、E. M. クレーマー『異文化コミュニケーション入門』有斐閣アルマ、2008年
・女性の家HELP編『希望の光をいつもかかげて―女性の家HELP20年―』2006年
・加茂陽『ソーシャルワークの社会学―実践理論の構築をめざして―』世界思想社、1996年
・春日喬編著『虐待のメカニズム―その予防と対策―』おうふう、2010年
・カラカサン―移住女性のためのエンパワーメントセンター、反差別国際運動日本委員会（IMADR=JC）編集『移住女性が切り拓くエンパワメントの道―DVを受けたフィリピン女性が語る―』解放出版社、2006年
・木村真理子「文化変容ストレスに対するソーシャルサポートのインパクト―カナダ日系女性移住者の場合―」『社会福祉学』第37巻第1号、20～37頁、1996年
・小池生夫編集主幹、寺内正典、木下耕児、成田真澄編集『第二言語習得研究の現在―これからの外国語教育への視点―』大修館書店、2009年
・小森陽一『ポストコロニアル』岩波書店、2006年
・久保紘章、副田あけみ編著『ソーシャルワークの実践モデル―心理社会的アプローチからナラティヴまで―』川島書店、2009年
・窪田光男『第二言語習得とアイデンティティ』ひつじ書房、2005年
・久米昭元、長谷川典子『ケースで学ぶ異文化コミュニケーション―誤解・失敗・すれ違い―』有斐閣、2007年

- 桑山紀彦『国際結婚とストレス―アジアからの花嫁と変容するニッポンの家族―』明石書店、1995年
- 桑山紀彦「『アジアからの花嫁』へのサポートプログラム」『社会福祉研究』第70号、170〜176頁、1997年
- マーサ・C・ヌスバウム著、池本幸生、田口さつき訳『女性と人間開発―潜在能力アプローチ―』岩波書店、2005年
- 南雅彦『言語と文化―言語学から読み解く言葉のバリエーション―』くろしお出版、2009年
- 箕浦康子『子どもの異文化体験増補改訂版―人格形成過程の心理人類学的研究―』眞珠社、2003年
- 本橋哲也『ポストコロニアリズム』岩波新書、岩波書店、2005年
- 中嶋和子編著『マルチリンガル教育への招待―言語資源としての外国人・日本人年少者―』ひつじ書房、2010年
- 大石学『江戸の教育力―近代日本の知的基盤―』東京学芸大学出版会、2007年
- パウロ・フレイレ著、三砂ちづる訳『新訳被抑圧者の教育学』亜紀書房、2011年
- レスリー・マーゴリン著、中河伸俊・上野加代子・足立佳美訳『ソーシャルワークの社会的構築―優しさの名のもとに―』明石書店、2003年
- ロビン・E・クラク、ジュディス・フリーマン・クラーク、クリスティン・アダメック編著、小野善郎、川崎二三彦、増沢高監訳『詳説子ども虐待事典』福村書店、2009年
- 酒井美和「ソーシャルワークとフェミニストの視点」『医療福祉研究第4号』愛知淑徳大学医療福祉学部、2008年
- 社会福祉辞典編集委員会編『社会福祉辞典』大月書店、2007年
- 佐久間孝正『外国人の子どもの不就学』勁草書房、2006年
- 庄司恵雄「教え合い助け合うあり方を求めて」『月刊福祉』1995年1月号、28〜31頁
- 佐藤豊道『ジェネラリスト・ソーシャルワーク研究』川島書店、2001年
- 白幡知彦、若松茂則、村野井仁共著『詳説第二言語習得研究―理論から研究法まで―』研究社、2010年
- 宿谷京子『アジアから来た花嫁―迎える側の論理―』明石書店、1988年
- STEPHEN O'CONNOR, Orphan Trains—The Story of Charles Loring Brace and the Children He saved and Failed—, The university of CHICAGO Books, 2001.
- 高橋重宏編『新版 子ども虐待―子どもへの最大の人権侵害―』有斐閣、2008年
- Tang, Taryon, N., Oatley Keith, Toner, Bernda B., "Impact of Life Events and Difficulties on the Mental Health of Chinese Immigrant Women" Journal Immigrant minority Health, (9), pp 281-290, 2007.
- 田中晴美、田中幸子編著『社会言語学への招待』ミネルヴァ書房、2008年
- 谷口泰史『エコロジカル・ソーシャルワークの理論と実践―子供家庭福祉の臨床から―』ミネルヴァ書房、2003年
- 特定非営利活動法人多文化共生センター・東京21「東京都23区の公立学校における外国籍児童・生徒の教育の実態調査報告 2004年 VOL.4」2005年
- 東京学芸大学国際教育センター 第4回外国人児童生徒教育フォーラム「外国人児童生徒と母語教育」2004年
- 東京学芸大学国際教育センター 第5回外国人児童生徒教育フォーラム「外国人児童生徒の『ことばと学び』」2004年
- 津崎哲郎、橋本和明編著『児童虐待はいま 最前線レポート―連携システムの構築に向けて―』ミネルヴァ書房、2008年
- 上田礼子『子ども虐待予防の新たなストラテジー』医学書院、2009年
- 上野加代子編著、山野良一、リーロイ・H・ペルトン、村田泰子、美馬達哉他『児童虐待のポリティクス―「こころ」の問題から「社会」の問題へ―』明石書店、2006年
- 八代京子、町恵理子、小池浩子、吉田友子『異文化トレーニング（改訂版）―ボーダレス社会を生きる―』三修社、2009年

第5節 国際結婚

1 国際結婚の一つの現実

　結婚して3か月。日本語が話せない妻は一人で外出させてもらえない、お金も持たせられていないなど、ほとんど軟禁状態。一方では、夫本位の性生活を強要され、断ると殴る蹴るの暴力。本人が夫の隙をみて警察に相談し、民間のDV被害者支援団体がかかわるようになった。女性はパスポートも外国人登録証明書も夫が持っていると言う。警察が本人に渡すように話に行って取り戻し、これからをどうしようとみんなで協議していたところ、突然「女性の知り合い」という女性が現れ、女性を他県に連れて行ってしまった…。

　こんな話を耳にした。そして、同じような話をほかでも聞くことがある。

　前出のケースの女性は「日本人の配偶者」として入国しているが、日本の社会になじんでいくような協力は夫からも、夫の親たちからも得られず、まるで奴隷を一人囲ったかのような扱いであった。突然の「知り合い」の登場に、偽装結婚の疑いが頭をもたげる。

　結婚相手（夫）には、妻を自分の思い通りにする特権を「暴力込み」で与えて、とりあえず夫婦としての生活を送らせ、トラブルが表面化すると仲介業者が入って女性を引き取って性産業に売り渡す、という構造がみえてくる。女性がどこまでを理解し、承諾していたのかはわからない。すべてを承諾している場合もあるかもしれないが、起こっている事実は、実に巧妙な「人身取引」といえる。

　また、「夫は本国の親たちに送金すると約束していたのに約束を守らない。それどころか生活費も渡さず、ギャンブルと暴力の日々で、私がスナックで働いて生活してきた。」という話もよく聞く。これも結婚を名分とした「人買い」に等しい。

　人身取引と暴力はセットになっていることがほとんどである。暴力支配の手段として在留資格の更新や切り替えに協力しないために超過滞在に追い込まれている場合、あるいは、パスポートや外国人登録証明書を夫から取り上げられている場合、脅されて周囲との交流を遮断されている場合など、暴力支配に絡め取られている状況では、過酷な事実を警察や周囲の人に訴えることは困難である。

外国籍の妻は孤立化し、情報が入りにくいなかで問題が表面化することは極めて少ない。離婚しようにも、どこに行って何をすればよいかわからず、助けを求めることも、逃げることもできない現実がある。

2 昨今の国際結婚事情

日本の国際結婚は、農村地域における外国からの「嫁の誘致」策により増えてきた経緯があり、毎年のように増加している。

厚生労働省の2010（平成22）年の「人口動態統計」によると、70万214件の婚姻件数の約4.3％、3万207件が国際結婚である。23組に1組が国際結婚していることになる。国籍は、夫日本人・妻外国籍の組み合わせで最も多いのが中国（1万162件）で、続いてフィリピン（5212件）、韓国・朝鮮（3664件）、タイ（1096件）という順番である。また、妻日本人・夫外国籍の組み合わせでは、韓国・朝鮮（1982件）、アメリカ（1329件）、中国（910件）が主な国籍で、組み合わせによって相手国が異なることや、国際結婚しているのは日本人男性のほうが圧倒的に多いという実態がみえてくる。

3 国際結婚をする場合の手続

日本人と外国籍の人の国際結婚を成立させるためには、先に日本の市区町村役場へ届け出て受理された後、相手国の大使館、領事館などの公的機関に届け出る方法と、先に相手国の公的機関に届け出て、後に日本での居住市区町村役場に届け出る方法がある。日本が先の場合は、日本人は戸籍謄本、外国籍の人はパスポート等国籍を証明する書類、その国の法律で結婚する条件を満たしていることを証明する婚姻要件具備証明書が必要である。先に相手国の公的機関に届け出る方法としては、相手の国が求める書類をそろえて日本にある相手国の大使館または領事館に提出し、または相手国の領事の前で宣誓を行うことによって結婚を成立させることもできる。

日本人と結婚した場合、外国籍の人は「日本人の配偶者等」の在留資格を取得することになる。この在留資格は活動に制限がなく、自由に就労できる。

仲介業者たちはこのことに目をつけ、アジアの発展途上国の女性たちに「日本に行けば、お金を稼げるし親に仕送りができる」と吹き込み、日本に行く費用として仲介業者への多額の借金を背負わせて結婚を隠れ蓑に日本に送り込み、さらに性産業に追い込んでいるケースもある。

4 離婚手続

　婚姻の成立も煩雑な手続を要するが、離婚においてもまた煩雑な手続をしなければならない。日本国の法律（民法）に基づいて離婚する場合は、協議離婚、調停離婚、審判離婚、裁判離婚（離婚訴訟）の方法がある。協議離婚は理由を問わず、夫婦間の合意があれば成立するが、その他の場合には、家庭裁判所が介入したうえで離婚が成立することとなる。

　なお、別居中の婚姻費用の分担請求に加え、離婚に伴う親権・慰謝料（時効3年）・財産分与（時効2年）・養育料の請求（ただし、相手の支払い能力に左右される）が可能である。親権争いの結果は、在留資格獲得に大きく関与する。別居後、子どもを連れていない場合は親権を取ることが厳しいのが現状であり、親権を取りたいと思うなら、まずは子どもを必ず連れて出ることが重要となる。

　日本で離婚した後、本国での離婚届が必要な場合は、以下の手続の流れとなる。

① 市町村窓口で離婚届提出後、「離婚届受理証明書」の交付を受ける
② 外務省認証部に電話で「申請書」を送付依頼
③ 届いた「申請書」に所定事項を記入し、「申請書」と「離婚届受理証明書」を外務省認証部に郵送
④ 外務省認証部から交付された「認証書類」「パスポート」「外国人登録証明書」を在日公館に持参して「離婚証明」を作成してもらう
⑤ 「離婚証明」を持って本国で離婚手続を行う

5 まとめ

　以上述べてきたように、国際結婚が人身取引の手段となっていたり、手続においては日本人同士の結婚とは異なる物差しが適用されるなど、支援が難しいと感じる場面もあると思うが、社会福祉士として、国際結婚に対する知識をしっかりと身につけ、人道的見地から粛々と支援をすることが望まれる。

●参考文献●
・福岡県女性相談所『婦人保護事業業務マニュアル―第2次改訂版―』2007年3月
・筑波君枝編著『国際結婚の基礎知識―共に生きる社会をめざして―第3版』明石書店、2001年

第6節 ドメスティック・バイオレンス（DV）

1 外国籍女性に対するドメスティック・バイオレンス(DV)の現状

　日本人男性と結婚した外国籍女性へのドメスティック・バイオレンス（以下、「DV」）は、①身体的、②精神的、③性的、④経済的、⑤社会的（行動制限、隔離等）暴力に、在留資格が問われる不安定な法的地位を利用した暴力（夫がビザの取得・更新などの手続に協力しないなど）や、ビザがある場合でも、管理支配の手段として、パスポートや外国人登録証明書、母国でのIDカードなど重要な身分証明書を夫が取り上げて隠すなど、外国籍女性に特有な暴力が加わる。

　しかし、情報提供の絶対的不足や、母語での相談、一時保護の受け皿不足などのためにDVは表面化しにくく、特に在留資格がない場合は、意に反して帰国させられることへの懸念や、子どもと引き離されることへの不安から、助けを求めることをためらう女性が多く、支援につながりにくいのが実態である。

2 外国籍のDV被害女性に関する施策の変化

　配偶者からの暴力（DV）は、犯罪となる行為を含む重大な人権侵害であり、人道的観点から迅速・的確な対応が求められている。入国管理局においても、その認識のもとで、外国籍のDV被害女性（以下、「被害者」）の対応についての通知が発出されている。

　被害者への支援において、在留資格の有無は重要な要素である。被害者の場合、管理・支配の手段として在留資格を失わせられていることも多いため、DV被害への対応を優先する対応が整備されてきている。

　「配偶者からの暴力の防止及び被害者の保護に関する法律」（2001（平成13）年制定。以下、「DV防止法」）に基づき、在留資格をもたない被害者に関しては、2003（平成15）年12月入国管理局長通知により、配偶者暴力相談支援センター等関係機関が在留資格をもたない被害者から相談を受ける、一時保護する等の際の通報義務について、「機関としての業務優先」を趣旨とする通知がなされ、通報義務が緩和された（ただし、在留資格を回復するためには、入国管理局に出頭し在留特別許可を受ける手続が必要であることには変わりはない）。

また、2004（平成16）年の第一次DV防止法改正法第23条には、職務関係者は、被害者の心身の状況、そのおかれている環境等を踏まえ、被害者の国籍を問わず、人権を尊重し、安全の確保および秘密の保持に十分配慮をすることが明記された。

　しかし、現実には在留資格を喪失している被害者がDV被害を警察署に届け出たときに、逮捕、強制収容されるなどの事態が続くなか、第二次のDV防止法改正後の2008（平成20）年1月に、警察庁は、「加害者が被害者の在留期間の更新に必要な協力を行わず不法滞在となっている事情があることを踏まえ、配偶者からの暴力被害の確認と併せて在留資格を有していない事情について十分聴取すること」と明記した通達を出した。

　また、入国管理局も2008（平成20）年7月10日付の通知（「配偶者からの暴力の防止及び被害者の保護に関する法律」及び「配偶者からの暴力の防止及び被害者の保護のための施策に関する基本的な方針」に係る在留審査及び退去強制手続に関する措置について）により、「外国人DV被害者の保護を旨として在留審査及び退去強制の手続においてDV被害者本人の意思及び立場に配慮しながら、人道上適切に対応する」、およびその手続においては「DV被害者の心身の状況等に応じてきめ細かい対応を行う」、併せて「入国管理局の総務課にDV対策事務局を設置する」とDV被害を優先する方針を明確にした。

　そして、2009（平成21）年には改正入国管理法が公布され、今回の改正では従来の「外国人登録制度」に代わる、新たな「在留管理制度」が取り入れられることとなった（2012（平成24）年7月9日から施行）。新たな在留管理制度は、外国人の在留管理に必要な情報を継続的に把握するために導入されるもので、具体的には、日本に中長期間にわたり適法に在留する外国人を対象とし、上陸許可や在留資格の変更許可、在留期間の更新許可などの在留にかかる許可に伴い、在留カードを交付する。一方、在留期間の上限をこれまでの3年から最長5年とすることや、1年以内に再入国する場合の再入国許可手続を原則として不要とする「みなし再入国許可制度」の導入なども行われる（詳細は第2章第3節を参照）。

　新たな在留管理制度の対象となるのは、入管法上の在留資格をもって適法に日本に中長期間在留する外国人（以下、「中長期在留者」）で、具体的には、①「3か月」以下の在留期間が決定された人、②「短期滞在」の在留資格が決定された人、③「外交」または「公用」の在留資格が決定された人、④①から③の外国人に準じるものとして法務省令で定める人[26]、⑤特別永住者、⑥在留資格を有しない人[27]、の条件に「いずれにもあてはまらない外国人」である。日本人と結婚している人や日系人（在留資格が「日本人の配偶者等」や「定住者」）等が対象であり、観光目的等でわが国に短期間滞在する人は対象とならない。さらに、新たな在留管理制度の導入に伴い、次のような在留資格の取消し事由、退去強制事由、罰則が設

---

[26] 法務省令には、「特定活動」の在留資格が決定された、亜東関係協会の本邦の事務所もしくは駐日パレスチナ総代表部の職員またはその家族が定められている（法務省資料より）。
[27] 外国人登録制度においては、不法滞在者についても登録の対象となっていたが、新しい在留管理制度においては対象とはならない（法務省資料より）。

けられることとなっている。
① 在留資格の取消し
- 不正な手段により在留特別許可を受けたこと
- 配偶者として「日本人の配偶者等」「永住者の配偶者等」の在留資格で在留する人が、正当な理由がなく、配偶者としての活動を6か月以上行わないで在留すること
- 正当な理由がなく住居地の届出をしなかったり、虚偽の届出をしたこと
② 退去強制事由
- 在留カードの偽変造等の行為をすること
- 虚偽届出等により懲役以上の刑に処せられたこと
③ 罰則
- 中長期在留者の各種届出に関して虚偽届出・届出義務違反、在留カードの受領・携帯・提示義務違反をすること
- 不法就労助長罪の見直し
- 在留カードの偽変造等の行為をすること

今回の改正により、今後DV被害女性の在留資格が取消されることが懸念されている。理由としては、配偶者の身分を有する者としての活動を6か月以上行わないで在留している場合には在留資格が取消されるという規定のほか、上陸許可を受けた日、または届け出た住居地から退去した後90日以内に住居地の届出をしないことや虚偽の住居地の届出をした場合には、在留資格が取消されることが新たに規定されたためである。加害者から逃避したDV被害女性が不利益を被らないよう、制度の運用が望まれる。

3 発見から自立支援までの具体的な支援の実際

DV被害者への支援については、精神的な安定を取り戻すためのさまざまな配慮のほかに、安全の確保が絶対要件であるが、それ以外にも被害者から離れ、生活再建のための支援が必要である。

①───支援における主な留意点

支援における留意点は、主に四つに整理ができる。
① 被害者の安心感に配慮し、母語でコミュニケーションをとれるように通訳の確保を心がけること
② 相談から自立に至るまで、本人、支援者双方の一貫した安全確保・情報管理を徹底すること
③ 孤立しないような支援のあり方を工夫すること

④　DV防止法をはじめ、日本の諸制度や福祉の仕組み、利用できる社会資源などについて、相談者にとって必要と考えられる情報を丁寧に伝えること

以上の点を踏まえながら、相談者が理解した内容を確かめつつ取り組みを進めていく必要がある。

②────安全確保

DV被害者の場合、安全確保が絶対の要件である。同居しているときの生命・身体への危害、心理的な攻撃、性行為の強要、社会的な隔離等、さまざまな権利の侵害から避難した後は、加害者からの執拗な追求をかわしていかなければならない。追求遮断が必要であり、被害者に関する情報の共有は最小限にとどめ、情報管理の徹底が不可欠である。

また、相談に際しては、DV加害者の非を認めない態度や、執拗な追求性、被害者の状況等、DV問題を捉える視点にブレのない相談員を選ぶことが重要であり、まずはDV問題に詳しい相談窓口に関する情報の保有が必要となる。

各県に設置されている配偶者暴力相談支援センターはじめ、地域の男女共同参画（平等）推進センター等の相談窓口、警察署生活安全課へのDV相談が手始めとなるが、被害者は管理された日常のなかにいるので、的確な情報提供が必要である。

主な安全確保策としては、①最寄りの警察署生活安全課への相談、②保護命令（被害者本人への接近禁止6か月、退去命令2か月、手紙、メール・電話、同居の子・親族、支援者への接近禁止6か月）の申立、③安全な場所への避難（官民の一時保護施設あり）などが考えられる。

③────生活再建

どこに避難しても、次には落ち着いて生活できる場所の確保が必要になる。別居後、あるいは離婚しているが、追求を避けるために登録地を変更していない場合もあることを考慮して、生活再建に関する情報を被害者本人に提供する。具体的な生活再建にかかる要素を以下にまとめている。

○　安全確保の方法（主に情報遮断）
○　住居の確保（公営住宅の優先入居など）
○　就労に関する情報（母子世帯と同等の支援）
○　利用可能な福祉制度・社会資源
○　子どもがいる場合の保育園の転園（母子世帯扱い）
○　学校の転校手続（転居先の市町村の教育委員会に相談）
○　生活保護（申請の場合は外国人登録地が実施責任を負うので、外国人登録地の窓口と連携をとり、安全を確保しながら、当事者が行政サービスを受けられるように支援

する）

> ※ただし、超過滞在の場合は特別在留許可申請中か、資格が取得できるまでは生活保護は適用されないが、連れている子どもが日本人であれば子どものみの生活保護の受給は可能。

　被害者本人には、各窓口で相談可能であることを情報提供するか、あるいは、情報をもっている専門の相談員につなぐ必要のあるケースも想定される。

　超過滞在のケースについては、必ず相談を受けた人が付き添って地方入国管理官署に出頭することが重要となる。出頭して、入国時の状況や、入国後の生活状況、家族の状況に加え、DVであることや、超過滞在になった経過などの事情を説明し、日本で生活したい理由等を申し述べることとなる。それらの要素について「在留特別許可に係るガイドライン」に基づき、総合的に考慮されたうえで、「在留特別許可」が認められて日本で引き続き生活を送るか、あるいは、許可されない場合には退去強制令書が発付される。在留特別許可申出により、適正なビザを取得する可能性が高まる。

④──離婚手続

　在留資格が「日本人の配偶者等」の場合、離婚が成立すると「妻としての法的地位」を失うため、在留資格の「資格要件」を失うこととなり、入管法上においてはすみやかな在留資格変更申請を求めている。しかしながら、在留資格の変更により、生活保護受給の準用要件を失う可能性や、被害者本人の生活再建に不利益につながる可能性もあるため、支援者は、相談者の意思や今後の生活方針などを十分に確認したうえで、慎重に対応することが望ましいと考える。離婚手続は、安全に相手と交渉したり、手続を進められる状態にない限りは、保留するほうがよいことを助言する。

4　まとめ

　DVの被害者は、DV環境から逃れ、安全な場所での生活を再建させた後に、DVのトラウマにより精神的に不安定になったり、長時間あるいは夜間就労を強いられたり、子どもによる家庭内暴力が発生したりするなど、いろいろな厳しい現実のリスクを抱える。

　しかも、安全確保のため関係者との交流の遮断に、言葉の壁による遮断が加わるため、より厳しい孤立化と強い緊張状態に追い込まれる。切れ目のない支援が必要である。当事者を息長く支援し続ける体制、支援ネットワークの構築を心がけることが重要である。

●参考文献●
- NPO法人全国女性シェルターネット『DVサポートガイドライン』28〜29頁、2006年
- 戒能民江編著『DV防止法とこれからの被害当事者支援』「第3章 外国籍女性の経験」ミネルヴァ書房、2006年
- 移住連「女性への暴力」プロジェクト編「ドメスティック・バイオレンスと人身売買―移住女性の権利を求めて―」移住労働者と連帯する全国ネットワーク、2004年
- 財団法人女性のためのアジア平和国民基金発行「在日外国人女性のドメスティック・バイオレンス被害に対する社会的資源―その現状と課題」委託調査報告書（主任研究者 李節子東京女子医科大学助教授）、2004年2月

●参考ホームページ●
- DV被害者支援に関する情報の検索
  内閣府男女共同参画局ホームページ：配偶者からの暴力被害者支援情報
  http://www.gender.go.jp/e-vaw/index.html

第7節 労働

1 外国人労働者の現状

　2008（平成20）年9月の米国大手証券会社の破綻（リーマンショック）をきっかけに起こった世界同時不況は、日本における外国人労働者の雇用についても深刻な影響を及ぼした。外国人労働者の場合、雇用保険への加入率が低いなどの不安定な雇用環境におかれている者が多かったため、公的なセーフティネットによる支援を受けることができず、NPOや教会、支援団体などによるインフォーマルな生活支援に頼らざるを得なかった者も少なくなかった。独立行政法人労働政策研究・研修機構が2010（平成22）年8月に行った「地方自治体における外国人の定住・就労支援への取組みに関する調査」の結果からは、地方自治体において外国人による就労相談や生活相談が増加し、特に外国人集住都市においては生活保護の申請が増加していることがうかがえる。また、同調査において、外国人集住都市の約8割が生活・就労支援について「緊急度が高い」と回答している。

　外国人労働者の雇用にあたっては、「雇用対策法及び地域雇用開発促進法の一部を改正する法律」の成立により、2007（平成19）年10月1日から、すべての事業主は、外国人労働者（特別永住者および在留資格「外交」・「公用」の者を除く）の雇入れまたは離職の際に、当該外国人労働者の氏名、在留資格、在留期間などについて確認し、厚生労働大臣（ハローワーク）へ届け出ることが義務づけられた。届出を怠ったり、虚偽の届出を行った場合は、30万円以下の罰金の対象となる。

　厚生労働省発表の「外国人雇用状況の届出状況」によれば、2010（平成22）年10月末現在の外国人労働者を雇用している事業所および外国人労働者の概要は以下の通りである。外国人労働者を雇用している事業所数は10万8760か所であり、外国人労働者数は64万9982人であった。これは2009（平成21）年10月末現在の9万5294か所、56万2818人に対し、1万3466か所（14.1％）、8万7164人（15.5％）の増となった。このうち、労働者派遣・請負事業を行っている事業所は1万8830か所、当該事業所で就労する外国人労働者は18万1021人であり、それぞれ事業所全体の17.3％、外国人労働者全体の27.9％を占めている。国籍別にみると、中国（香港等を含む）が外国人労働者数全体の44.2％を占め、次いで、ブラジルが17.9％、フィリピンが9.5％となっている。産業別内訳は、「製造業」が39.9％を占め、次いで「サービス業（他に分類されないもの）」が12.9％、「宿泊業、飲食サービス業」が

11.1％、「卸売業、小売業」が9.7％、「教育、学習支援業」が6.9％となっている。産業別に、労働者派遣・請負事業を行っている事業所に就労している外国人労働者の傾向をみると、「製造業」では、同産業の外国人労働者全体の25.7％にあたる6万6584人、労働者派遣業を含む「サービス業（他に分類されないもの）」では、同74.8％にあたる6万2614人となっている。

2 外国人労働者の抱える労働問題

　近年、いわゆる「不法就労者」に対する取り締まりが強化されているが、在留許可を有さない仮放免中の外国人であっても、仮放免許可を受ける際の条件として就労が禁止され、その旨が仮放免許可証に明記されている場合と、生活のために就労を認められている場合がある。ただし、ハローワークで職業紹介を受ける際には外国人登録証明書の提示を求められ、有効な在留資格を有さない者は紹介を受けることができない。また、雇用主の立場としては「不法就労助長罪」で罰せられることを危惧するため、在留資格を有さない場合には、労働関係等の法規を遵守した事業所での就労は極めて困難な状況である結果として、労働基準法に満たない劣悪な条件のもとでの就労を余儀なくされることとなっており、労働者災害補償保険法（労災保険）を適用してもらえない、時間外労働に対する賃金を支払ってもらえないなどの問題が頻発している。「定住者」等の在留資格を有し就労制限がない場合でも、労働者災害補償保険の適用、時間外労働に対する賃金の未払いのほか、雇用保険、社会保険への未加入、労働者にとって不利な一方的解雇など、滞日外国人の抱える労働問題にかかる相談は、以前より増加している。いわゆる「超過滞在」や「不法就労」である場合には、専門機関へ相談することも躊躇する場合が多い。また就労資格を有していても、以後の解雇などを心配して労働者としての権利を行使できないといった場合も少なくない。このようなケースへの対応としては、外国人だからという理由で労働者としての権利を侵害されることがないように、支援者は相談者に法的に守られている労働者としての権利を十分に説明し本人の意向を尊重したうえで、専門の相談機関への連絡調整を行うことが求められる。

　次に、新しい研修・技能実習制度について触れたい。研修・技能実習制度は、わが国で開発され培われた技能・技術・知識の開発途上国等への移転等を目的として創設されたものであるが、研修生・技能実習生を受け入れている機関の一部には、本来の目的を十分に理解せず、実質的に低賃金労働者として扱うなどの問題が生じており、早急な対応が求められていた。このような背景から、2009（平成21）年7月15日、「出入国管理及び難民認定法及び日本国との平和条約に基づき日本の国籍を離脱した者等の出入国管理に関する特例法の一部を改正する等の法律」が公布され、新しい研修・技能実習制度が2010（平成22）年7月1日から施行された。新しい研修・技能実習制度では、研修生・技能実習生の法的保護およびその

法的地位の安定化を図るためのさまざまな措置が講じられている。

●参考資料●
・厚生労働省　外国人雇用対策
　http://www.mhlw.go.jp/bunya/koyou/gaikokujin.html
・独立行政法人労働政策研究・研修機構「地方自治体における外国人の定住・就労支援への取組みに関する調査結果」
　http://www.jil.go.jp/press/documents/20101105.pdf
・独立行政法人労働政策研究・研修機構「外国人労働者の雇用実態と就業・生活支援に関する調査」
　http://www.jil.go.jp/institute/research/2009/061.htm
・法務省　新しい研修・技能実習制度について
　http://www.moj.go.jp/ONLINE/IMMIGRATION/ZAIRYU_NINTEI/zairyu_nintei10_0.html

第8節 難民

1 難民（refugee）とは

　難民についての基本的な国際的ルールは、1951年に国際連合で採択された「難民の地位に関する条約」（以下、「難民条約」）および「難民の地位に関する議定書」（1967年発行）で、国連難民高等弁務官事務所（United Nations High Commissioner for Refugees、以下、「UNHCR」）によれば、2005年7月15日現在、145か国がどちらか一方または双方の当事国として加盟している。日本は1981（昭和56）年に加入し、翌1982（昭和57）年1月1日に発効した。難民条約では、難民を「1951年1月1日前に生じた事件の結果として、かつ、人種、宗教、国籍もしくは特定の社会的集団の構成員であることまたは政治的意見を理由に迫害を受けるおそれがあるという十分に理由のある恐怖を有するために、国籍国の外にいる者であって、その国籍国の保護を受けることができない者またはそのような恐怖を有するためにその国籍国の保護を受けることを望まない者及びこれらの事件の結果として常居所を有していた国の外にいる無国籍者であって、当該常居所を有していた国に帰ることができない者またはそのような恐怖を有するために当該常居所を有していた国に帰ることを望まない者」等と定義している。

　日本における「難民」とは、法務大臣により難民と認められて定住許可を与えられた外国人をいうが、その難民受け入れの歴史的経緯から、日本には、内閣の閣議了解に基づいて定住を許可された「インドシナ難民」が約1万1000人と、難民条約に基づき入国管理局に難民認定申請を行って、法務大臣から難民として認定された「条約難民」が約500人いる。

　日本に暮らす「インドシナ難民」と「条約難民」の現状と課題について以下に概説する。

2 日本に暮らすインドシナ難民

　「インドシナ難民」とは、1975年のベトナム戦争終結後、インドシナ三国（ベトナム、ラオス、カンボジア）が相次いで社会主義体制に移行したなかで、新しい体制のもとで迫害を受けることを恐れ、ボートで海上へ逃れたり（ボートピープル）、陸路隣国へ逃れた（ランドピープル）人々の総称である。

日本へ初めてベトナムからのボートピープルが到着したのは、1975（昭和50）年5月のことであった。日本では当初、一時庇護のみを認めていたが、人道上の国際協力という面とアジア地域の安定の重要性から、1978（昭和53）年および1979（昭和54）年の内閣の閣議了解に基づいて、日本への定住を認め、インドシナ難民の受け入れを行うこととなった。また、1979（昭和54）年からは、UNHCRとベトナム政府との間で締結された「合法出国に関する了解覚書」に基づき、家族再会などの人道的なケースの場合に限りベトナムからの合法出国を認めるという合法出国計画（ODP：Orderly Departure Program、以下「ODP」）が開始され、日本でも1980（昭和55）年からODPによる離散家族の呼び寄せを認めることとなった。

　インドシナ難民の流出は1979（昭和54）年にピークを迎えたが、その後インドシナ三国の国内状況の安定化により流出は減少した。インドシナ難民の大部分は第三国へ定住し、一部の難民の本国への帰還も進み、国際社会からみたインドシナ難民問題は一応の終息を迎えたことを受け、日本におけるインドシナ難民の受け入れは平成17年度末をもって終了された。

　日本が定住許可を出したインドシナ難民の数は2006（平成18）年12月末日現在で1万1319人で、国別内訳は、ベトナム8656人、ラオス1306人、カンボジア1357人である。ただし、この数には、日本にインドシナ政変前に留学生として入国した者、ODPによる家族呼び寄せの者、すでに日本で亡くなった者、定住後にアメリカやオーストラリアなどの第三国に出国した者が含まれているが、定住促進センター外の日本で生まれた者の数は含まれていない。

3　日本に暮らす条約難民

　「条約難民」とは、人種、宗教、国籍、特定の社会的集団の構成員、政治的意見によって迫害を受けるおそれがあるために、母国での保護が受けられないか、母国での保護を望まないという難民条約の要件に該当すると判断された人をいう。

　日本が難民条約に加入することとなった直接的なきっかけは、前述のインドシナ難民問題の発生であったということができる。日本では、1981（昭和56）年の難民条約への加入に伴い、それまでの「出入国管理令」を「出入国管理及び難民認定法」に改正して、難民認定制度を設けた。同法では、難民認定は法務大臣の権限となっており、難民として認定されると「難民認定証明書」が交付され、「定住者」の在留資格が与えられて、日本に定住することが許可される。また、パスポートの代わりになるものとして「難民旅行証明書」が発給される。

　法務省の発表によれば、2009（平成21）年に日本において難民認定申請を行った人は1388人であり、前年に比べ211人減少したものの、引き続き高い水準で推移している。これらの人々のうち、難民として認定を受けた人は30人（うち8人は異議申立手続における認定者）であり、難民と認定されなかったものの、人道的な理由で配慮され特に在留を認められた人は過去最高の501人に及んだ。これら認定者の国籍は8か国にわたり、主な国籍は、ミャン

マー18人、イランおよびアフガニスタンがそれぞれ3人で、庇護を与えられた人の国籍は、19か国にわたり、うちミャンマーが478人で全体の90％を占めている。

4 「インドシナ難民」と「条約難民」のちがい

前述のように、日本ではその難民の受け入れにかかる歴史的な経緯から、「インドシナ難民」と「条約難民」の2種類の難民が存在することとなった。内閣官房インドシナ難民対策連絡調整会議事務局発行の『インドシナ難民の現状と我が国の対応』（1993年4月）には、「難民条約等への加入とインドシナ難民の取扱い」について以下のように述べられている。

> 難民条約は、難民の定義について相当に厳格な要件を定めているが、インドシナ難民がこれらの要件を充足する者であるか否かは、個別に審査を行わなければ判断することは困難である。しかし、1975（昭和50）年12月9日の国連総会決議によって、インドシナ三国から脱出してくる人を包括的に難民として保護する権限を与えられたUNHCRは、これらの人々をインドシナ難民として自らの保護の下におくとともに、我が国にもインドシナ難民として受入れ保護するように要請してきたため、我が国はこの要請に協力する立場で、個々の難民について難民性の有無を個別に審査することなく、インドシナ難民をそのまま難民として受け入れることとしたものである。したがって、難民条約への加入と難民認定制度の創設にあたり、既に受け入れたインドシナ難民についても条約等にいう難民性の有無の審査を行うものとすると、インドシナ難民に無用の不安と混乱を生じかねないために、インドシナ難民の難民性を再び問うことなく、入国後の処遇に関して難民条約上の難民とインドシナ難民との間に不合理な差が生じないように、政府は1981（昭和56）年4月22日、インドシナ難民対策連絡調整会議を開き次のとおり決定した。
> 　(1)インドシナ難民に係る現行の政策を原則として継続する。(2)我が国に定住を希望するインドシナ難民に対しては、従来の閣議了解に基づく方針により、引続き定住の促進に努める。(3)我が国に一時庇護を求めるインドシナ難民に対しては、従来の閣議了解に基づく方針により、国際連合難民高等弁務官事務所が現行の援護体制を維持する限り、その上陸と一時滞在を認める。(4)我が国への定住を既に許可され、又は今後許可されるインドシナ難民については、難民条約にいう難民として認定されない者に対しても、可能な限り難民条約にいう難民に準じて処遇するよう配慮する。

5 インドシナ難民の抱える新たな課題

　インドシナ難民の定住受け入れは、日本が難民条約に加入する以前から実施されていたが、難民条約に基づいて認定を受けた難民とは異なり、難民条約への加入後に個別に難民認定申請を行ったごく少数の者を除き、インドシナ難民に対しては「難民認定証明書」は交付されていない。また、本国脱出時の状況から、旅券を所持していないため、身分を公証する書類を何も有さない場合が多い。

　このような事情から、インドシナ難民にはさまざまな問題が生じている。滞日外国人が日本国内において結婚、離婚をはじめとする身分事項にかかる届出を行ったり帰化許可申請を行う際には、原則として当該人の国籍国の官憲が発給する証明書等の提出が求められる。例えば、出生証明書、国籍証明書をはじめ婚姻届を提出する際に求められる婚姻要件具備証明書がこれに該当する。しかしながら、難民として日本へ入国し定住許可を得て暮らす人々は、本国官憲から証明書の発給を受けることができない。さらに日本で出生したベトナム難民二世は、両親がベトナム人であることから外国人登録上は国籍欄が「ベトナム」となっているが、当人の出生に関してベトナム本国への届出等は行われておらず、正確には「無国籍」である。これは、難民という状況を考えれば当然ともいえることであるが、窓口担当者の理解不足などから、入手不可能な証明書の提出を求められたり、大使館や領事館へ行って相談するようにとの指導を受けるなど、難民などの当事者が著しい精神的苦痛を受けてしまう事態が見受けられる。

　前述のように条約難民に対しては法務大臣から難民認定証明書が発給されており、自らが難民条約に基づく難民であることが証明できるが、日本における難民受け入れの歴史的経緯からインドシナ難民の場合には、ごくわずかな人を除いて難民認定証明書を有していないため、難民であることを公証する書類は何もない。このことは、インドシナ難民受け入れから30年たった今、インドシナ難民や日本で生まれたインドシナ難民二世が婚姻や帰化申請をする際に顕著な問題となっている。

6 難民認定申請者の生活状況をめぐる課題

　難民認定申請者の急増に伴い、難民認定手続に要する期間が長期化し、難民認定申請者の多くは困窮した生活を余儀なくされている。難民認定申請者は、難民認定申請を行った時点での在留資格の有無によって、就労の可否が異なっている。難民認定申請時に在留資格「短期滞在」を有していた者は、異議申し立ての結果が告知されるまで在留資格「特定活動」への変更とその更新が許可される。さらに申請時から6か月間を経過すると本人の申請により

就労が許可される。一方、難民認定申請時に在留資格を有していない者は、一定の要件を満たす場合には仮滞在許可が付与されるが、その数は極めて少ないうえに、仮滞在許可を受けても入管法施行規則に基づき就労は禁止される。難民認定申請時に在留資格を有さない者のほとんどは、退去強制手続が開始された後、仮放免許可を付与されているのが現状である。仮放免許可の場合には許可の際に就労禁止条件が付されることがあり、たとえ就労禁止条件が付されていない場合でも、当該人は在留資格を有さないため公共職業安定所による職業紹介を受けることができず、外国人登録証明書には「在留資格なし」と記載されるため事業主からも雇用を敬遠されることとなり、就労することは事実上困難な状態にある。

このように、難民認定申請者の多くは就労が制限されており、さらには国民健康保険や生活保護などの行政サービスの対象からも除外され、困窮した生活を余儀なくされている状況にある。このような状況に対し、1982（昭和57）年7月の難民行政監察（難民の地位に関する条約により庇護の対象とされる難民が庇護を求めてきた時点から、第三国に出国するか又は我が国での難民認定を受けるまでの間、衣食住に欠ける等保護を必要とする者に対し、必要な援護を行うための予算措置を講ずる等援護体制を整備する必要がある旨勧告）に基づき「難民認定申請者に対する保護措置」[28]による生活援護が実施されている。

具体的には、生活費（大人12歳以上一人につき日額1500円、子ども12歳未満一人につき日額750円、2012（平成24）年1月1日現在）、住宅費（一定限度での家賃補助）の保護費の支給および当面の住居を自力で確保できない者に対する緊急宿泊施設の提供が行われているが、受給には一定の要件があること、生活費および住宅費についてはいずれも生活保護基準を下回っていることなどさまざまな課題が指摘されている。

7 第三国定住による難民受け入れに関するパイロットケースの実施

第三国定住[29]とは、自発的帰還および第一次庇護国への定住と並ぶ、難民問題の恒久的解決策の一つである。日本では、国際貢献および人道支援の観点から、2008（平成20）年12月16日付閣議了解により、平成22年度からタイのメーラ・キャンプに滞在するミャンマー難民の受け入れが開始された。以後、年に1回のペースで、1回につき約30人の受け入れを3年連続して行うことにより、3年間で合計約90人をパイロットケースとして受け入れるこ

---

[28] 「衣食住に欠ける等保護を必要とする者に対し、必要な援護を行う」援護体制を整備する必要を勧告した1982（昭和57）年7月の難民行政監察結果報告書を受けて始められた。2012（平成24）年1月1日現在、外務省からの委託に基づき、難民事業本部が難民認定申請者に対して、生活費、住居費その他保護費の支給や緊急宿泊施設の提供等を行っている。

[29] 難民キャンプ等で一時的な庇護を受けた難民を、当初庇護を求めた国から新たに受け入れに同意した第三国に移動させる形での難民の受け入れ。国連難民高等弁務官事務所（UNHCR）が推奨する難民受け入れの方法の一つで、難民問題に関する負担を国際社会において適正に分担するという観点からも重視されている。

ととされている。2008（平成20）年12月19日の内閣官房の難民対策連絡調整会議で、受け入れ後の初動支援、日本語教育や社会生活適応指導、職業訓練、地方自治体への協力の要請など、定住支援策の具体的措置についての決定が行われた。

●参考資料・ホームページ●
- UNHCR Japan　1951年の条約及び1967年の議定書の当事国一覧表
  http://www.unhcr.or.jp/protect/treaty/kameikoku.html
- 難民事業本部ホームページ
  http://www.rhq.gr.jp/
- 内閣官房 インドシナ難民対策連絡調整会議事務局『インドシナ難民の現状と我が国の対応』1993年4月
- 財団法人大阪府人権協会『そうぞう』No. 23、2007年12月
- 法務省　平成21年における難民認定者数等について
  http://www.moj.go.jp/nyuukokukanri/kouhou/100226-1.html
- NPO法人難民支援協会ホームページ
  http://www.refugee.or.jp/
- 内閣官房　難民認定申請者への支援について
  http://www.cas.go.jp/jp/seisaku/nanmin/040708sien.html
- 日弁連　難民認定申請者の生活状況をめぐる制度の改善に関する意見書
  http://www.nichibenren.or.jp/activity/document/opinion/year/2009/090618_3.html
- 内閣官房　第三国定住による難民の受入れに関するパイロットケース実施の具体的措置について
  http://www.cas.go.jp/jp/seisaku/nanmin/081219kettei.html

第9節 高齢者

　今や「高齢化」は日本の最大の課題といってもよいが、まだ滞日外国人高齢者について語られることは少ない。しかし外国人の定住化が進み、その生活課題は20年前に比べると変化してきた。定住化が進む現在、高齢者の問題は避けて通れないであろう。筆者が地域包括支援センターや介護支援専門員に聴き取りをしたところ、すでにいくつかのケースがみられている。しかし「滞日外国人」としての支援体制は確立していない。

1　外国人高齢者の現状

　2010（平成22）年末の外国人登録者218万6121人のうち、65歳以上の登録者は12万9813人、総登録者の5.9％にあたる。国、地域ではアジアが最も多く、そのうちでも韓国・朝鮮が総登録者の79％を占める。ただしこの統計は外国人登録者のみであって日本国籍でも異なる言語と文化のなかで生活してこられた人々—日系南米人や中国帰国者などを「滞日外国人」の概念に含めると、その数はさらに多くなる。

2　外国人高齢者の「家族」の現状

　高齢者自身は日本人であっても家族が外国人であるという例は、地域包括支援センター、居宅介護支援事業所、病院などでしばしばみられるようになった。その大半は「息子の妻」のケースである。法務省の統計で、滞在資格のうち「日本人配偶者等」が2010（平成22）年で10％以上を占める現状をみると、家族介護者が外国人という例は今後ますます増加するであろう。

3　外国人高齢者の生活課題

①———在日コリアンの場合

　先に述べたように、滞日外国人高齢者の多くは韓国・朝鮮の人々—「在日コリアン」で占

められる。それは日本の植民地政策で母国での生活の基盤を失い、日本に職を求め、また日本に強制連行または徴用され、自国の国籍・言語・文化を剥奪されて「日本国民」となることを強要された人々である。さらに日本の敗戦に伴い、1952（昭和 27）年のサンフランシスコ講和条約発効によって日本の植民地は失われ、同時に今度は日本国籍を剥奪され「外国人」とされたが、すでに日本に生活の基盤ができて住み続けた人々、いわゆる「オールドカマー」である。その数は約 60 万人といわれている。

これらの人々は「外国人」になることで、日本国民として受けてきた日本の社会保障制度から排除された。その後、1982（昭和 57）年に国籍条項が廃止されたが、経過措置をとらなかったため多くの韓国・朝鮮の人々は無年金のまま高齢化を迎えている。就労の場も限られ、日本人から差別や偏見を受け続け、経済的・社会的にも精神的にも過酷な生活を余儀なくされてきた。

②───中国帰国者の場合

「中国帰国者」とは、第二次世界大戦中、戦乱のなかで親との生死別で中国に置き去りにされた当時 11 歳以下の子ども「中国残留孤児」と、敗戦時夫と死別して中国人の妻となった「中国残留婦人」とその養父母、配偶者、および二世、三世となる子どもたちを含む全家族に対する総称である。1972（昭和 47）年の日中国交正常化により、1973（昭和 48）年から日本政府は本人とその配偶者および 20 歳以下の子どもを対象として、国費による日本への帰国の道を開いた。

帰国者は、「中国帰国者定住促進センター」などで日本語や生活指導の研修を受けることができたが、来日時すでに 50 歳を超えた帰国者には日本語習得、生活習慣の適応、ましてや就労はきわめて困難であった。2008（平成 20）年より国は老齢基礎年金の交付など新たな支援策を打ち出し、その状況はやや改善されたが、帰国者は母国で暮らす安心感をもちつつも、しかし生活の厳しさに老後の不安を感じ、帰国を後悔する人もいる。

③───インドシナ難民の場合

日本における「難民」のうち、高齢者の課題が生じているのは主としてインドシナ難民である。難民についての詳細は第 4 章第 8 節で述べられているので、ここでは省略する。

この人々は日本の定住促進センターを出てから就労するが、その大半は低賃金であり、また長時間労働が多いため日本の社会との接触も少なく、母国での戦乱や虐殺、命がけの脱出の体験などの PTSD（心的外傷後ストレス障害）や日本での差別によるトラウマを負う人も多い。

4 課題の背後にあるもの

　現在の外国人高齢者の生活に共通してみられるのは、歴史や政治に翻弄（ほんろう）された結果、経済的に苦しく、心理的にも癒しがたい傷を負っている人が大半であるということである。在日コリアンや中国帰国者の場合には、歴史的な経過から「日本人」への根強い不信感を抱いていることも多く、歴史認識や国際情勢理解の希薄さによる日本人の偏見や差別も、在日外国人高齢者を一層生きにくくしてきた。

　また、高齢化に伴う記憶力、適応力の低下が、日本語の習得や日本の社会への適応をさらに困難にしており、経済的には生活保護かわずかな年金に頼らざるを得ず、自尊感情の低下を招くことも多い。

　さらに早々に日本語が上達し日本社会になじんでいる子どもや孫と、言語的にも心理的にもコミュニケーションがとれにくくなってくる。戦争の傷も彼らにはもはや理解できることではない。こうした心理社会的な要因が、公的制度へのアクセスや活用を困難にしているともいえる。

　介護保険制度も、利用資格があっても、制度の存在も活用の仕方もわからない。それ以前に無年金状態やわずかな国民年金では保険料や利用料の支払いが困難で、制度活用ができないことも多い。さらに制度利用に際しても、言葉や文化の違うサービスになじめず、日本人支援者やほかの利用者とコミュニケーションもとれず、安らぐ場所にもなり得ない。また「家族介護」という母国の価値観も崩されるなど、さまざまな状況で「自分らしさ」を否定されるのである。また、サービス提供側にも日本の物差しのみではかるなど多くの問題がある。

5 課題への取り組み

　以上の課題に対応するため、いくつかの取り組みも行われている。在日コリアンの多い川崎市川崎区では、社会福祉法人青丘社を中心に在日コリアン一世のための識字教育を行い、交流会「トラジの会」を設立した。さらに介護保険制度発足に伴い、在日高齢者権利擁護センターを設立し、文化と言語に配慮した福祉サービスの担い手育成を行い、在日コリアンの権利の回復、エンパワメントを図っている。居宅介護支援事業所「ほっとライン」では、在日コリアンの歴史や文化に配慮しつつ、かつ日本人利用者との共生を試みるサービスを提供している。

6　今後の課題

　今後、我々はどのように支援に取り組めばよいのであろうか。まず必要なことは高齢者支援スタッフへの啓発である。多文化共生の価値観や外国人高齢者の文化的・歴史的背景、社会資源、ことに外国人支援に必要な資源の活用などについての研修が望まれる。施設サービスなどに、時には多文化的発想のプログラムがあってもよいのではないだろうか。現在の日本人高齢者には旧植民地住民への根強い差別意識も残るが、スタッフの配慮で日本人とも相互理解の機会となるのではないか。

　「言葉」の問題も重要な課題である、「医療通訳」のように「介護通訳」の養成も望まれる。また、サービス利用も自ら求めてくることはさまざまな理由で難しいことも多く、サービス提供側のアウトリーチの姿勢や、最初の出会いの際の関係づくりが重要である。逃げ腰であってはいけない。

　外国人高齢者にとって、コミュニティの力は大きい。同国人ゆえの弊害もあるが、公的サービス活用の支援のほか、抱えてきたトラウマ、文化を踏まえた人生や死についてなどスピリチュアルな課題への支援は同国人のサポート、ピアカウンセリングが最も望ましいのではないだろうか。

　また今後、ニューカマーにも高齢化が訪れたとき、文化や歴史的背景がまったく異なるために生じる別の課題への配慮が必要になることも予測される。

①———外国人家族の問題

　外国人家族の多くは、母国の高齢者を敬う思想を受け継いでいる。しかし、要介護状態が身体的なものであれば比較的理解しやすいが、認知症の場合は言葉がわからないといったこともあり、困惑することが多い。また外国人家族の文化、母国の家族や旧正月などへの想いが非常に強いことなどへの理解も必要である。

②———外国人介護職等の問題

　EPA締結[30]に伴い、外国人看護師、介護福祉士志望者が来日したが、彼らにも日本の物差しを押し付けず、その「強み」を活かして働けるような基盤づくりが必要である。

30）経済連携協定（Economic Partnership Agreement）。国や地域同士で、「輸出入にかかる関税」や「サービス業を行う際の規制」をなくしたり、「投資環境の整備」や「知的財産保護の強化」「技術協力」「人的交流の拡大」「各分野での協力」等を行う国際的な協定。協定の相手国と発行時期としては、2002（平成14）年日本・シンガポール、2007（平成19）年日本・タイ、2008（平成20）年日本・インドネシア、2008（平成20）年日本・フィリピンなどがある。

7 おわりに

　以上、外国人高齢者の現状と課題を述べた。確かに外国人高齢者の現状は課題が多く、支援が必要である。しかし、高齢者は決して弱者ではない。波乱に満ちた人生を生きてこられた存在は日本社会にも大きな宝であり、また日本の高齢者福祉に新しい風を吹き込む機会ともなる。先述の居宅介護支援事業所「ほっとライン」は、日本人利用者にも評判がよいという。スタッフによれば何とか外国人高齢者の背景を理解し、その人に合ったサービスをと努力する姿勢が、自然と日本人利用者にも画一的でない対応をするようになったとのことである。従来の日本人だけを対象としてきた高齢者福祉では薄められてきた視点であり、日本の高齢者も多様化しつつある現在、貴重なヒントが得られるのではないだろうか。

　また、戦争の痛みは日本人高齢者も同じである。その体験を共有しつつ、平和な多文化共生社会をつくることに力を発揮していただけるよう、サポートしていきたいと願う。

●参考文献・資料●
- 多文化共生キーワード事典編集委員会編『多文化共生キーワード事典』明石書店、2006年
- 川村千鶴子、宣元錫『異文化間介護と多文化共生―誰が介護を担うのか―』明石書店、2007年
- 西村昭夫『疑問難問を解決！外国人診療ガイド』メジカルビュー社、2009年
- かわさきのハルモニ・ハラボジと結ぶ2000人ネットワーク生活史聴き取り編集委員会編『在日コリアン女性20人の軌跡〜国境を超え、私はこうして生きてきた』明石書店、2009年
- 川崎市ふれあい館・桜本こどもセンター「川崎市ふれあい館20周年事業報告書 だれもが力いっぱい生きていくために」2008年
- 「外国につながる子どもたちの物語」編集委員会編、まんが・みなみななみ『まんがクラスメイトは外国人―多文化共生20の物語―』明石書店、2009年
- ヴィラーグ・ヴィクトル「外国系住民のソーシャルワークに携わる人材育成の動向と現状に関する国際比較研究」（修士論文）日本社会事業大学、2010年
- ソーシャルワーク研究所編『ソーシャルワーク研究』120、Vol.30、No.4、WINTER、相川書房、2005年
- ソーシャルワーク研究所編『ソーシャルワーク研究』138、Vol.35、No.3、AUTUMN、相川書房、2009年
- ソーシャルワーク研究所編『ソーシャルワーク研究』143、Vol.36、No.3、AUTUMN、相川書房、2010年
- 法務省入国管理局
  http://www.immi-moj.go.jp/
- 厚生労働省
  http://www.mhlw.go.jp/

第10節

障害者

1 外国人と障害（者）の関係

　外国人に関連する領域はさまざまあるが、各領域に関する研究の進展や実践に基づく知見の蓄積の程度はかなり異なる。外国人と障害（者）との関係については、外国人という枠組みのなかでも、また障害者福祉の枠組みのなかでも、関連づけて語られることは少なかったと考える。

　その原因の一つには、労働を目的とする外国人の受け入れは行わないとする日本の外国人政策のなかでも、現実に日本国内へ移住するのは、年齢的に若く、健康な人がほとんどであったことがあるだろう。来日の時点で、障害者は基本的により少なく、また日本滞在中に障害を負った場合には、本国帰還や退去強制等によって日本国外へと送り出される。そのため、外国人で障害をもつ人は、日本の総人口、もしくは、障害者人口のなかでも少数者であり、制度的対応をする特段の必要性が感じられない状況だったと考えられる。

　そのようななかで、外国人と障害の関係についていくつかの取り組みがなされてきた。その一つは、障害をもつ外国人の社会保障権に関する司法の場でなされた議論である[31]。関連裁判では、社会保険制度の適用に関して、国籍の相違によって適用範囲を制約することが容認されるか否かが争点となった。しかし、議論は制度適用の差異が障害者の生活問題に及ぼす影響に踏み込むまで発展しなかった。

　さらに一つは、1980年代以降の（インドシナ）難民の受け入れ時における障害への対応がある。第1章で既述のとおり、難民条約批准に伴い、社会保障制度の「内外人平等」（日本の法律による社会保障制度を国内に居住する者に、国籍の別なく適用すること）が求められたため、この時期は、理論上も制度上も先の裁判時より進展していた。

　他方、難民の社会統合の課題は、社会福祉領域のみならず、労働、日本語教育、子どもの教育、精神医療等多岐に渡っていた。そのなかで、難民の障害は、主に国を脱出する前後に経験した異常な体験による精神的負荷によるPTSD症状などとして現れ、その概念が市民権を得ていない時代に精神医療領域の関係者の努力でまかなわれてきた。同様に、労働に関す

31）詳細は、高藤昭『外国人と社会保障法—生存権の国際的保障法理の構築に向けて—』明石書店、163〜186頁、2001年を参照いただきたい。

る課題は、労働行政のなかで解決策が模索されることが多かったのではないかと思われる。

このように、外国人と障害（者）の関係は、従来より実際の生活問題として立ち現れていたにもかかわらず、福祉領域で集合的に捉えられることは大変少なかった。関連統計は、現在に至るまでほとんど見当たらない状況が続いている。その結果、外国人利用者に遭遇する障害領域の専門職は、客観的なデータや先行事例に関する情報なしに、通常業務を利用者の文化に適合したものに変換させる作業に取り組まねばならないのが現状である。

ここでは、そうした環境要因を前提とし、外国人が障害をもった場合に共通して直面する生活課題について考えてみたい。

2 外国人障害者が直面する生活課題

①──自分の「障害」を知る

外国人が障害をもって生きることの意味は、家族のなかで障害をもったのは誰か、また、障害の種類（身体、知的、精神障害）やその特性、障害の原因、障害をもつに至る人生の段階などによっても異なると思われる。

日本に住む外国人が「障害」をもつようになったとき、日本人と同じように直面する課題の一つは、自らの障害について「知る」こと、それも「正しく」知ることである。日本の障害の分類の仕方はとても細分化されているため、外国人に対して障害に関する説明をするときは、その点をあらかじめ理解しておいた方がよい。特定の障害に関する一般人の知識は、国籍等にはさほど左右されないが、障害の原因に関しては、出身国の状況や文化により、多様な捉え方がなされることに留意する必要がある。

②──居住地の変更可能性

障害をもつことで、家族関係や雇用関係、所得の大きさが変化することは日本人でもある。外国人の場合、日本人と異なる点は、そのように変化したさまざまな関係が彼らの「在留資格」の種類に影響を与えることである。つまり、婚姻関係が破綻すれば配偶者としての在留資格を、雇用関係が継続できなければ就労に基づいた在留資格をそれぞれ失い、他の在留資格への変更により社会福祉制度の活用が望めなくなることもあり得る。それゆえ、外国人に対し障害に関する説明をするときには、彼らが必ずといっていいほど、「障害」と在留資格の関係、本国への帰国を余儀なくされる可能性について不安を抱えることを十分に理解しておく必要がある。また、必要に応じて、帰国に向けた支援が求められることもある。

他方、その障害ゆえに、外国人が日本に住み続けることを選択する、もしくはそれが望ましいと判断される場合もある。つまり、本国ではその障害に応じた療育や医療の体制が欠落

している、もしくは不十分で、帰国そのものが障害者の生命や生活に決定的に不利益となる場合である。

③———「障害」とともに生きる

　上記のような転換期を経て、障害を抱えて生きる生活へとシフトしていくときには、障害により生じるさまざまな不都合を受け入れるために流す「見えない涙」を言語化し、昇華させていくことが求められる。日本人であれば、通常、セルフヘルプグループ（同じ障害をもつ人たちとの交流）への参加などが促されるが、外国人には「言葉の壁」により、その活用がしにくいのが現実である。日本社会のなかでの外国人、障害者グループのなかでの外国人という二つのマイノリティ性を抱える彼らには、肯定的な感情も、否定的な感情も自由に語ることのできる機会や人材は希少であり、何ものにも代えがたい。

3　利用者の負担を軽減する提案

①———ソーシャルワーカーができること

　では、利用者の負担を軽減するために、ソーシャルワーカーができることは何か。
　第一に、外国人本人や通訳者に対する「障害を知る」ための情報提供である。具体的には、当該障害に関する知識や生活上の留意点を通訳者に事前に提供し、誤解を生まないコミュニケーションの下地づくりをしたうえで、障害認定をする専門家から本人への説明を母語通訳者付きで行うこと、母語で当該障害について書かれたものを準備すること、専門家と通訳者が所属する医療支援団体等を紹介することである。また、インターネットへのアクセスをもつ人へは、母語で検索できるよう母語での当該障害名を伝えるのも有用だろう。
　第二に、専門家とのコミュニケーションを促進する準備である。外国人自身が当該障害の名称や重要な項目について、日本語で正しく発音でき、必要に応じて書けるように準備すること、あるいは、外国人本人に代わり、ほかの専門職に対して事前に状況説明をしておくことは、両者の話し合いの際、重要な意味をもつだろう。また、通訳者を介した定期的なフォローアップは、外国人障害者が抱えやすい孤立感の緩和に不可欠である。
　第三に、在留資格更新への配慮である。社会福祉制度の継続的な活用が可能となるよう、必要に応じて専門職による書面提出の準備などを行うことが求められる。

②———通訳者ができること

　同様に、通訳者が利用者の役に立てることもいくつかある。
　第一に、障害者本人もしくは家族と同じ母語での共感である。どんなに外国語（日本語）

の堪能な人にとっても、折々訪れる人生の危機に出会うさまざまな課題や感情は母語で語ったときのみ整理されるならば、通訳者は、本来ケアの役割を担うべき専門職に先んじて、その「整理されつつある語り」を耳にする存在になるのである。

　第二に、細分化、複雑化している福祉や医療等の関係機関や専門職のなかで疲弊する障害者本人もしくはその家族にとって、数少ない「伴走者」であり「代弁者」（いつもそばにいて助けてくれる人）になり得ることである。それは、各窓口の範囲内で働くよう求められる専門職にはしにくい、重要なサポートになる。

第11節 外国人の犯罪動向と犯罪者の処遇
～更生保護の視点から～

1 外国人による犯罪の状況

　法務省発表の「平成23年版犯罪白書のあらまし」によれば、来日外国人[32]による一般刑法犯の検挙件数は、2002（平成14）年から急増し、2005（平成17）年に過去最多を記録した後、2006（平成18）年から減少に転じ、2010（平成22）年は1万4025件（前年比31.8％減）であった。2010（平成22）年の検挙人員は、6710人（前年比6.7％減）であった。2010（平成22）年のその他の外国人も合わせた外国人による一般刑法犯の検挙人員は1万2021人（前年比2.8％減）で、同年における一般刑法犯検挙人員総数（32万2620人）に占める外国人の比率は3.7％であった。

　2010（平成22）年における来日外国人による一般刑法犯の検挙件数の罪名別構成比をみると、窃盗が74.7％を占めているが、その検挙件数は2005（平成17）年に過去最多を記録した後、2006（平成18）年から減少に転じ、2010（平成22）年は1万474件（前年比36.3％減）であった。一方で、傷害・暴行の検挙件数は近年増加が著しく、2010（平成22）年は、2001（平成13）年と比較して約1.8倍になっている。

2 外国人犯罪者の処遇の状況

　上記のような外国人の一般刑法犯の検挙件数の概要に対し、法務省発表の「矯正統計年報」によれば、2010（平成22）年における外国人の入所受刑者[33]は、1289人（前年比7.4％減）であった。外国人入所受刑者のうち、日本人と異なる処遇を必要とする者は、F指標入所受刑者[34]として、その文化および生活習慣などに応じた処遇が行われているが、その人員は、1998（平成10）年に急増した後、増加を続け、2004（平成16）年には1690人となった。そ

---

32) 「来日外国人」とは警視庁統計において、「我が国に存在する外国人のうち、いわゆる定着居住者（永住者、永住者の配偶者等及び特別永住者）、在日米軍関係者及び在留資格不明者を除いた外国人をいう」と定義されている。
33) 裁判が確定し、その執行を受けるため、新たに入所するなどした受刑者をいう。
34) 外国人受刑者のうち、日本人と異なる処遇を必要とする者は、F指標受刑者として、その文化および生活習慣等に応じた処遇を行っている。

の後、2005（平成17）年から毎年減少し続け、2008（平成20）年は928人、2009（平成21）年は844人、2010（平成22）年は780人となっている。2010（平成22）年におけるF指標入所受刑者を国籍等別にみると、中国195人、ブラジル119人、イラン75人、韓国・朝鮮71人、ベトナム68人の順で、これらの入所受刑者を罪名別にみると、窃盗が257人と最も多く、次いで、覚せい剤取締法違反179人、入管法違反94人、強盗58人、傷害・暴行29人、道交法違反26人の順であった。

法務省保護局の資料によれば、2010（平成22）年における外国人の保護観察[35]（仮釈放者および保護観察付執行猶予者の保護観察に限る）開始人員は1051人（前年比14.3％減）で、国籍等別にみると、中国331人、韓国・朝鮮301人、ブラジル94人、イラン71人、ベトナム57人の順であった。来日外国人に限ると、807人（前年比15.7％減）であり、その内訳は、仮釈放者が791人、保護観察付執行猶予者が16人であった。2010（平成22）年12月31日現在、保護観察の対象となっている外国人（永住者および特別永住者を除く）の数は591人（前年同日比15.1％減）であり、その内訳は、仮釈放者が528人、保護観察付執行猶予者が63人であった。なお、仮釈放者のうち488人は退去強制事由に該当し、国外退去済みの者が392人、退去強制の手続を受けて収容中の者が94人、仮放免中の者が2人であった。

3 更生保護における課題

外国人受刑者に対する刑務所内での処遇および後述する仮釈放を許可された外国人への保護観察の状況については、更生保護法人日本更生保護協会が編集・発行している『更生保護』12月号の「特集 国際化社会と更生保護」でその実践の一部をうかがい知ることができる。刑務所等の刑事施設における外国人受刑者に対する処遇については、その言語の違い、食習慣の違い、宗教の違いなどがそのまま配慮すべき事項となっていること、外国人受刑者の多くは日本の法体系についての理解度が低くその理解に相当の時間を要する、などの問題があることが指摘されている。

「出入国管理及び難民認定法」では、第24条で「次の各号のいずれかに該当する外国人については、次章に規定する手続により、本邦からの退去を強制することができる」と規定し、日本に在留する外国人の退去強制について定めている。外国人が犯罪をした場合、その犯罪が軽微なものでなければ原則、同法に基づき退去強制の手続がとられて、本国に送還されることとなる。具体的には、刑務所等を釈放（仮釈放を含む）されると同時に、送還までの間、

---

[35] 保護観察は、更生保護法に基づき、犯罪をした人または非行のある少年に対し、刑務所や少年院などの矯正施設内ではなく、地域社会のなかで生活を送りながらその健全な一員として更生するように国の責任において適切な指導や必要な支援を行うことで、より円滑な社会適応・改善更生を図ることを目的とした制度である。

入国管理局の施設に収容される。したがって、外国人受刑者が仮釈放となっても、保護観察による社会内処遇を受けることなく本国へ送還される場合が多い。しかしながら、難民等であるために本国への送還ができない場合やその他の事情で帰国できない場合には、仮放免許可を受けて入国管理局の施設での収容を解かれることとなる。このように仮釈放・仮放免許可を受けて身柄拘束を解かれた外国人仮釈放者や有効な在留資格を有する外国人受刑者が仮釈放された場合には、更生保護法に基づき保護観察を受けることとなる。保護観察は、更生保護法の目的の一つである「犯罪をした者及び非行のある少年に対し、社会内において適切な処遇を行うことにより、再び犯罪をすることを防ぎ、又は非行をなくし、これらの者が善良な社会の一員として自立し、改善更生することを助けること」を達成する手段の中核として位置づけられており、保護観察により、「施設内処遇」から「社会内処遇」への実践が行われる。保護観察対象者が外国人の場合には、刑事施設などでの処遇と同様に、まず言葉の問題がある。保護観察について本人やその引受人[36]が十分に理解し、必要な手続を行うためには通訳人が必要となるが、その通訳人も保護観察制度について事前に十分理解していることが求められる。また、外国人保護観察対象者の処遇に際しては、保護司[37]をはじめとする支援関係者には、出入国管理の知識や本人とその家族などの文化的背景に対する理解が必要となることも多いといえる。

●参考資料・ホームページ●
・警視庁「来日外国人犯罪の検挙状況（平成22年確定値）」
 http://www.npa.go.jp/sosikihanzai/kokusaisousa/kokusai/H22_rainichi.pdf
・法務省「平成23年版犯罪白書」
 http://hakusyo1.moj.go.jp/jp/58/nfm/mokuji.html
・法務省「平成23年版犯罪白書のあらまし」
 http://www.moj.go.jp/housouken/housouken03_00056.html
・法務省 矯正統計統計表
 http://www.moj.go.jp/housei/toukei/toukei_ichiran_kousei.html
・法務省【結果の概要】2010年（度）年報「矯正統計」
 http://www.moj.go.jp/content/000077159.pdf
・法務省 保護統計統計表
 http://www.moj.go.jp/housei/toukei/toukei_ichiran_hogo.html

---

[36]「犯罪をした者及び非行のある少年に対する社会内における処遇に関する規則」によれば、刑の執行のため刑事施設または少年院に収容されている者等が釈放された後に、その者と同居するなどしてその生活の状況に配慮し、その者の改善更生のために特に協力する者をいう。

[37] 保護司法に基づき、法務大臣から委嘱された非常勤の国家公務員。保護司は、民間人としての柔軟性と地域の実情に通じているという特性を活かし保護観察官と協働して保護観察にあたるほか、本人が刑事施設や少年院から社会復帰を果たしたとき、スムーズに社会生活を営めるよう、帰住先の生活環境の調整や相談を行っている。

・法務省「更生保護とは」
　http://www.moj.go.jp/hogo1/soumu/hogo_hogo01.html
・更生保護法人日本更生保護協会編集・発行『更生保護』12月号

第11節　外国人の犯罪動向と犯罪者の処遇～更生保護の視点から～

第 5 章

多文化ソーシャルワークの
実践事例と留意点

本章の事例は、著者の携わる多数の相談内容を汲み取りながら、ケーススタディとして参考になる事例を作成しました。
本文中の人物や設定等を特定するものではありません。

1 医療分野

　医療の場では多くの専門用語が飛び交うなか、患者は治療に多くの自己決定を求められる。特にがんや難治性疾患は、治療期間が長期で医療費も高額になる。医療機関では、外国人患者に対しては常に言葉と医療費が問題になってきたが、今もそれらを解決できる公的制度は未整備である。社会福祉士は外国人患者に対して何をすべきで何ができるのか、どのような支援が望まれるのか、他国の文化を理解・尊重するためにはどうすればよいのか…社会福祉士には不慣れな難しい問題も多い。ここでは、それらのことについて事例を通して考える。

事例1　オーバーステイ外国人への支援

本人の概要

Aさん　38歳　女性
東南アジアの某国から来日　日本語は簡単な日常会話ができる程度
- 家族状況：一人暮らしで、両親と子どもが母国に住んでいる。日本人と結婚したお姉さん（Bさん）が近所に住んでいる。
- 就業状況：元々ハウスキーパーの仕事で雇用主と一緒に3年前に来日したが、経済状況が悪くなったため雇用主は帰国。その後は飲食店でアルバイトをして生活していたが、最近は体調が悪く仕事ができていなかった。

支援に至る経過と支援の概要

　Aさんは、数か月前から頭痛や嘔吐があり、体調が悪かったが、医療保険に加入していないため病院に行くことができず、市販薬を飲みながら自宅で様子を見ていた。Aさんを心配して時々様子を見に行っていたBさんがAさんを説得し、3月6日病院を受診した。その結果、受診当日に脳腫瘍の疑いで緊急入院となった。Bさんが医師の説明を伝えたが、Aさんは病状がよくわからない様子で、「お金がない。家に帰りたい」と訴えた。そのため、医師は社会福祉士に「言葉が通じにくく病状が正しく理解されていない様子。また、金銭面の心配もしているので支援してほしい」と依頼した。

社会福祉士は、早急に医療通訳の調整が必要と判断し、入院当日にＡさんの病室を訪ねた。Ｂさんは「私が日本語を話せるので通訳は必要ありません」と主張した。社会福祉士が、医療通訳の役割や病院が通訳を調整できることを説明したところ、ＡさんもＢさんも医療通訳の派遣を希望した。社会福祉士は医療通訳派遣団体に連絡し、３月７日に医療通訳を介し、医師からＡさんとＢさんに病状説明が行われた。医師は「検査結果から脳腫瘍と診断しました。治療は最初に手術をし、その後、入退院を繰り返して抗がん剤治療・放射線治療を行うため、長期間かかります」と説明した。Ａさんは表情が暗くなり、不安そうな様子で「治療をしない場合はどうなりますか？」と質問し、医師は「病気の進行状況にもよりますが、予後は悪いと考えられます」と説明した。ＢさんがＡさんを気遣いながら、「帰国できますか？」と質問すると、医師は「脳幹部分に腫瘍の影があり呼吸停止の危険性もありますが、今から１か月以内なら無事に帰国できる可能性もあります」と返答した。

　病状説明後、医療通訳を介して社会福祉士がＡさんとＢさんに面接を行った。Ａさんは暗い表情で、「今日、医者の説明を聞いて病気のことはわかった。でも、実感がわかない。頭の手術や化学療法と言われてもどんなことなのか想像ができない。最近は仕事ができていなかったので医療費は払えない。今はビザが切れている。母国に家族がいるので帰国したい。でも家族に心配をかけたくないので、病気のことは知らせたくない。どうしたらいいのかわからない」と混乱した様子で話した。Ｂさんは「日本で治療を受けさせたい気持ちはあるが、自分も生活が精一杯で医療費は払えない。本人のために帰国するのがいいと思う。家族に病気のことを知らせないわけにはいかないので、そのことは本人と意見が違います」と泣きながら話した。社会福祉士は、二人にすぐにこれからの治療方針を決めることを強要せずに、Ａさんが十分に考えて決めることができることを伝え、自己決定できるように支援した。

　社会福祉士は院長に経過を報告したうえで、病院としての方針を明確にする必要があると伝え、３月９日、病院長、医師、看護師、事務職員、社会福祉士とで協議の場をもった。病院としては、ＡさんとＢさんに事前に説明したうえで、入国管理局に通報する方針が決まった。また、治療については、医療費が自費になる可能性が高く、支払いの見込みが立たないことが予想されたが、医療倫理から必要な治療は行う方針とした。病院としては医療費が高額になることから、早期に帰国してほしいのが本音だったが、Ａさんの意思を確認しながら最良の方法を探っていくことが確認された。

　社会福祉士は、Ａさん自身が治療方針を決定する要因として医療費の問題が大きいと考え、活用できる社会資源について検討を行った。オーバーステイである

ことから制度活用が困難であったため、ネットワークを活用し、外国人が多く受診しているほかの医療機関の社会福祉士にも相談しながら、行政に実情を知ってもらう意味も含めて、国民健康保険の加入や生活保護の受給について区役所に相談・交渉を行った。しかし、オーバーステイであることからどちらの制度も活用はできず、生活状況から行旅病人及行旅死亡人取扱法[☆1]も該当せず、医療費は自費扱いとするしかなかった。

　3月12日、社会福祉士は医療通訳を介しAさんと面接を行った。社会福祉士はAさんの家族に対する思いや今後の生活に対する希望を丁寧に聴き、意思表出を促した。Aさんは「早く帰国して、母国で家族とゆっくり過ごしたい」と語り、日本では治療を受けずに、両親に病気のことを伝えて帰国することを決めた。同日、医師・社会福祉士とAさん・Bさんとで話し合いをし、治療はせずに帰国する方針が決定した。医師より、病院の方針として入国管理局に伝えることを説明し、AさんもBさんも了承した。帰国までの間はAさんの身体状態の安全を考えて入院を継続することになった。医療費は自費になるため、Bさんが分割で支払っていくことになった。社会福祉士はAさんとBさんに、希望通りになるべく早く帰国ができるように支援することを伝えた。

　3月13日、Bさんが両親に連絡し病気のことを伝えたところ、早く帰ってくるようにと言われ、Aさんは安心した様子になっていった。同日、社会福祉士は入国管理局に通報し、帰国について相談した。入国管理局からは、「強制送還はできないが、大使館から必要書類がそろえば帰国させる」と返答があった。医療費についても相談をしたが、入国管理局や大使館が支払った前例も予算もないので、負担は無理と返答された。

　社会福祉士は大使館とも連絡をとりながら診断書などの必要書類を準備し、Bさんも大使館に相談に行き、帰国の準備を進めた。帰国の準備を進めている間、社会福祉士はAさんを頻繁に訪ね、Aさんが理解できる簡単な日本語で経過を伝えた。Aさんは慣れない入院生活のこと、病気のことや本当に帰国できるのか…など、不安な気持ちを話した。社会福祉士はAさんの気持ちを受けとめられるように、話を丁寧に聴くことを心がけた。社会福祉士がAさんに何かできることがあるか尋ねたところ、Aさんは「祈ってください」と言った。Aさんが強い信仰心をもっていることを思い出した社会福祉士は、Aさんに「通っている教会の神父さんに病院に来てもらいたいですか？」と尋ねたところ、Aさんが「ぜひ神父さんに会いたい」と言ったため、社会福祉士はAさんが通っている教会に相談し、

☆1　旅行中、あるいはそれに準ずる状態の外国人が病気などのために入院治療を要し、ほかの制度により医療保護が受けられない場合、医療費・移送費などが給付される制度。

神父さんに来院してもらうことができた。神父さんと会ったAさんは落ち着いた様子になり、入院生活を続けることができた。

　Aさんが帰国するためには帰国費用も大きな問題となったが、Aさんの状況を知った日本の教会と母国の教会を通じて募金が集まり、帰国費用の準備ができた。帰国後の治療については、国際医療情報センターや母国の医療体制に詳しいほかの医療機関に問い合わせをし、英語の情報提供書を準備した。4月5日、帰国準備が整い、病状的にも安定していたため、AさんはBさんの付き添いのもと、母国に帰国することができた。帰国から1か月後、病院に医療費を支払いにきたBさんから「Aは、母国の実家で家族と一緒に過ごしています」と報告があった。

事例解説と POINT

POINT 1　母国の医療体制や、クライエントの価値観・個別性を尊重することが大切

　クライエントを支援するうえで、母国の医療体制や文化を知ることは非常に重要である。国によって親子関係や宗教がもつ意味は大きく異なる。クライエントにとって医療とはどういうことか、また生活していくうえで重要なことは何か、スピリチュアルな側面はどんなことなのか、クライエントから教えてもらい、尊重することが大切である。クライエントを支援する際に、活用できるフォーマルな社会資源は少なくても、クライエントの個別のニーズを知ることで、社会福祉士が支援できることは広がる。

POINT 2　オーバーステイの場合は、医療費の支払いにおいて利用できる制度が限られる

　オーバーステイの場合は、基本的には国民健康保険加入や生活保護の適用はされない。ただし、健康保険組合は加入できることがあるので、雇用主とよく相談することが必要である。また、労働者災害補償保険は滞在資格にかかわらず活用できるため、クライエントの就労状況をよく聞き、社会資源の活用を支援することが重要である。クライエントは日本の制度について十分理解していないことが多いため、社会福祉士のアドボケイトとしての役割は大きい。

POINT 3 　治療の自己決定には十分な病状理解と時間が必要

　一般的に病状説明は医療の専門用語が多く用いられ、理解しづらいと言われている。クライエントが外国人の場合、それに加え言語の問題が非常に大きい。クライエントが正しく病状を理解したうえで自己決定するというインフォームドコンセントを保障するために、医療通訳は大切な役割を担っている。

　また、医療機関では、早急に治療方針の決定を求める場面が多々ある。しかし、自己決定には時間が必要である。社会福祉士は可能な限り、クライエントのプロセスに寄り添い、支援することが求められる。非日常の場面で混乱しているクライエントに「あなたの人生はあなたが決めていいのだ」ということを伝え続け、自己決定を保障することは医療機関において社会福祉士の大切な役割である。

POINT 4 　病院組織として対応することが大切

　クライエントがオーバーステイの場合には、医療費の問題や入国管理局への通報など、社会福祉士が単独で決定できないことが多い。そのため、病院組織としての方針を検討することが大切である。社会福祉士は組織の方針に従い、多職種と連携をとりながら、そのなかで最善の支援をすることが望まれる。

事例2　通訳者の介入で拡がったソーシャルワーク支援

本人の概要

本人　30歳　男性
アフリカ地方の某国から2年前に来日　製造業の会社員
橋本病　日本語は片言程度
- 家族状況・就業状況：半年前に来日した同郷出身の妻（28歳）と暮らしている。妻は、日本語はまったくわからない。本人の同郷で同僚のFさん、妻の友人のKさんがそれぞれかかわっている。働いて得たお金は、母国の両親に送金している。

支援に至る経過と支援の概要

　5月14日、アフリカ地方出身の若い夫婦が来院し、夫（以下、本人）の耳の下にできものができたと皮膚科を受診した。本人は母国語のほかに片言の日本語は話せるが、妻は日本語はまったくわからない。本人と同郷の同僚Fさんと、近所に住む妻の友人で同郷らしいKさんが付き添ってきた。Fさんは、母国語のほかに日本語がわかり英語も話せる。医師は、これからしばらく外来通院で精査をすることになるので、母国語の通訳を介して診察をしたいと社会福祉士に依頼した。

　電話で医師の依頼を受けた社会福祉士は、その言語が国内では希少であり、通訳の調整はとても困難だろうと直感し、今日来院している関係者に会って解決の糸口を見つけたいと考えた。すぐに診察室に行ったところ、不安げな夫婦と人のよさそうな付き添いの人たちに、医師が「しばらく検査が続きます。今後は通訳者を交えて検査内容や治療のことを説明したい」と話していた。Fさんが「次も自分がついてくるから大丈夫」と言った。次回外来日時の確認をした後、社会福祉士は四人を相談室に案内した。

　社会福祉士は、日本語と身振り手振りで自己紹介をし、医師の説明したこと（検査のために数回通院が必要であり、結果が出てから治療が始まることなど）を了解したかどうかを尋ねたが、本人と妻は無表情で何も答えず、Fさんが「手術をするのか？」と聞くと、Kさんはたどたどしい日本語で費用のことを聞いた。社会福祉士は、夫婦に向かって検査結果が出ないとわからない、それにより費用も違うと話した。Fさんが夫婦に母国語で伝えたが夫婦の不安な表情は変わらなかった。社会福祉士は、通訳を探してみるが希少言語で難しいので、母国語以外にわかる言語を聞くと、夫婦ともにフランス語ならわかるということだった。保険の加入について問うと、外国人登録証明書を見せてくれたが、在留資格はよくわからなかった。Fさんは「会社に保険はあるが、本人にはない」と言ったが、労災のことを言っているのか、医療保険のことなのか、加入資格のことなのかわからなかった。社会福祉士は「自費診療は高額になるし、何度も通院するので保険加入を考えた方がよい」と話すと、Fさんが夫に伝えた。夫は初めて「ダイジョウブ」とだけ話した。しかし社会福祉士は、保険のことを検討したいので、次回外来時にはパスポートやビザを持ってきてくれるようにお願いした。

　社会福祉士は国際交流センターや通訳者の団体などに問い合わせたが、彼らの母国語の通訳者は見つからず、フランス語の通訳者は二、三人いたが、次回受診日時に都合がつく人はいなかった。

　5月21日、通訳者を調整できないまま受診日になった。皮膚科診察室で社会福祉士も同席して検査の説明がされた。医師は、前回の検査だけではわからず、

腫瘍の生体検査結果が出ないと診断がつかないと言い、それをＦさんが二人に伝えた。夫婦は２度目の来院で少し慣れた様子には見えたが、不安な表情は変わらなかった。医師の説明に対して、ＦさんとＫさんが母国語に英語を交えながら二人で話すことが多くなり、夫婦は自分たちから発言することもなく、付き添い同士の会話もわかっていないように見えた。Ｆさんが医師にいくつか質問をし、その内容をＫさんに話し、というように、付き添い者二人と医師との会話になってしまった。診察室内で夫婦はのけ者にされた格好になり、社会福祉士はとても気になったものの夫婦に語りかけることができなかった。

　診察後、相談室でパスポートやビザを見た社会福祉士は、在留資格があることがわかった。それにもかかわらず保険に加入していない理由を聞くと、Ｆさんが「お金は払えるからいい」と話を切り上げてしまう。その場は気まずい雰囲気になり、それ以上のことは何も聞けずに終わってしまった。

　社会福祉士は、本人と妻の考えも事情もわからないまま、自費診療で外来通院を続けることはリスクが高いと皮膚科医に相談し、フランス語通訳者が来院可能な日時に診察日を合わせてもらうことにした。その日は生体検査の結果も出る日だった。

　６月７日、フランス語の通訳者を交えて診察が始まった。生体検査の結果は良性であったが、難治性の疾患だった。当面はステロイド服用で様子を見るが、場合により腫瘍を切除することもあり得るということだった。フランス語の通訳者が本人と妻に説明すると、二人は「とても心配だった」と語り、すぐに手術や入院をする必要がないことを喜び、医師に「仕事を続けてよいか」と聞いた。これまでの受診時とは別人のような表情で医師に話し始めた本人を見て、ＦさんもＫさんも驚いている様子だった。医師から、仕事は続けてよいが疲れないようにと話があった。

　その後、相談室で社会福祉士は通訳者を介して「しばらく通院が続くし、手術の可能性もあるので医療費が突然高額になることもある。備える意味からも今から保険に加入した方がよい」と説明した。Ｆさんが前回同様「それは自分たちが決める。病院にはお金は払うし問題ない」と言ったが、Ｋさんがそれには反対のようで、二人が言い争いを始めた。社会福祉士は、通訳者を介してＦさんとＫさんを制し、夫婦の考えを聞くと、妻が社会福祉士に「妊娠しているのだが、どうしたらよいか」と言った。Ｆさんは妊娠を知らなかったので驚き「本当か？」と本人に聞いた。本人は「最近Ｋさんの付き添いで妻がクリニックを受診してわかったが、自分の病気もありＦさんには話せなかった。半年前に妻を呼び寄せたので、妻は日本のことは何もわからない。でも、日本で出産したいと思っている。来日してから２年間健康だったし、保険に入らずにその分も母国の両親に送金し

ている。そのことをよく知っているFさんが会社に保険料を払わないでもよいようにしてくれている。Fさんにはとても世話になっているのに、妊娠を言えなくて辛かった」と語った。

　社会福祉士は、四人の関係が悪くならないようにその場で、FさんもKさんも夫婦のそれぞれを思っての発言であったこと、妊娠のことをFさんに伝えられなかった夫婦の思いを代弁し、全員に共有してもらうように努めた。そのうえで、保険に加入した場合の高額療養費制度☆2、傷病手当金制度☆3を説明し、妻も保険に入れること、出産したときの手当金、子どもの医療費のことなどを説明した。フランス語通訳者がわかりやすく丁寧に通訳してくれたこともあり、夫婦はリラックスして聞くことができ、わかるまで質問もした。

　そのうえで、夫婦は、FさんやKさんとその場で相談し、保険に加入することを決めた。社会福祉士は、会社の保険に加入できるのかどうかを相談して、難しければ国民健康保険に相談すること、これまでの2年間の保険料が追徴されることも説明した。この手続にFさんもKさんも進んで手伝うと言ってくれた。夫婦には笑顔が見られ、FさんもKさんもほっとした様子で和やかな雰囲気になった。

　社会福祉士は、四人が安心できたようで嬉しかったが、日本語がわからない妻の妊娠と出産が案じられ、今から地域の保健師にかかわってもらうことを提案し、夫婦の了解を得た。また、通訳者に感謝を伝え、今後も可能な限り患者の受診時に同席をお願いした。

事例解説と POINT

POINT 1　日頃から社会福祉士の支援に結びつける院内組織体制を整えておく

　日本語が不自由な外国人が来院したときには、通訳者を調整する担当を決めて日頃から院内周知しておくことや、誰が通訳者の料金を負担するのかなどの組織体制を整えておくこと、その体制に社会福祉士への連絡も構成しておくことで、早期から社会福祉士がかかわることができる。通訳者を必要としている外国人は、言葉以外にも心理社会的な問題を抱えていることが多く、早期に包括的にア

☆2　公的医療保険における制度の一つで、医療機関や薬局で支払った自己負担分が暦月（月の初めから終わりまで）で一定額を超えた部分が払い戻される制度。自己負担限度額は、年齢や所得により異なり、世帯合算や4か月目以降は負担が軽減されるなどの仕組みがある。

☆3　健康保険から支給される給付金の一つで、業務外の傷病で就労ができず給料が支給されないか、支給額が少額のときに被保険者の生活を保障する制度。4日以上欠勤した場合に最長1年半にわたり、標準報酬額の3分の2が支給される。同一の疾病に限られる、1年半の間に就労した期間に対する延長はないなどの仕組みがある。

セスメントすることが、その後の支援を円滑にする。

POINT 2　短時間でも当日すぐにインテーク面接をする

病院の社会福祉士は、相談業務の予定が立て込んでいることが多く、依頼を受けて即応することが難しいことがある。しかし、言葉の不自由な外国人の事例の場合は短時間でも顔を合わせておくことが望まれる。医師の話を理解できなかったり、日本の病院のシステムを知らないと、不安や誤解を生じさせ二度と来院しないことがある。社会福祉士が支援すると伝えることだけでも外国人は安心する。

POINT 3　患者の関係者が通訳をする場合はそのリスクを想定する

患者の友人、職場の同僚や上司、身内が通訳者として同行している場合は、その人々の医療知識や感情や考えが通訳の内容に影響を与えることがある。この事例のように夫婦のそれぞれに付き添いがあると、付き添い者同士の感情的な言い合いや、意地の張り合いになることがある。それが原因で患者と付き添い者の関係も気まずくなり、患者が大切な支援者を失うことにもなりかねない。付き添いの人たちは、患者・家族の事情がわかり過ぎているために、患者の代弁者としての思いが度を超すこともあることを社会福祉士は想定しておかなければならない。社会福祉士は人々の力動をよく理解し、患者と付き添い者の関係を大切に尊重しながら支援する。

POINT 4　患者と家族の今後を見通した支援を心がける

今この場で生じている医療の問題は解決しても、患者・家族の半年後、1年後、3年後…短期、中期、長期の姿を想像し、それらに備えたアセスメントをすることが大切となる。この事例では出産による家族の変化が予想されるが、出産や育児は文化の違いが明らかになることが多い。社会福祉士が、先を見越したアセスメントをもとに地域支援体制に結びつけておこうとしても、患者・家族から理解を得られず実施できないときもある。そのような場合には、今後の相談先の情報を伝えるだけでも後々役に立つことがある。

医療分野まとめ

　医療機関での外国人への支援においても、自己決定の尊重やクライエントをシステム全体と捉えて支援するというソーシャルワークの原則に変わりはない。しかし、特に留意しなければならない点がいくつかある。

　事例では触れられていないが、国により医療体制は大きく異なる。病気の不安に加えて、慣れぬ病院、医療体制の違いに外国人の戸惑いや緊張が大きいことを最初に理解しておきたい。

　次に、言葉の問題である。医療機関では、インフォームドコンセントにより治療方針が決まる。言葉が通じなければ、治療そのものがうまくいかない。事例1は母国語、事例2は母国語ではないが患者がわかる言語の通訳者を調整したことで、初めて患者の気持ちや事情が明らかになり、治療を患者自らの意思で決めることができた。近年、外国人の母国は多様であり通訳者を探すのが困難な言語も多く、日本国内も地域によって通訳者がいないこともある。事例ではフォーマルな組織から通訳者が調整できたが、社会福祉士には、あらゆる場所や組織に相談しインフォーマルななかから社会資源を見いだす努力が求められるし、通訳者が不足している地域では外国語のインフォメーションや受診カードなどを備えておくことも支援になる。

　三つめの留意点は、医療費である。事例1はオーバーステイによる無保険、事例2は保険加入資格があるにもかかわらず無保険である。外国人のなかには、国民健康保険に加入していても保険税が滞り期限付きの保険給付であったり、高額療養費が利用できないこともある。医療費が少額で済む場合でも、可能な限り保険加入の道を検討すること。外国人が、日本の社会保障、相互扶助の制度である保険制度を理解し加入することは、多文化共生に重要なことであるので、時には教育的なかかわりも必要になる。

　四つめは、医療機関組織の合意を得て支援を進めることである。問題を社会福祉士が一人で抱え込みがちになるが、常に組織の認めと支えを受けて、所属機関のもつ役割のなかで多職種と協働し、社会福祉士として最善を尽くすこと。特に、不全感の残る事例は、協働した多職種と気持ちを分かち合っておくことが、次の外国人支援につながる。

　最後に、経験の少ない社会福祉士は、社会福祉士自身が相談できるネットワークをもっておくことが大きな支えになる。特に事例1のようなときには、患者の母国の医療情報や、ほかの病院での同様の事例の支援を知っておくと、それを理解したうえで自信をもって支援できる。

　医療の場での多文化ソーシャルワークのモデルはまだない。事例を通して一つずつ他国の文化を知り、自ら学び、理解を深めていくことが多文化ソーシャルワーク構築につながっていく。

2 婦人保護分野（社会福祉）

近年、配偶者・パートナーや恋人など、親密な関係における身体的、精神的、性的暴力であるドメスティック・バイオレンス（以下、「DV」）が顕在化してきている。DVは「親密な関係」のなかで起こるため、本人自身も周囲も問題に気づきにくいという特徴がある。問題解決には適切な介入が必要であるにもかかわらず、支援のベースに乗るまでに時間がかかる。しかも、関係機関・窓口の対応に温度差があり、ソーシャルワーク力が問われる問題である。

このような状況のなか、外国籍の被害当事者と出会ったとき、社会福祉士は何に留意し、どのように支援を組み立てることが重要か、事例を通して考える。

事例1　障害児を抱えてDVから避難してきた女性への支援

本人の概要

Aさん　30歳代　東南アジアの某国から来日して7年以上
日本語はたどたどしく日常会話は困難　在留資格は永住資格

- **家族状況**：家族は、大手の製造工場に勤務する夫と、6歳の男の子、3歳の女の子、そして、アルバイトをしている夫の弟の五人暮らし。6歳の子どもには心臓疾患と知的障害があり、このためAさんは現在、家事・育児に専念している。

支援に至る経過と支援の概要

Aさんは、夫によるDVのために子ども二人を連れて2日前から同国人の友人の家に身を寄せている。警察署に身の安全確保と今後どのようにすればよいかを相談したところ、社会福祉士を紹介された。Aさんの日本語はたどたどしく、会話は無理だったが、同国人の友人Bさんは日本語が堪能で、ひらがなであれば読めたことから、Aさんのサポーター兼通訳として同行してくれていた。したがって社会福祉士のほうで別に通訳を手配する必要はなく、以後もAさんがどこに行くのもBさんが付き添い、サポートした。

Aさんと夫は、同居する弟の生活態度をめぐり、言い争うことが続いていた。

義弟は生活費を一切入れず、夜遅く友達を連れてきては騒ぐことがあり、子どもの生活を乱されることにAさんは頭を痛めていた。Aさんは夫に、弟に注意をしてほしいと何度も頼んだが、夫は一向に取り合ってくれず、このときも、弟が前の日から友達を連れて帰って来て夜遅くまで騒いでいたため、翌朝夫に弟に注意してほしいと頼んだところ、逆に夫はAさんをうるさがり、Aさんの顔を何度も叩き、腿を何回もひざ蹴りした。このためAさんはBさんに助けを求め、迎えに来たBさんに救出されて子どもたちと一緒にBさんの家に避難した。

Aさんとしては、6歳の子どもに障害があり、学校で特別な支援体制をとってもらっていることもあり、転校させたくないという強い希望があった。しかしそれでは夫はAさんたちの居場所を容易に知ることができ、引き戻そうとする夫とのトラブル発生の可能性が予測されたため、安全に学習できる環境を獲得することと、生活の再建を進めるために、今後の支援計画として、①安全対策を立てる、②生活再建を進める、③生活が落ち着いてから離婚手続を進める、という流れを整理し、離婚に関してはAさんの力だけでは無理なため、弁護士を立てて争うことを助言し、弁護士に関する情報提供をした。

安全対策としては、すでに警察署には相談をして支援の申し出をしていたため、本人への接近禁止と、メールや電話等つきまといの禁止、子どもへの接近禁止を命じる保護命令の申し立てを地方裁判所に行うことにした。社会福祉士は、保護命令の申立書作成を支援し、裁判所への申し立てや審問にはBさんと社会福祉士が付き添った。

申し立てから3日後に裁判官による本人への審問があり、その後申立書の副本が夫に届けられ、7日後程度を指定して夫も裁判所に呼び出されることになった。夫に申立書が届くと夫が逆上することが予想されたため、本人審問の日から保護命令が発令されるまでの10日間程度は、危険回避のためにAさんたちは公的避難場所に一時的に避難した。

夫の審問日、夫は暴力をふるった事実を認めたため、同日夫に対してAさんらへの接近禁止などの保護命令が発令された。また、夫は警察署からも呼び出され、発令内容の周知と指導が行われた。一方、Aさんには、警察署から安全を守るための方法などの情報提供が行われた。

保護命令により安全を確保できたため、次の段階として生活を落ち着かせていくための取り組みに着手した。

Aさんはいったん Bさんの家に戻り、そこから住宅探しをした。公営住宅への入居を検討したが、Aさんの自治体ではDV被害者への優遇措置[☆4]が機能しておらず、DV被害者に提供する別枠住居[☆5]もなかったため、民間の住居を探した。しかし、AさんにはBさん以外には保証人を引き受けてくれる人がいないため、

住宅探しは難航した。相当数の物件をあたり、最終的に保証協会☆6加入とBさんの保証人で何とか貸してくれるところを見つけ、どうにか適切な民間住宅を借りることができた。家を借りる初期費用は、ちょうど子どもの特別児童扶養手当が支給されたため、それを原資として活用した。

一方、家を借りることはできても、生活用品を買うお金はなく、当面の生活費も底をついていたため、生活保護を申請することになった。これについては、行政のDV相談窓口が生活保護の申請窓口に事前に状況を説明してくれたため、Bさんと社会福祉士の付き添いにより、スムーズに手続が進んだ。また、当面の生活費は社会福祉協議会からの貸付を利用できることになり、Aさんはようやく一息ついた。

家が見つかり、居所が決まったため、いよいよ子どもの通学を再開した。先生たちには接近禁止の保護命令が発令されていることを伝え、父親からの面会要求や、電話への問い合わせへの対応を依頼した。

このようにしていよいよ生活が落ち着いてきたため、続いて離婚手続を進めることになった。

社会福祉士から離婚手続について説明し、Aさん一人では言葉の問題などから日本の司法手続を理解し書類を作成することなどは困難なため、代理人を付けたほうがよいことを伝えた。しかし、弁護士のなかでも外国籍の人の弁護活動は特殊な分野であったため、代理人探しには時間がかかることもAさんに伝えた。当初は県弁護士会に外国人相談を担当している弁護士がいたことから、そこへの相談を検討したが、社会福祉士が日頃連携をとっている弁護士が受任の意向を示してくれたため、Aさんにその情報を提供すると、Aさんはその弁護士と委任契約することを選択し、契約が成立した。弁護士費用については、日本司法支援センター法テラスの民事法律扶助制度☆7を活用した。その後は弁護士が前面に立って夫と交渉したが、夫は離婚を拒否し、離婚調停も不調に終わり、結局訴訟まで進み、裁判官の和解提示に応じる形で1年2か月後に離婚は成立した。Aさんは親権を獲得し、養育費を二人分で月8万円を夫が負担する内容で決着した。また、夫が面会交流を求めたため、今は、1か月に1回、夫が住む家に子どもたちが行

☆4　公営住宅の申し込みに際して、DV被害者に対しては抽選券を2枚交付するなどの措置。自治体により異なる。配偶者暴力相談支援センターでの緊急一時保護や、保護命令発令等を要件としている。

☆5　公営住宅は通常は公募するが、DV被害者に対しては別に枠を設けて提供する。自治体により異なる。この場合も配偶者暴力相談支援センターでの緊急一時保護や、保護命令発令等を要件としている。

☆6　賃貸物件入居・就職・入学の際等に保証人が必要だが、頼める保証人がいないときに、会員登録し審査を経て承諾を得られれば利用できる。全国各地にあり、賃貸物件入居の場合は、不動産の仲介業者が保証協会を紹介してくれる。

☆7　法テラス（162頁参照）が実施している業務の一つ。経済的に余裕のない人が法的トラブルにあったときに、必要に応じて弁護士・司法書士費用などの立て替えを行う制度。手続は、依頼した弁護士を通じて、あるいは直接法テラスに申請する。

く形で面会交流を続けている。

　この間、社会福祉士は、取り付けた弁護士との初回相談に同行し、それ以後はBさんの付き添いに任せた。しかし、いつでも相談に応じることを伝えていたため、弁護士の説明だけではわかりづらいときや進め方などで疑問が生じたときなど、社会福祉士は、弁護士が用意した全文ひらがなの書面を見ながら支援を続けた。

事例解説と POINT

POINT 1　どのような場面でも優先されるのは、被害者の安全確保である

　DVがある場合は、どのような手続においても、まずは被害者の安全確保が優先されなければならない。例えば子どもの通学一つとっても、相手の追跡を遮断しなければ安全な就学はできない。また、離婚手続についても夫婦同居のまま行うと、夫は離婚調停を申し立てたこと自体を、自分にたてついた、あるいは、はむかう行為、逆らう行為で許されないと怒る可能性が高く、調停の呼び出し状が届いた段階で妻に危害を加えることが予測される。このため、離婚手続は、別居してDV被害者の安全を確保してから取り組むことが基本である。

　社会福祉士は、被害当事者にこのような手続における危険性を十分に説明し、何をする場合も安全確保が優先であること、そのセンサーを鋭くして行動の前に安全性を確認してもらうように伝えることが重要である。社会福祉士自身の安全センサーが問われるところである。

POINT 2　多言語通訳の確保など豊富な情報が不可欠である

　説明のためには、本件のように相当日本語が堪能な知人などが付き添っている場合などでもない限り、別に通訳を入れることを原則としての対応が必要である。他者にはわかりにくい夫による管理、支配の事実を母語できちんと説明できることは、Aさんの安全感と安心感の確保と、お互いの信頼関係を築くうえで重要である。そのためには、社会福祉士は日頃から多言語の通訳の確保について、人材、通訳費用、依頼する場合の手続などの情報を集めておくこと、外国籍の支援活動をしている団体が身近にあれば、情報交換し、連携を深めておくことが大切である。

POINT 3 丁寧な情報提供に加え、適切な専門家につなぐ

　日本の社会ではDV被害者支援の必要性がようやく認識されつつある段階で、行政の対応をはじめ、支援の現場での温度差が大きいのが現実である。
　自治体によってはDV防止対策がほとんど手つかずのところもあり、DV被害者が避難後に生活する場所によっては、生活再建のための手続は難航する。DV被害者は情報提供だけでは動けない場合が多く、すべての手続において本人が今どの程度なら動けるのかを探り、丁寧な情報提供と、支援を求める窓口や専門家へのつなぎ作業が必要となる。できれば所属組織でDV被害者の状態に応じて同行支援できる体制を整えることが望ましい。

事例2　夫によるDVのために離婚を考えている女性への支援

> **本人の概要**
>
> Cさん　25歳　女性
> 中国から来日して1年　日本語でのコミュニケーションは可能
> ●家族状況：1年前に日本人男性と結婚して来日した。夫は40歳の会社員で、7か月の子どもがいる。母国には、Cさんの両親と兄弟が暮らしている。

支援に至る経過と支援の概要

　Cさんは、社会福祉士のいる機関に保健師に付き添われて来所した。
　Cさんの訴えは、「夫から暴力を受けている。助けてほしい。離婚して子どもと二人で暮らしたい」というものだった。Cさんは日本語の通訳の仕事をしていて、中国に仕事で来ていた夫と仕事を介して交際が始まり、妊娠が判明して結婚した。日本に来て一緒に暮らし始めると、夫はCさん一人での外出は認めず、妊娠中の健診も夫の休みがとれたときは行けるが、それ以外は行かせてもらえないままの出産だった。子どもの出産後、保健師が何度か来訪するなかで、その生活実態が明らかになった。子どもは月齢よりも成長に遅れがみられ、原因は栄養不足であることがわかった。聞くとお金は一切持たせてくれず、ミルク、オムツといった買い物も夫が会社帰りに自分で買ってくるので、その範囲で対応しなけれ

ばならなかった。また、Cさんに対する身体的な暴力、性的暴力も日常的に起こっており、パスポートも外国人登録証明書も取り上げられていて、Cさんはほぼ監禁状態だった。

　また、Cさんの在留資格はすでに期限が切れており、夫はCさんが出て行けないように資格更新に協力しなかったため、Cさんは超過滞在状態だった。Cさんとしては家を出てもどこにどう助けを求めるかもわからない状態だった。保健師から通報を受けて社会福祉士は組織内で協議し、Cさんの意思確認ができ次第、Cさんの身柄を一時保護する方針を決めた。Cさんの力で家を出て来てもらうための計画を立て、保健師を通じて連絡し、その日は無事に一時保護する施設にたどり着いた。

　しかし、Cさんのパスポートや外国人登録証明書を夫が隠し持っているために持ち出せず、子どもとCさんは着の身着のままだった。

　Cさんの場合は、探し回る夫の追及を避けながら在留資格の取得や離婚や生活の問題を一つずつ整理していかなければならず、社会福祉士は、まずCさんが安心して一時保護されることができるように、DVから避難するために家を出て来ていることを管轄の警察署の生活安全課に通報した。また、超過滞在のために逮捕され、子どもと引き離されることを心配するCさんを説得して一緒に入国管理局に出頭した。同時に特別在留許可の申請をした。

　在留資格に絡んだ対処が一通り落ち着くと、社会福祉士は、知らない土地で頼りにする夫からひどい扱いを受けてきたCさんの傷ついた気持ちを受け止めながら、Cさんの主訴に沿って今後の生活に関する話し合いに着手した。今後どこでどのように生活するか、日本でこのまま暮らすのか、本国に帰るのか、離婚手続をどうするかを話し合った。Cさんは日本語でのコミュニケーションは十分にとれたので、離婚手続に関して決めておかなければならない親権のことや、Cさんが離婚に際して何を相手に請求できるかを説明し、子どもを抱えて生活していくことを考えると、離婚するにしてもきちんとした取り決めが大切であると助言した。どのような手続が必要で、どのように進めていくか、今後どのようなサポートが必要かも含めて組み立てた。特に、Cさんの場合は、子どもの親権の獲得は日本での生活の可否と大きく絡むため、Cさんの親権獲得へのより確かな情報を得るために男女共同参画センターが実施している無料法律相談を申し込んだ。また、その後の生活に関して母子福祉施策を中心に概略を説明し、行政の担当窓口に関する情報を提供した。

　Cさんの在留許可が下りるまで公的な保護施設で生活することができるように、施設への措置権を有する関係者と協議した。その結果、施設入所が決定し、1か月後には施設に移った。そこで生活を落ち着かせながら、資格取得を待って

仕事探しや離婚手続に着手することができるようになった。社会福祉士は、これらの手続を進めるための関係機関との協議と併せて、DV絡みの離婚問題を引き受けてくれる弁護士を探すために県弁護士会に相談し、引き受けてくれる弁護士をCさんの意向を確認しながら手配した。費用については、法テラス[☆8]の民事法律扶助制度を活用することになった。

これ以後の支援の主体はCさんを引き受け入れてくれた施設に移ったが、施設は外国籍のDV被害者支援には慣れていなかったので、Cさんの施設の職員と連携しながら、その後も必要に応じてCさんの夫の動きに関する情報を警察署から入手したり、入国管理局との連絡、調整や、離婚手続を進める弁護士とCさんの間に入って、Cさんがわかりにくいと感じる離婚手続の説明をしてフォローしたり、Cさんの就職に関する情報を収集するなどの側面的な支援体制をとり続けた。最終的には、5回目の調停で離婚は決着した。

事例解説とPOINT

POINT 1 外国籍をもつ女性に特有な状況を把握し、丁寧な関係づくりを行う

外国籍女性に対するDVは、在留資格が問われる不安定な法的地位を利用した暴力（夫がビザの取得・更新などの手続に協力しないなど）や、管理・支配の手段として、パスポート（本人のものや子どものもの）、外国人登録証明書、母国でのIDカードなど重要な身分証明書を夫が取り上げて隠す・破棄するなど、外国籍女性に特有な暴力が加わる。さらに、母語での相談、一時保護の受け皿や情報提供の絶対的不足などのため、DV被害が表面化しにくい実態がある。また、仮に情報が届いても、在留資格のない外国籍女性の場合は、意に反して帰国させられることへの懸念や、子どもと引き離されることへの不安から、助けを求めることができないことが多い。

このような状況の外国籍女性から相談を受けるときは、相談することで、警察や入国管理局に通報されるのでは、との疑念を抱いていることも多いので、守秘義務をもっていること、DV被害者の了解なしには、どのような機関、団体とも情報のやり取りはしないこと、安全を守るために最善の努力をすることを伝えることが大事である。

☆8　日本司法支援センターの別称。国民がどこでも法的なトラブルの解決に必要な情報やサービスの提供を受けられるようにとの構想のもと、総合法律支援法に基づき2006（平成18）年4月10日に設立された法務省所管の法人。情報提供、民事法律扶助、犯罪被害者支援、国選弁護等関連等のサービスを行っている。

また、超過滞在状態であっても、DV がある場合は DV 状況への対処が優先されること、入国管理局に出頭して DV 被害を受けていたことを説明し、特別在留資格の申請手続を行う必要があることを、安全な場所に保護した後に丁寧に伝えることが必要である。

POINT 2　手続を進めるうえで、必ず本人に丁寧な説明を行う

外国籍女性が自分の力だけで離婚手続を理解して進めるのは難しい。離婚手続について相談を受けると、法的なことだから即弁護士にと振り分けがちだが、弁護士が法的な手続すべてについて、当事者の状態に応じてきめ細かく説明するとは限らない。外国籍女性が手続の流れを理解し、納得して進んでいくためには、専門家や専門機関の機能の説明をしたり、その対応について、当事者の気持ちのありどころを見極めながらフォローする役割を担う存在が必要になる。社会資源の機能や役割を熟知した社会福祉士の力量が問われる。

POINT 3　DV 被害者の立場や気持ちに寄り添うなど、心理的サポートも重要である

配偶者の追及におびえ、その態度に傷つきながらも、将来のことを考えて離婚手続に立ち向かう DV 被害者が離婚調停や訴訟に取り組むとき、安全確保と、DV 被害者の立場や気持ちを理解する者が付き添う心理的なサポートの意味は大きい。組織によっては社会福祉士の同行を認めないところもあると思うが、その場合に、その役割をしてくれる人を当事者と話し合って手配するなどの取り組みが必要になる。そのためには、DV 被害者支援活動をしている民間団体などの機能を把握し、日頃から連携を密にしておくことが重要である。

婦人保護分野（社会福祉）のまとめ

外国籍の DV 被害者の場合は、在留資格の更新や許可を絡めた暴力が加わっていること、パスポートを取り上げたりするなどにより、過酷な状況にありながらもそこから逃げて相談すると、そのまま逮捕につながる可能性があったため、DV 被害者は身動きが取れなかった。しかし、2008（平成 20）年の DV 防止法の第二次改正後、同年 7 月 10 日に制定された「DV

事案に係る措置要領」により、超過滞在の事実よりもDV被害の事実を優先し、在留資格を喪失しているDV被害者が警察署に届けたときに、逮捕、強制収容されるなどの事態が避けられるようになっている。もし、超過滞在のDVの被害者にかかわることになったときは、必ず相談を受けた人やスタッフが付き添って出入国管理局に出頭し、DVであること、超過滞在になった経過などの事情を説明し、日本で生活したい理由等を申し述べる。それらの要素についてガイドラインに基づいて総合的に考慮されたうえで、許可されれば特別在留資格が与えられる。

　このような、外国籍のDV被害者にとって最も気になる在留資格に関する正しい知識は、DV被害者に安心してもらえる大切な情報であり、重要な支援のポイントである。

　また、言語、習慣、宗教などの文化的違いや、経済格差などに起因する差別、偏見などのために、暴力はより潜在化、深刻化する状況にある。DV被害者は日本人の場合以上に情報を得にくく、孤立している。社会福祉士は、そのような厳しい実態をしっかり認識しておくことが大切である。

　また、自分の安全が脅かされているときに、それを自分の言葉で説明できないのは、それだけで不安感が膨らむことは容易に予想できることである。DV被害者へは介入が必要との認識をもつことが重要であり、相談を受けるときは最初から母語で安心して話せるように通訳を手配することが望ましい。すみやかに通訳を手配できるように所属する機関で体制を整えておき、それが難しいときは、どのようにして通訳を得られるかの情報集収や外国籍の問題に詳しい民間団体との連携を密にしておくことが必要である。

　さらに、DV問題には司法手続が必要な場合が多く、弁護士の起用は避けられない。法テラスの活用や民事法律扶助制度、法律的なことはすべて弁護士任せではなく、法的なことについても、せめて離婚手続のノウハウ程度の知識は熟知しておくことが必要であろう。

　DVをはじめ、何らかの暴力被害を受けてきた女性にとっては、その後の生活においてもトラウマや経済的困難との闘い、子どもとの関係のとり方等で、決して平穏ではない日々が続くことが多い。また、暴力から避難してきたがゆえの人間関係の遮断もある。相談する人がいない状況のなか、たちまち問題が深刻化していくことも少なくなく、避難後に住居が定まり生活が落ち着いた後も、離婚が成立した後も、引き続き当事者を孤立させない環境づくり、DV被害者がいつでも相談できる体制、支援ネットワークの構築を心がけることが重要である。

〈参考〉

- ★ 在留資格をもたない DV 被害に関しては、2003（平成 15）年 11 月法務省入国管理局長通知により、配偶者暴力相談支援センター等関係機関による在留資格をもたない DV 被害に関する相談および一時保護等の際の通報義務について「機関としての業務優先」を趣旨とする出入国管理及び難民認定法第 62 条第 2 項に基づく通報義務の解釈にかかる通知がなされ、通報義務が緩和された（ただし、在留資格を回復するためには、入国管理局に出頭し在留特別許可を受ける手続が必要であることには変わりはない）。
- ★ 2004（平成 16）年の第一次改正 DV 防止法第 23 条には「職務関係者は、その職務を行うに当たり、被害者の心身の状況、その置かれている環境等を踏まえ、被害者の国籍、障害の有無等を問わずその人権を尊重するとともに、その安全の確保及び秘密の保持に十分配慮をしなければならない」と明記された。
- ★ 第二次の DV 防止法改正に伴って策定された基本方針に基づき、警察庁は、2008（平成 20）年 1 月「加害者が被害者の在留期間の更新に必要な協力を行わず不法滞在となっている事情があることを踏まえ、配偶者からの暴力被害の確認と併せて在留資格を有していない事情について十分聴取すること」と明記した通達を出した。また、法務省入国管理局も 7 月 10 日付通知により「DV 事案に係る措置要領」を明確にした。

  「DV 事案に係る措置要領」では、「外国人 DV 被害者の保護を旨とし、在留審査又は退去強制手続において、DV 被害者本人の意思及び立場に十分配慮しながら、個々の事情を勘案して、人道上適切に対応しなければならない」、およびその手続においては「DV 被害者の心身の状況等に応じてきめ細かい対応を行う」、併せて「地方局等の総務課に DV 対策事務局を設置する」ことなどを明確にしている。

3 教育分野

　外国人児童生徒および国際結婚の親をもつ児童生徒の増加に伴い、教育現場では**多様性への対応**が求められており、日本語指導・教科指導などが整えられてきた。だがその運用やその他諸々の事柄については、各学校や教員に委ねられており、実際の外国人児童生徒や国際結婚の親をもつ児童生徒、そして保護者への対応は、その児童生徒の通っている学校や担当する教員によって大きく異なるという現状がある。また、誤った認識や言葉の通じない不自由さから、通常日本人児童生徒に対して行われる細やかな生活指導や家庭との連携が行われていないケースも多い。ここでは、中学校でのケースを取り上げ、外国につながる子どもたち（＝多文化な背景をもつ子どもたち）が直面する問題を考える。

事例1　「呼び寄せ」生徒への支援

本人の概要

Aくん　12歳　男子　中学1年生
フィリピンから来日　中学入学当初はまったく日本語ができず

- 家族状況・生育状況：日本人の父親とフィリピン人の母親のもとに、日本で出生した。日本国籍を所持。生後3歳でフィリピンに送られ、祖母らに育てられる。その後母親が永住権を取得した後に両親が離婚。母親は現在フィリピン人のパートナーと暮らし、二人の間には3歳の子ども（弟）がいる。中学入学にあたり入学直前の1月に、母親らと暮らすため来日した。小学校へは編入せず、3か月間家で過ごしていた。

支援に至る経過と支援の概要

　Aくんが暮らしていたのが外国人の多い地域であったため、日本語指導などを行う国際教室が設置された中学校に入学できた。入学当初日本語ができなかったAくんは、すぐに国際教室[9]の指導を受けることになった。初めの頃は、言葉の通じないもどかしさなどから泣き出すこともあったが、国際教室をはじめ学級担任の指導や部活動など、学校内で手厚い支援を受け、メキメキ日本語も上達し、

友達もできた。ところが、日本の生活に慣れてくるにしたがって、遅刻、欠席が目立つようになり、昼食や昼食代を持ってこなかったり、勉強や部活動にも投げやりな態度がみられたりした。教員らは日々指導にあたっていたが、あるとき、クラスメートのフィリピン人生徒Bくんが家出をし、親に無断でAくんの家に泊まっていたという事件があり、Aくんの家を国際教室担当が訪問をしたところ、Aくんが実質上一人で6畳一間のアパートで生活していることが判明した。そのアパートは母親らとAくんが暮らしていた場所であるが、母親らが転居したために、かろうじて水道と電気はつながっているものの、ガスはすでに止められた後だった。よくよく話を聞くと、Aくんと前後して育ての母である祖母が来日しており、しばらく一緒に生活していたのだが祖母と母親が仲たがいをし、母親は祖母とAくんを置いて引っ越し、生活する術のない祖母は地域のフィリピン人家庭にベビーシッターとして住み込みで働き始めたため、Aくんは一人アパートに取り残された形となったのだという。母親にはAくんを連れて行く意思はあったようだが、Aくんが新たな家族をもつ母親ではなく、祖母を選び、そのため自らアパートに残ると言ったのだという。生活費は祖母からもらうわずかなお金だけだった。

　家庭訪問をした国際教室担当は、学校に戻り担任教諭らと対応を協議、母親に連絡をとりAくんをすぐに引き取るように伝え、保護者の責務を果たすように諭した。また同時にAくんとも話をし、Aくんの母親への複雑な思いは受け止めるが、中学生はまだ一人では暮らせないことを理解させた。

　発見が早かったため、この「一人暮らし」の期間は実質1週間に満たない程度であり、指導後Aくんは再び母親らとともに生活するようになった。しかし母親や母親の新しい家族に対する不満はすぐには消えることもなく、また、その後も度重なる引っ越しや弟の世話など、新しい家族に振り回されることも多かったため、遅刻欠席は減らず、学校行事など大事な場面でも遅刻をしたり欠席をしたりしていた。幸い、国際教室をはじめ外国人生徒のための取り組みが充実し、職員の理解もある学校だったため、学校には確固とした彼の「居場所」があり、部活動などでめざましい活躍をしていたが、それでも、彼はいつもどこか自分に自信をもてない風だった。

　その後、中学3年になりAくんは高校を受験するが、外国人のための特別枠受験が設定されている地域に住んでいたにもかかわらず、日本国籍者であることと、中学校入学前に来日していることから一般受験となり、来日3年の日本語力で入

☆9　ここでは、日本語の指導が必要な生徒が5名以上在籍すると設置される通級（普通学級に在籍し、必要に応じて特別に設置した学級へ通うこと）の日本語教室。教員の配置があり必要に応じて生活指導や教科指導も行う。ただし、各自治体によって名称や枠組みは異なる。

れる高校に限定して受験し、結果、定時制高校（夜間の部）に入学することとなった。その際にわかったことだが、Aくんはフィリピンでは出生届を出されておらず、日本国籍のみであるため、フィリピン本国では9年間ビザなしの非正規滞在であったようである。

事例解説とPOINT

POINT 1　子どもの所在を確認することが難しく、教育を受けるかどうかが大人の意思に委ねられている

　Aくんは日本国籍者であるにもかかわらず、フィリピンと日本を行き来したため、公的にはおそらくその所在は把握されておらず、中学入学前に空白の3か月間が存在する。結局、入学前に母親が役所に届けを出し中学に入学することができたが、もし彼が日本国籍でなく、また、もし母親に子どもを中学に入れる意思がなかったらどうだったのだろう？☆10

　Aくんのように、移動に伴い、社会から見えなくなる子どもたちが存在する。これは外国につながる子どもたちに共通する問題であり、移動には日本と本国の行き来のほかに、国内での転居、国内の外国人学校と日本の学校との行き来などが含まれるが、不就学の状態におかれている子どもたちも少なくないと思われる。

POINT 2　居住する地域、滞日年数、国籍などで受けられる支援が異なる

　Aくんの入学した中学校は、国際教室が設置され専任教員を置く学校であったためさまざまな支援を受けることができたが、それは国際教室のないほかの学校に入った場合に比べて、圧倒的に「手厚い」ものだった（Aくんのいる市では日本語指導の必要な児童生徒五人以上で国際教室が設置される）。

　また卒業証書をもらうことはできなかったとはいえAくんはフィリピンで教育を受けたため、中学入学時には日本語はまったく話せなかった。Aくんの日本語は3年間でかなりの上達をみせたが、高校受験時、教室の授業についていくことはまだ難しい状況だった。Aくんの地域では外国人生徒のための特別受験枠が設定されていたが、Aくんが日本国籍しかもっていないために、そして、わずかではあるが中学入学前の来日であるために、この特別枠での受験はできなかった。

☆10　文部科学省によると「外国人の子どもには、我が国の義務教育への就学義務はないが、公立の義務教育諸学校へ就学を希望する場合には、国際人権規約等も踏まえ、日本人児童生徒と同様に無償で受入れ」（文部科学省ホームページより）とされている。

このように、どの地域に住んでいるか、どの学校に通うか、いつ来たのか、国籍は何であるか、というようなことで制度は区切られており、子どもたちの受けられる支援も大きく異なっている。そして、時にその区切られた「はざま」に子どもたちが陥ることがある。

ほかにも本国では教育を終わらせないまま来日したが、日本での義務教育年齢を過ぎていたので日本の学校への編入を拒否されたり、就学年数が足らずに大学受験ができなかったりなど、制度と制度のはざまに陥る外国につながる子どもたちが多くいる。

POINT 3 **外国につながる子どもたちに多くみられる家族の問題にも留意する**

親の事情により親から離れて本国で育った子どもが、何らかの事情の変化により、日本にいる親元に呼び寄せられることを一般的に「呼び寄せ」と呼んでいる。事情の変化には親の離婚や再婚、経済的な状況の変化、滞在資格の変更などがあるだろうが、実際に遭遇した呼び寄せられる子どもが中学生前後の年齢になっているケースでは、親が再婚し、さらに一定期間を経て新しい連れ合いとの関係も安定し、本国にいる前の連れ合いとの子どもとの養子縁組などが進められるようになってからの「呼び寄せ」が多いように思われる。

Aくんのケースでは祖母も来日し、産みの母親と育ての親との間で葛藤があったが、その裏側には、産みの母親に対しての戸惑いや怒りがあった。フィリピンにいたときには、たまに仕送りを送ってくる母親に対して恋しい気持ちはもちろんあっただろうし、Aくんなりに期待に胸を膨らませての来日だっただろうが、フィリピンで抱く日本の生活のイメージと実際の生活とのギャップ、母親や母親の新しい家族との生活への違和感などに落胆し、行きどころのない思いを抱えていたのではないだろうか。

ほかの多くのケースでも、呼び寄せた親と呼び寄せられた子どもの関係がうまくいかないことが多い。親は親なりに、大きくなったわが子とうまくやろうと思っていても、異国で暮らすプレッシャーもあり、また本国で祖父母や親戚のもと、多少甘やかされてのびやかに育った子どもを、日本での生活に合うよう躾(しつけ)なくてはと空回りすることも多く、子どもは子どもでそんな親が理解できないうえに、新しい生活になじめず落胆し、不満に思うようである。ひどいケースでは、親が子どもに暴力を振るうようになったり、子どもが家出を繰り返したり非行に走ったりすることもある。

またここでは取り上げなかったが、親と子どもの言語と文化が異なってくるこ

とによる親子のコミュニケーションの不足や相互不理解も深刻な問題である。

事例2　日系ブラジル人生徒への支援

本人の概要

Bさん　15歳　女子　中学3年生
ブラジルから来日して4か月　日本語はあいさつができる程度
●家族状況・生育状況：他県に住むブラジル人の父親のもとで4か月間を過ごし、現在は、精神疾患を患う母親（日系ブラジル人）との二人暮らしである。父親は日本人女性と再婚し、下に弟と妹がいる。二人で暮らすアパートの上の階に母親の姉家族が暮らしており、学校編入手続や、食事の世話などの面倒を見ていた。

支援に至る経過と支援の概要

　伯母に連れられて学校の手続にやって来た当時、わかるのはごく簡単な日本語のみだったため、国際教室の支援を受けることになった。ほかにブラジル人の生徒も多かったためすぐ友人もできて、友人と一緒の部活動にも所属するなど順調に新生活をスタートさせたかと思われたが、しばらくすると休みがちになってきた。教員が家庭訪問をすると、教員の問いかけに母親はほとんど答えることがなく、学校に手続に来た伯母は仕事のため、日中は不在だった。Bさんはカーテンを閉め切った狭い部屋の中に横たわって寝ている母親の横で一人でテレビを見ていた。母親とBさんとはポルトガル語でコミュニケーションがかろうじてとれているようだったが、Bさんは日本語があまりわからないため、教員はBさんともあまり意思疎通ができないなかで、とりあえず、学校へ来るように伝えた。その後も学校へ来たり来なかったりだったが、伯母は日本語が堪能な人だったので伯母と連絡をとるように心がけた。

　あるとき、部活動中にBさんが「足が痛い」と日本語の多少わかるブラジル人を通じて教員に言ってきた。皮膚が痛くて、骨まで痛くて部活動ができないのだと言う。見ると皮膚が炎症を起こしているようだったので、学校の保健室で対応してもらったが、保健室では治療はできないので、病院に行くことを勧められた。

Bさんが友人を介し、伯母に病院に連れて行ってもらうのは絶対にできないと主張したため、伯母に連絡を入れたうえでこちらで医療通訳を手配し、病院へ行くことになった。医療通訳の方が到着し一緒に診察を待っている間、Bさんは通訳の方の質問に答える形でポツポツと自分のことなどを話していた。Bさんが漫画好きであること、母親の違う弟や妹がいること、そしてその弟や妹をとてもかわいいと思っていることなどは、教員にとってはそのとき通訳の方を介して初めて知った事実だった。皮膚の炎症はとびひと診断され、手続などを含め伯母に引き継いだが、帰り道に食事をして帰った際に、編入して以来、はじめて子どもらしい顔で笑顔を見せていた。

　その後も学校に来たり来なかったりが続いたが、3か月がたった頃、また父親のもとに帰る、といって突然転出していった。部活動の生徒らと即席のお別れ会を開き、転出書類を持たせて見送ったが、Bさんは父親のもとでは学校へは通わず働き始めた、と転出した後ほかの生徒らに聞いた。

事例解説とPOINT

POINT 1　教育現場における通訳の必要性を認識する

　Bさんの編入した学校では、授業のときに派遣されてくるボランティア通訳が数名いたのだが、限られた授業時間内で日本語学習や教科学習をしなければならず、また家庭訪問の場面であるとか、部活動、休み時間、保健室利用などの場面には当然通訳はいない。面談など決められた時間には市民通訳ボランティアなどを依頼することができるので、その場を活用して問題の解決につなげる必要がある。このケースでは医療通訳の方が入っただけでも表情が明るくなったのだから、改めて通訳を介し、もっとじっくり本人の話に耳を傾ける必要があったのではないかと思う。また通訳が手配できないときに、親族や同国の生徒などで、便宜的に済ませてしまうこともあるが、親族や同級生には言えないこともおそらくあるはずなので、注意が必要である。逆に、日本語がわからない保護者が日本語の会話ができる子どもを通訳とするため、学校を休ませて役所や病院に行くことも多い。このようなことが頻発する場合、市民通訳ボランティアを紹介するなど、もっている情報を提供する必要がある。

POINT 2　教育現場と他機関との連携の大切さを理解する

　教育現場である学校は、子どもたちや保護者に一番身近な社会の窓口として、

さまざまな情報や支援を求められることがある。例えば、粗大ごみはどこで捨てるのか、病院に行きたいのだがどうすればいいのか、役所からの通知などの意味から、在留資格や家庭内の問題など多岐にわたる。もちろんその他にいじめや学習、学校生活など学校内の問題もあり、それらに対応するために通訳や他機関の情報、支援を必要とすることがある。ところが、誰がそのニーズを整理し、的確な情報を提供するのか、誰がその手配をし、その連絡・連携のパイプ役となるのかなどの役割分担は、学校教育現場では明確にされていないことが多い。国際教室担当など専任がいる場合には専任が行っている場合が多いが、いずれにしても教員個々の意識や自助努力に任されている面がある。

　Bさんのケースでは、親の状況などを考慮しても、もっとできる支援があったのではないかと悔やまれる。

POINT 3　学校間、学校と地域との連携が不可欠である

　日本国内の児童生徒の転出入の場合、通常では役所への届けと学校での手続を経て、前に所属していた学校と新たに所属することになった学校がつながることができる。そこで、指導要録等のやり取りなどを行い、必要に応じて情報の共有もする。ところが、外国籍生徒の場合はこのような連携はほとんどなされていない。Bさんは不就学から就学し、そして不就学にまた戻っていたが、住所から学区に該当する公立学校を調べ連絡はしてみたものの、本人が届けを出さないことには新しい学校でできることはない、とのことだった（外国籍生徒は義務教育の適応外とされ、学校等で入学許可手続をとる必要がある）。

　また地域にもよるが、保護者が「日本語ができない」との理由から地区の町会などの会合に出ない、または最初から出ることを求められないなど、地域のなかで疎外された存在であることも多く、そうなると地域のなかから外国につながる子どもたちに関する情報が出てくることはほとんどない。例外は、「たむろしてうるさい」「自動販売機を蹴っ飛ばしていた」など、問題が生じたときだけであろう。

教育分野のまとめ

　この二つの事例はソーシャルワークという視点からみると疑問符のつくところも多々あると思われるが、あくまでも中学校という教育現場のなかで、教員の目線でみた事例をご紹介したのだということを、まずはご了承いただきたい。そして、ソーシャルワーカーの視点からはこの事例をどうみるか、そして、もしこの事例のあった学校にスクールソーシャルワーカーがいたならばどのように対応できたのか、また通常のスクールソーシャルワークと違う点があるのであれば、どのような点が違っていたのかを、ぜひ検証していただきたい。

　教育現場における外国につながる子どもたち＝多文化な背景をもつ子どもたちは、言語や文化の違いそのものというよりはむしろ、その周縁にあるさまざまな事柄に翻弄され、本来であれば誰もが等しく保障されているはずの学びや育ちを阻害されている。この現状にあって、教育現場がどう変わっていかなくてはならないのか、あるいは教育現場とソーシャルワークはいかに歩み寄ることができるのか、今後の大きな課題である。教育には「チームワーク」が大切であるが、多文化な背景をもつ子どもたちの増加に対応するために、既存の枠組みだけではなく、通訳や支援者、ソーシャルワーカーなど新たなチームメンバーを加えなくてはならないということを、教育現場は知る必要がある。

4 児童分野

　滞日外国人家庭と子どもの支援を行うには、可視化された問題に目を向けるだけでなく、多角的な視点から検討することで、背景にある問題の本質をつかむことが重要である。
　また、前述のとおり、滞日外国人を対象とした支援枠組みはいまだ途上であり、このため、従来のネットワークで不足する部分については、コーディネート機能を活かすことで新たな機関や人と接点をもち、支援ネットワークに組み込むことが大切である。
　本分野においては、当初は子どもへの虐待者として報告された母親がDV被害者でもあることが判明した事例と、子どもの訴えから始まった支援過程のなかで難民家族の複雑な背景があることが判明した事例を取り上げ、社会福祉士が行う支援について考えてみたい。

事例1　国際結婚で来日した女性とその子どもへの支援

本人の概要

Aくん　7歳　男児　小学1年生
日本国籍を所持　保育園から小学校に入学
母国語で育てられたため日本語が上達していない

- **家族状況・生育状況**：母親のBさん（30歳）、父親のCさん（37歳）と暮らしている。Bさんは東南アジアの発展途上国の出身であり、六人きょうだいの長女で、両親が小さな雑貨店を営んで家族を養っていた。Bさんは先に来日していた従姉の誘いにより18歳で来日し、家族に仕送りをしていた。21歳のときに勤務先の飲食店でトラック運転手のCさんと知り合い、同棲の後、妊娠がわかり入籍した。
　Cさんは自営業を営む両親と姉のいる家庭で育ち、高校卒業後はトラック運転手となる。給料は家事一切を担うCさんの母親に渡していた。Bさんと知り合い、同棲の後入籍した。

支援に至る経過と支援の概要

結婚後、CさんはBさんに家事を取り仕切ることを期待していた。最初の頃は生活習慣や感覚の違いからぶつかることが多かった。また、Cさんの感覚では子育ては母親の役目だという認識があるため、Aくんが生まれてから、保健所での健診手続などに協力を求められる子ども中心の生活に変わったことを不満に思っていた。さらに、Cさんは、給料をBさんがやり繰りして余りを貯蓄すると考えていたが、Bさんは余りは自由に使えると理解して母国に送金していた。これが発覚後、Cさんが金銭管理を行うようになり、その後、Bさんの生活は制約が多くなった。

Bさんは、Aくんが保育園に入るまでBさんの母国語で育てていた。Cさんやその家族は、Aくんの日本語が上達しないのはBさんが日本語を使わないためだとして、母国語の使用を禁止した。Bさんは弟や妹の面倒を見てきた経験から子どもの世話には慣れていたつもりであったが、異国での子育てに不安が強く、母国の母への電話で不安を解消していた。だが、電話料金が高額となり、CさんはBさんに、Cさんの親族に子育ての相談をするよう命じた。しかし、Cさんや親族から聞いただけではわからず、Cさんの親族が実際にやってみせることもあった。Bさんは何も知らないとみなされ、BさんはCさんやその親族からの信頼を得られず、家事や子どもの養育ストレスは高まり、一層孤立感を深めていった。

2008（平成20）年6月に保育園から児童相談所に、5歳になるAくんの腹部にあざがあり、虐待の疑いがあるとの連絡が入った。保育園の送迎はBさんが行っていたが、保育園では以前から、BさんがAくんに「何モタモタしてんだよ、ばか野郎」などとかける言葉のきつさを心配していたことなどがわかった。Bさんは、Aくんが2歳になった2005（平成17）年4月から保育園を利用し、弁当屋で働き始めた。利用当初、Aくんは保育士やほかの子どもの話をどこまで理解できているのかわからない様子がうかがえたが、まもなく日本語の心配はなくなったこと、落ち着きがなく誰にでもべたべたつきまとっていたことなどが、調査の結果、明らかになった。

児童相談所職員とBさんとの面接で、Aくんの腹部のあざは前日夜にBさんがつねったためにできたことを確認した。Bさんは躾だったと主張した。言って聞かないときは叩いたりつねったりしたが、それはどこの親でもする程度のことであり、Cさんも時々Aくんを叩いていた。Aくんを静かにさせないと、Bさんが夫から叩かれるとも述べた。Aくんは、遊んでいて促されてもなかなか風呂から出なかったので、Bさんからつねられたと述べた。

児童相談所は、つねること自体は重大な事故やけがに結びつくレベルではない

が、Bさんの考え方は改善が必要であると判断した。また、BさんやCさんがAくんを叩く等を日常的に行っている可能性が高いことがうかがえたため、Aくんの一時保護を視野に入れたところ、Bさんは動揺し、夫から暴言や身体的暴力を受けていたことや夫の親族から心理的・経済的に圧力を受けていたことを話し始めた。面接のなかで、Bさんは日本語での日常会話は可能であるが、語彙が少なく、細かい説明や情緒的な表現などには限界がある様子がうかがえた。Bさんはシェルターに保護され、Aくんは一時保護となった。

シェルターでの通訳を交えての面接を経て、相談員はBさんの精神科受診が望ましいと判断した。医師の診察では、Bさんは文化適応の失敗が絡んだうつ状態である。Bさんが来日後働いていた職場では仲間との集団生活だったため言葉で困ることはなく、食事や生活スタイルは母国と同じであった。だが、Cさんとの同棲後、すべてが日本式の生活となり、十分適応できないうちの妊娠、出産となった。異国での出産はBさんの不安感を強め、子どもの養育は精神的負担が大きかった。周囲の理解を十分には得られないまま経過したため、状態は悪化していた。Bさんはシェルターから従姉の自宅近くのアパートに移り、精神的健康を取り戻しつつあった。Bさんは2009（平成21）年2月にCさんと離婚し、Aくんの親権者となった。

離婚後、家でAくんと1日中向き合うことにストレスを強めていたBさんが、Aくんを一人置いて時々外出していたことが新たに判明した。Aくんの落ち着きのなさは、愛着の障害の可能性が推測された。ペアレント・トレーニングを組み込んだ支援のなかで、BさんはCさんへの怒りをAくんにぶつけていたことが確認された。Aくんは一時保護所から児童福祉施設に移り、寮担当職員や臨床心理士のケアを受けることで落ち着きを取り戻していった。より望ましい養育技術をBさんが身につけることで、BさんとAくんとの関係に改善がみられるようになった。1年後、Aくんは従姉の住まいの近くに移ったBさんと一緒に暮らせるようになった。

現在、Bさんは生活保護を受けながらAくんとアパート暮らしである。Bさんは、昼は弁当屋で働き、週2回ボランティアが開いている日本語教室で日本語の勉強を続けている。日曜日にはBさんと従姉は信仰する宗教の集会に通い、帰りに連れ立って買い物をするようになった。さらに、子どもを預けあう同国人の友人ができ、母国の生活スタイルを取り入れた日々を送っている。Aくんはその家庭の子どもたちと遊ぶことを楽しみに毎日楽しく生活している。

事例解説と POINT

POINT 1　会話と識字に分けた日本語評価が大切である

　言語の運用力には、会話と識字がある。日本語は漢字仮名混じり文で表記するため、ひらがな、カタカナ、漢字を織り混ぜて使えないと支障が出る。Ｂさんが対応できたのは日常生活で使用する日本語会話で、商品の名称や説明文は読めず、顔なじみの人に中身や使い方を教えてもらい、外見の違いを覚えてそれと同じ商品を購入するなどの工夫をしていた。また、母国にはないＡくんの定期健診、予防接種などは案内が来たときにＣさんが読んでいた。ＢさんとＣさんとの意思疎通と生活上の問題の改善・解決の程度は、Ｂさんの日本語能力に委ねられていた。離婚後は、ＢさんはＣさんに頼ることなく、自分の力で生活する必要があった。Ｂさんの日本語運用能力の向上は、生活の質を左右する重要な要素であるため、無料の日本語教室につないだ。

POINT 2　日本語の及ぼす夫婦関係の構造に注目する

　来日後、日本の社会規範や価値観、慣習などの理解が不足したままの出産、その後の子育てとなるなか、ＢさんとＣさんの共通言語は日本語以外になかった。この結果、日本語を母国語として、日本文化を基底にもち、日本の社会システムに通じているＣさんは、それゆえに夫婦間での地位を高めた。反面、十分に日本語を学ぶ機会がなく、日本語による情報入手やその活用にハンディがあるＢさんは、社会システムを十分に使いこなせず、戸惑うことが多かった。結果、ＢさんはＣさんやその親族に頼らざるを得ず、従属的な関係となり、夫婦間でのＢさんの地位が相対的に低くなった。異言語・異文化背景が、ＢさんとＣさんの非対等的な関係を強化する誘因となった。

POINT 3　環境的、文化的背景からくる生活感覚のずれを理解する

　Ｂさんの母国では、親族や隣近所との交流が密であった。親が外出中、子どもたちは近所の家で一緒にご飯を食べていた。だが、日本の生活文化では子どもを一人家に残してのＢさんの息抜きのための外出は、ネグレクトとされる。加えて、Ｂさんの母国では信仰は生活の重要な柱の一つで、礼拝の後は友人知人との交流を楽しむ生活であった。Ｂさんは熱心な信者であったが、来日後は信仰から遠のき、癒しと交流の場がなくなり、Ｂさんの孤立感は高まった。離婚後、Ｂさんは、

親族との交流が復活し、教会で祈りによる精神的癒しを得るとともに、知り合った人々から日本の子育て情報を仕入れ、子育ての修正や自身のストレス解消ができるようになった。

事例2　難民家庭の子どものアイデンティティと家族間調整に向けた支援

本人の概要

Aくん　12歳　男児　小学6年生
4歳から保育園に通っており日本語の問題はまったくなし

- **家族状況・生育状況**：今年51歳になる父親のCさんは、母国（U国）での社会的地位は高かった。31歳のとき24歳のBさん（母親）と結婚し、長男Dさん、長女Eさん、次男Aくんが生まれた。裕福であった生活は、Cさんが40歳のときに起きた政変により一変した。旧政権側とされたCさんは身の危険を感じて単身母国を脱出し、2000（平成12）年に観光ビザで日本に入国した。その後、無資格滞在となり、日本語が不自由なCさんには、皿洗いや道路工事などの臨時的な仕事しかなかった。また、自分の情報が流れることで母国の家族に不利益が生じることを怖れ、日本での同国人との交流は避けていた。2002（平成14）年2月に難民と認定され、以前より生活は安定し、翌2003（平成15）年10月に家族を呼び寄せた。

　Bさんは当初は国外脱出を望んだが、幼子を連れた脱出はリスクが高すぎて不可能であった。財産を没収された母子は、地方に住む母方遠縁を頼りに周囲の目を避けて暮らしていた。劣悪な衛生環境のなか、後にEさんは感染症に罹り、5歳で亡くなった。

　長男のDさんは、来日時は11歳で日本語がわからず、学年を下げて小学4年に編入した。半年後には、先生や友人との日本語会話には不自由がなくなり、両親よりも上達した。国語と社会は不得手で算数は文章問題が苦手だったが、図工や音楽、体育は得意だった。母国語と母国文化の維持に熱心で、家庭でも母国語の学習を続けていた。小学校卒業頃には、日常生活でも学校の勉強でも言葉の問題はなくなった。DさんはU国語と日本語の会話と識字の両方に堪能であったが、U国人であるとの意識が強かった。

　今年12歳になるAくんは来日時4歳であった。保育園に通う生活にす

ぐに慣れ、日本語で友人と遊んでいた。小学校では日本語の問題はまったくなかった。日本語の上達と反比例してAくんは母国語の勉強を負担に感じ出す。現在、AくんはU国語による家族との会話には困らないが、識字は苦手意識が強く、日本語の方が楽になっている。Aくんは両親の日本語アクセントが恥ずかしく、外出時には同じ家族と思われるのが嫌で、一人離れて歩いたりする。

支援に至る経過と支援の概要

　2009（平成21）年11月初旬、T区子ども家庭支援センターから、児童相談所に会議への参加要請が入った。U国語の勉強が嫌だと家に帰りたがらないAくんのことを学校が心配しているが、打開策がないとのことであった。小学6年生のAくんは成績がよく、友人関係でも問題はない。家庭では言葉や生活などすべてが母国式だが、Aくんは日本式の生活を好み、将来も日本に住みたいと学校で作文に書いていた。Aくん以外は、いずれU国に帰るつもりであり、U国人がU国語を使うのは当然と考えている。児童相談所では、勉強の強要は心理的虐待にあたるのでやめさせる必要がある、子どもが母国語の勉強が嫌で帰宅したがらないとの内容では対応に限界がある、などの意見が出た。だが、子ども自身に困り感があるなら検討する必要はあるとの判断で会議に参加した。

　会議の席上、学校からは、家族の問題で学校は関与できない、日本で生活するのだから日本語が大切である、などの意見が出た。学校情報では、一家がU国の難民であること以外の詳細は不明であった。しかし、教育委員会から参加した日本語教員は、この種の親子間の確執は外国生まれの子どもがぶつかる典型的な問題であり、支援が必要と考えていた。

　論議の結果、新たな支援枠組みの模索が始まった。難民支援NPO、大学で第二言語としての日本語を教える研究者、U国に派遣された経験をもつ保健師など、多方面からの協力を仰ぐことで支援の手がかりをつかむことを目的とした。同年11月中旬に難民支援NPOから講師を招き、難民が生まれる背景や本国に帰れないさまざまな理由や日本における難民の生活状況などを知ることができた。また、国際的な比較では日本の難民支援は必ずしも十分ではないことが判明した。同年11月下旬の会議に招聘（しょうへい）した年少者への日本語教育を専門とする大学教員からは、日本人家庭では世代問題として現れる親子間の葛藤は、滞日外国人家庭の場合は、見た目に同じようでも、裏には言語的・文化的背景と絡むライフスタイルの問題が潜んでいる可能性があることが指摘された。その後、会議参加者が加わったことで、新たな支援ネットワークは機能強化され、家族それぞれの望まし

い生活に向けて動き始めた。

　同年11月末には児童福祉司が改めてAくんへの面接を行ったところ、小学1年時に名前が日本人と違うことで仲間はずれにされ、そのとき自分はみんなと違うと自覚したこと、以降、U国人であることを隠すようになったことがわかった。次に児童相談所と子ども家庭支援センターは同年12月初旬から、両国の言語と文化がわかるDさんへの面接を始めた。Dさんは、父親の脱出以降の母親Bさんの苦労や、Eさんを失ったときのBさんの悲しみを忘れられない体験としてあげた。また、自分の命があるだけで幸せな状況だったと述べた。面接はDさんにとっては家族の物語の確認となった。Dさんの話から、来日経緯をAくんは知らないことが判明した。Aくんには、二間のアパートに住み、車がなく、朝から晩まで両親が働き、兄がアルバイトをしている目の前の生活が家族のすべてであった。担任は、このことからDさんとAくんとの意識の違いを理解できたと述べた。Dさんは家族の気持ちがまとまっていないことを心配しており、支援に協力すると述べた。さらに、温厚だった父Cさんが怒りやすくなったと家族は感じていること、母Bさんは心臓の痛みを訴え、テレビドラマや映画の途中急に涙ぐみ番組を消すことが今もあることなどを述べた。

　同年12月末の会議で、青年協力隊としてU国に派遣歴があるT保健師からU国の精神保健事情が話され、U国では心の問題は対応に注意が必要なことが判明した。心の問題は身体化されることが多いこと、身内から精神的に問題のある人間を出すことは一族の恥としてタブー視される傾向が強いことがわかった。会議では、Aくんの支援に先立ち、Bさんのフォローが必要とされた。

　Bさんの精神的ケアの必要性の有無のチェックをT保健師に依頼し、2010（平成22）年1月にDさんの仲立ちでBさんはT保健師とつながった。T保健師がU国語を理解することに加えて母親でもあることを知り、Bさんは自分の体験を語るようになった。T保健師は共感的に話を聞くなかで、Bさんの訴えに「念のために健診」を受けるように論し、心身のケアができる女性相談窓口のある病院につないだ。心臓の痛みなどは過去の苛酷な体験の影響と思われたが、Bさんや家族には心臓病の予防治療と説明した。

　その後、Bさんのつらさは軽快していった。Bさんは自尊心を損なうことなく通院でき、その後、T保健師は家族の信頼を少しずつ得られるようになった。2011（平成23）年2月、学校での母子面接をきっかけにCさんとDさんは、Aくんにこれまで伝えていなかった家族の物語を伝えることができた。また、BさんはAくんと話し合い、U国語の勉強時間を減らした。家族のなかで会話が増えて、タブーだった話題が出るようになった。日本人になりたいと希望したAくんのなかに、U国人の血を受け継いでいることを許せる余地が生まれつつある。

事例解説と POINT

POINT 1 さまざまな背景をもつ定住外国人への正しい理解を深める

　難民は自らの意思と反して故国を離れざるを得ず、また、さまざまな対立状況を引きずり、同国人を警戒して日本人通訳を希望することがあるなど、深刻な迫害や喪失体験に心身が傷ついている人が多い。社会福祉士は対象者の国情をよく調べ、当事者の価値や規範、慣習などを理解したうえで、「どのような切り口」から「誰」が「どのタイミング」で「どのように説明」すれば、当人が納得しやすいかを考えたアプローチを取ることが重要である。

POINT 2 自己と社会が付与するアイデンティティのずれの有無を確認する

　通常、我々のもっている自己アイデンティティは、△△国民である「私」、□□家の長男（長女）である「私」のように多層的である。他方、社会も個人に対して、所属集団や国民といった複層的アイデンティティをあてはめる。この結果、子ども世代（特に言語臨界期以前の子ども）においては、自分で考えている自己像を社会がそのまま承認してくれないと感じる場合は、言語や文化等の習得期と重なることが加わり、心に葛藤が生じることがある。将来にわたって日本に住むつもりの滞日外国人家庭出身の二世や三世の子どもたちを、肌の色や顔立ちなどにより「日本人ではない」として社会の側が受け入れない状況は望ましくない。「誰もが住みやすい社会」の実現に向けて、日本社会も彼ら彼女らを排除するのではなく、より一層多様性を受け入れる社会に変化する姿勢が必要である。

POINT 3 親子間の葛藤の構造に目を向ける

　経済的にゆとりのない親は、家と職場の往復の生活のなかで日本社会との接点は限られ、日本語の学習希望をもっていても、経費や学習時間の制約などから習得は中途半端になりやすい。反対に、子ども世代（特に言語臨界期以前の子ども）は、日本語の習得が速く、加えて学校教育のなかで日本人としての規範を身に付け、日本人として生きていく術を学んでいく。この結果、親世代が母国文化の維持傾向が強いと、日本語を母国語、日本文化を自分の文化と感じている子どもは親世代と一層ぶつかりやすくなる。滞日外国人の家庭における子どもの問題行動の背景には、言語的問題やアイデンティティの問題が潜んでいることが多いことに注意を払う必要がある。

POINT 4 **コーディネート機能を十分に活用する**

どの機関も単独での最適な支援提供には限界がある。「できない」「担当ではない」というタテ割りの役割分担論から脱却し、「できること」を相互に組み合わせる発想が可能性を広げる。時間の経過のなかで課題は多様に変わり、支援する核となる機関や人は移っていく。最終的には、生活のなかで支援が不要となる程度に当事者が解決・改善力を身につけることを目標に、専門的機関のみならず、緩やかに機能し続ける家族・親族に加えて友人・知人などの私的人間関係による相互扶助ネットワーク形成に注目した支援が重要である。

児童分野のまとめ

　子どもはまだ成長途上であり、現時点でのかかわり方によって将来の可能性や選択肢の広がりに差が生じるという視点をもつことが必要である。一つの体験を契機に、今後、類似の問題を自分の力で乗り越えられる力、さらには、未知の領域の新たな問題についても解決に導くことができる力をつけられる支援が望ましい。そのためには、当事者個々のストレングスに着目し、レジリエンスを最大限に発揮できる支援が大切となる。子どもは一緒に生活している大人に依存し、その影響を受けやすい社会的弱者である。支援者は子どもの立場に立ち、さらに、子どもであっても一人の人としての権利をもつ主体であることを強調したアドボカシー機能を十分に発揮することが必須となる。このように当事者としての子どもをエンパワメントする際には、子どもの潜在能力に注目し、成長する力を子どもがもっていることを、子ども自身が実感できる支援を実現する必要がある。

　さらに、滞日外国人家庭においては、生命の危険につながる虐待や生活の維持が困難なネグレクトに限らず、家庭では自国の価値や規範に沿った生活を送り、当事者としての困り感がなくても、今日の日本の基準に照らして子どもが社会的に不利な状況におかれている場合は、アウトリーチによる介入を行う場合がある。日本社会との接点がない生活でも、滞日外国人の集住地域では、家庭にこもることなく同国人社会のなかで生活が成り立つ。このような場合、日本社会で子どもの虐待や配偶者暴力と認識される事柄が、そのコミュニティで同様に認識されるとは限らない。また、自己決定、自己責任は、文化的要因や社会的文脈によりその意味が変わり得る。このため、当事者の意向の最大限の尊重を忘れてはならない。当事者が参画することで家族の解決力を向上させ、本来、家族が担うべき家族の問題を家族自身が取り組めるようにする視点が大切である。このように、「何」を「どの程度のレベル」まで支援するのかを当事者と確認する作業が不可欠であり、客観的事実に基づく指標と満足感

や達成感などの主観的指標の検討のバランスを図りながら合意形成を図る姿勢が重要となる。支援に際しては、当事者の権利の最大限の保障と多様性の幅のなかで許容できる部分かどうかを常にすり合わせ、一つひとつを丁寧に検討する姿勢が必要である。

5 高齢者分野

　滞日外国人の問題が語られるとき、高齢者についてはほとんど取り上げられていない。しかし、定住化が進む現在、外国人の高齢者問題は避けて通ることのできない課題であり、実践現場ではすでに問題が表面化しているものの、その支援についての取り組みは手がつけられていないのが現状である。

　本分野においては、外国人高齢者にはどのような課題があり、どのような支援を必要とするのかについて、また、高齢者本人だけでなく、家族が滞日外国人である例も多く見受けられるので、その事例を取り上げ検討する。

事例1　外国人高齢者への支援

本人の概要

Aさん　95歳　女性　韓国出身
特別永住者　日本語は日常会話が可能だが読み書きは困難

- 家族状況・生活状況：Aさんは脳梗塞により、要介護3から要介護5となる。歩行は不可であり、這うか、抱えての介助歩行である。日本語は日常会話程度が可能であったが、認知症の進行に伴い、韓国語のみとなっている。同居するAさんの娘（Bさん・58歳）は、50歳のときに片肺を切除しており、障害認定がある。娘の夫（Cさん・84歳）は、要介護5であり、寝たきりで胃ろうを造設している。Bさんとともに日本に帰化している。いずれも仕事はもっておらず、同じ世帯として生活保護を受給中である。

支援に至る概要と経過

　Aさんはもともとオールドカマーの集住地区X市に夫とともに暮らしていて、娘のBさんもそこで生まれ育った。25年前にBさんが結婚し、夫のCさんの仕事の関係でQ市に移り住んだ後も、Aさんは生活保護を受給し、親族の支援を受けながらX市で一人暮らしを続けていた。しかし、Aさんが高齢となり親戚も支援ができない状態となったため、3年半前に娘夫婦がAさんを引き取った。

BさんとCさんは、Cさんの親族の経営する韓国料理店で働いていたが、Cさんが脳梗塞の後遺症で要介護状態になり、またBさんも片肺切除の状態での仕事が辛くなったこともあり退職し、生活保護を受給することとなった。Aさんも同じ世帯として生活保護受給となる。

　Cさんは介護保険サービスを利用していたが、ショートステイ利用中に体調を崩したため、Bさんは施設に不信感をもっている。「夫の対応について施設を訴える」という発言があり、施設側とトラブルとなり、Bさん夫婦は施設出入り禁止となるというエピソードがあった。

　Aさんには、娘夫婦が引き取る以前から認知症があり、内服治療を行っていた。認知症のため、日本語ができなくなり、コミュニケーションは韓国語のみとなる。Bさんを介してコミュニケーションをとっているが、認知症のため、Bさんとの会話もかみ合わない。

　BさんがAさんを引き取ってから3か月後、身体的・精神的に介護負担が増してきた娘から身体的虐待を受けているのではないかと訪問看護師より報告が入ったため、介護支援専門員はAさんを訪問し、ジェスチャーで暴力などの身体的虐待の有無を確認したところ、Aさんは「ある」とうなずく。

　Bさんは要介護5の夫の介護も行っており、介護負担が重くなっているため、Aさんだけでもデイサービスの利用をしてはどうかと提案するが、Bさんは「言葉の問題でAさんのストレスが強くなり、自分のストレスにもつながるので利用は避けたい」と言った。しかし、「見学だけなら…」とBさんが同意して見学を行ったが、Aさんは「自分は捨てられる」と不安を覚え、通所系サービスの利用には至っていない。デイサービス見学後は「私をどこへ連れて行くつもり？」「私を姥捨て山に捨てるのか」とAさんの不安感が続き、認知症が悪化した。

　主任介護支援専門員は、娘夫婦も近隣との付き合いがないためさらに孤立し、Bさんへの介護負担が増しているので、Bさんの唯一のよりどころであるカトリック教会に支援を依頼してはどうかと提案した。

　また、Bさんは日本語に不自由はないといっても、入院、入所の手続などの際は文化の違いによる誤解も生じるので、医療通訳など専門の訓練を受けた通訳を依頼してはどうかと提案した。

　しかし、担当介護支援専門員はカトリック教会の実態がわからず、支援を依頼するのは不安があり、また、Bさんは日本語に精通しているので、通訳は必要ないと答えた。

　1週間後、Bさんとも介護負担の軽減について話し合いの機会をもったところ、Bさんは信頼しているカトリック教会のメンバーに自分から協力を頼むこととした。また、通訳に関しては、介護支援専門員がBさんに説明した際、「どこまでわ

かっているのか」と不安を感じる事態も生じたため、通訳の依頼を行った。

その後、1か月間ホームヘルパーを活用しつつ、教会のメンバーの支援も借りて介護を続けたが、やはり限界を感じ、Aさんには合わないと思いながらも、ショートステイや特別養護老人ホームの入所を申し込んだ。

事例解説とPOINT

POINT 1 言語への配慮が必要である

Aさんのように長年日本に住み、日本語がある程度不自由なく話せた人でも、認知症になると母語に戻ってしまう例は少なくない。この事例の場合、娘（Bさん）がバイリンガルであったためAさんとコミュニケーションができたが、日本で育ち母語を使う機会のない子どもであれば、親子でもコミュニケーションが不可能になってしまうことへの対応が必要である。

また「日本語ができる」人であっても、診療や契約の際の用語は理解できていないことが多い。さらに、親族・知人が通訳をすることは語学力の問題は別にしても、通訳としての客観性に影響が出るなど問題が生じる例も多い。知人であれば、プライバシーの問題も生じる。支援者は通訳の意義をもっと理解する必要がある。

POINT 2 サービス利用への葛藤に配慮する

Aさんは特別永住者であっても、ルーツは韓国である。言葉が通じないストレスはもちろん、日本の文化のなかで行われるサービスにはなじめない、まして高齢になればなおさら母国の文化に還ることも理解できる。日本の文化に基づき行われる施設のサービスは、Aさんにとっては孤独な「姥捨て山」と映ったことであろう。また介護施設に向けたBさんの攻撃的な態度の背景には、日本人社会で受けた差別や偏見のトラウマによるものもあったのではないかとも推察される。Bさんは日本のサービスの効用を知っており利用を望むが、しかしその内容が外国をルーツにもつ母親になじめないことも理解しており、葛藤を感じている点にも配慮が必要である。

POINT 3 インフォーマルな資源の情報を収集し、活用する

介護保険制度に則って行われるサービス提供は、介護保険サービスをはじめ、

どうしてもフォーマルなサービスに頼りやすい。しかし、外国人支援の場合には、インフォーマルな資源なくしては成り立たないといっても過言ではない。カトリック教会といった日頃支援者自身がなじみのない資源であっても、実態がわからないと不安を感じ、活用しないのではなく、国際交流教会や外国人支援に詳しい支援者などから情報を集め、積極的に連携をとる姿勢が必要である。

POINT 4　散住地区における支援の強みを活かす

外国人の多い地域であれば、自然と経験も蓄積され、ネットワークもできる。しかし、このQ市のように外国人の少ない地域であれば、利用者家族にも支援者にもネットワークが少なく、支援が困難となりがちである。

しかし、前述のような経験の深い団体から情報を得ながら、ほかに外国人が少ないという強みを活かし、きめ細かな配慮を行うことは可能である。例えば、施設の行事の一部に外国人利用者の母国の料理、歌、行事を取り入れるなどすることが有効である。

事例2　家族介護者が外国人である場合の支援

事例の概要

Aさん　90歳　男性
長男の妻（Cさん）が中国国籍（日本語は片言）

● 家族状況・生活状況：Aさんは7年前より認知症の症状が出現し、現在は要介護3となる。妻を10年前に亡くした後、二人いる息子のうち、長男夫婦と同居している。同居する長男（Bさん・50代）は、以前は働いていたが、現在は会社が倒産して無職である。飲食店で働いていた妻（Cさん・20代）と出会い、8年前に結婚した。Cさんは中国国籍で、夫婦に子どもはいない。現在、貯金とAさんの年金で暮らしている。

支援に至る概要と経過

　Aさんは妻の死後、多少物忘れはあったが、それなりに息子と平穏に暮らしていた。家事は息子が仕事の合間に行っていた。Cさんと結婚後も、Cさんはどちらかというと、同国人の友人を訪ねるなど外出することが多く、家事は主としてBさんが行っていた。

　Aさんの物忘れは次第に進行し、外出すると家に帰れなくなったり、ガスを消し忘れたりするようになりはじめ、突然暴言を吐くようにもなった。困ったBさんが知人の勧めで地区担当の地域包括支援センターに相談に来た。介護保険の申請を行い、結果は要介護1であった。

　担当となった介護支援専門員が初回に自宅訪問した際は、息子の妻Cさんは外出していた。その後、再度訪問してCさんに会うことができ、可愛らしい感じの女性であったが、面会中は発言もせず離れたところに座り「自分は関係ない」という印象であった。介護支援専門員がゆっくりとやさしい日本語でCさんに話しかけると、次第に片言の日本語で話しはじめた。認知症のAさんが突然怒鳴ることが理解できず、「ひどい人」「いじめられる」「怖い」という印象を受けていた。日本語がよくわからないので、恐怖感が一層強いようであった。AさんとBさんとの争いが絶えないことも、内容がわからないだけに一層苦痛のようであった。

　介護支援専門員は、とりあえずAさんが家から出て介護者と離れる時間をつくるサービスをと考え、デイサービスを利用してみましょうと提案し説明したところ、Bさんも希望し利用を開始した。サービス利用後もAさんの暴言はますますエスカレートし、ほかの利用者への影響も強いため、デイサービスの職員から利用について再検討してほしいとの申し出があった。その後、要介護認定の更新申請をしたところ、要介護3に認定された。

　しかし、BさんはAさんが認知症であることをなかなか受け入れられず、Aさんの暴言や暴力に対応してそれを治そうと努力するが、認知症状はますます悪化していくだけだった。その頃には、Cさんが時々デイサービスと同じ建物にある地域包括支援センターを訪れ、相談員と担当の介護支援専門員に相談をするようになっていた。Cさんは義理の父であるAさんを「おかしい人」になっていると認識していたが、それが病気によるものであると理解して、Aさんの症状を受け入れるようになってきた。それまで母国でも身近に認知症の人はおらず、まったく知識がなかったが、「病気だからそれなりに対応しなければならない」と考え、積極的なサービス利用を考えるようになった。夫であるBさんがそれを受け入れられないことも、実の息子としては無理もないと理解し、またBさんが現実対処能力に欠けるといった状況を客観的にみられるようになり、自分が動かなければ

ならないと考えるようになっていた。

　介護支援専門員はCさんのつたない日本語によって表出された思いを受け止めながら、利用できる介護保険サービスについて説明を行った。そのサービスのなかでCさんはショートステイを活用してみたいと話した。ショートステイは一時的ではあるが、介護から離れる時間がとれるというメリットがあるとともに、Cさんにはショートステイを望むもう一つの大きな動機があった。祖国の正月である「春節」が近づいていたのである。Cさんをはじめ中国人にとって、これは大きな意味のある祝日であり、この時期に帰国して自分自身の家族と再会し、新年を祝うことはCさんの大きな願いであった。

　Bさんも、父親が認知症とは受け入れ難いものの、Aさんへの対応に疲れ、介護支援専門員が勧めるショートステイの利用を考えるようになった。このときCさんは積極的に自分の意見を述べるようになってきていた。その当時のAさんは、ショートステイに一度は受け入れられてもすぐに帰されるという状態になってしまう状況であった。この際にもCさんは介護支援専門員の話をよく聞くようになり、次の施設の受け入れ手続について積極的に参加するようになった。

　1週間後、Aさんが認知症専門施設のショートステイに受け入れられることとなり、Cさんは春節の前に念願の母国へと旅立った。しかし、残念なことにAさんは入所直後に、誤嚥性肺炎を発症し、救急病院に搬送されたが治療の甲斐なく亡くなった。

事例解説とPOINT

POINT 1　言語による理解が困難な場合の配慮を行う

　認知症は誰にとっても、なかなか理解し難い症状である。日本語が十分理解できれば、要介護者の話の内容から「普通の状態ではない」と判断することも可能となるが、言葉がよく理解できない場合は、非言語での表出しか受け止められず、「いつも怒っている」といったおそれや嫌悪感を抱いてしまうことになる。このことへの理解が必要である。

　また、日本の介護保険制度への理解も言葉の問題と合わせ、母国の制度との違いから理解することが難しい場合が多い。このケースの場合、Cさんは積極的にサービスを利用しようとしていたが、内容を理解すること、まして手続をすることはサポートなしでは難しい。支援者側はサポート体制について配慮する必要がある。

POINT 2　寄り添う姿勢を大切にする

　何よりのポイントは介護支援専門員がCさんに対し、言葉の不十分さをおそれず、また「キーパーソン」でないからという理由で二の次にすることなく、終始Cさんに寄り添う姿勢を示したことであろう。片言の会話であっても聴き取り、理解しようとする態度がCさんの心を開き、Cさん自身がエンパワメントされ、おそらく「外国人」だということで矮小化されていた力を取り戻し、行動することができたと考える。

POINT 3　母国の文化、慣習に配慮する

　Cさんは「春節」に帰ることを非常に楽しみにしていた。また、介護支援専門員との面接のなかでも母国の家族を非常に大切にしていることが感じられた。これはCさんのみならず、同国の人々に共通する思いであり、日本が大切に思う「お盆」と共通するものがある。こうした中国の文化はテレビなどの報道を通じて知ることができる。

　そのことを目的の一つにショートステイの活用を希望し、また、不幸にもその間にBさんが亡くなったことでCさんを批判することなく、Cさんの思いの背景を知り、Cさんの思いを想像し寄り添うことは、外国人支援の場合、ほかの分野と同じく非常に大切である。

高齢者分野のまとめ

　日本人も同様といえるであろうが、「外国人高齢者」といってもひとくくりにはできない。母国の歴史、文化によって価値観、生活様式は大きく異なる。かなり日本に適応し、日本人同様の生活を送っていても、一般的には高齢になると母国の文化、体験に基づく言動、ニーズが強くなることが多い。そうしたそれぞれの国の歴史、宗教、文化、政治や社会の情勢の理解なしに外国人高齢者の支援を行うことは効果がないばかりか、ときに人権侵害とさえなり得る。

　一方、同国人であっても個人によって違いが生じるのはいうまでもなく、「○○人だから…」とステレオタイプでみることも避けなければならない。そのような背景への理解を踏まえ、忍耐強く寄り添うかかわりが必要である。

　そのために、言語的なサポートも重要である。外国人高齢者には、日本在住期間が長くて

も、社会的に日本語習得の機会が得られなかった人も多い。日常会話はできても読み書きは難しい人がほとんどである。医療、介護などの難しい言葉を理解できない例もよくみられる。また日本語を話せた高齢者も、認知症等によって母語に戻ってしまうこともある。

そうした文化・言語の壁、また政治的・社会的な差別ゆえに、日本社会に溶けこめず、同国人のコミュニティだけで暮らしていた人も多く、介入が難しい場合もある。支援も日本の既製のサービスにあてはめるだけでは、ニーズの充足は難しい。そのため外国人高齢者の場合、信頼できる同国人やその国の事情に詳しい支援団体のメンバー等の協力を得てのかかわり、なじみやすいインフォーマルなサービスの活用が欠かせないともいえる。

一方、家族は、高齢者・家族ともに外国人の場合、高齢者が外国人で家族が日本人、高齢者が日本人で家族が外国人の場合が考えられる。近年最後のパターンが増加している。それぞれの状況に応じた支援が必要である。その際に留意すべきことは、ともすれば「日本語ができる」家族をキーパーソンとしがちであるが、家族関係をアセスメントし、キーパーソンとなる人を見極め、日本語が不十分な場合は通訳を活用するなどしてその役割を認め、活かさなければならない。

このように、外国人高齢者へのかかわりにはさまざまな配慮を必要とするため困難もあるが、国を越え、豊かな人生経験をもって生きてきた人たちから学ぶこともまた多く、日本の高齢者支援への大きな示唆を受け取る機会ともなる。

今後、外国人の定住化に伴い、高齢者も増加していくであろう。日本の高齢者サービスも視野にいれ、日本社会でその人々の力を活かしてもらうものに変えていかなければならない。

資料

●社団法人日本社会福祉士会の倫理綱領と行動規範

2005年6月3日採択

社会福祉士の倫理綱領

前文

　われわれ社会福祉士は、すべての人が人間としての尊厳を有し、価値ある存在であり、平等であることを深く認識する。われわれは平和を擁護し、人権と社会正義の原理に則り、サービス利用者本位の質の高い福祉サービスの開発と提供に努めることによって、社会福祉の推進とサービス利用者の自己実現をめざす専門職であることを言明する。

　われわれは、社会の進展に伴う社会変動が、ともすれば環境破壊及び人間疎外をもたらすことに着目する時、この専門職がこれからの福祉社会にとって不可欠の制度であることを自覚するとともに、専門職社会福祉士の職責についての一般社会及び市民の理解を深め、その啓発に努める。

　われわれは、われわれの加盟する国際ソーシャルワーカー連盟が採択した、次の「ソーシャルワークの定義」（2000年7月）を、ソーシャルワーク実践に適用され得るものとして認識し、その実践の拠り所とする。

ソーシャルワークの定義

　ソーシャルワーク専門職は、人間の福利（ウェルビーイング）の増進を目指して、社会の変革を進め、人間関係における問題解決を図り、人々のエンパワーメントと解放を促していく。ソーシャルワークは人間の行動と社会システムに関する理論を利用して、人びとがその環境と相互に影響し合う接点に介入する。人権と社会正義の原理は、ソーシャルワークの拠り所とする基盤である。

［国際ソーシャルワーカー連盟（IFSW）；2000年7月27日採択］

　われわれは、ソーシャルワークの知識、技術の専門性と倫理性の維持、向上が専門職の職責であるだけでなく、サービス利用者は勿論、社会全体の利益に密接に関連していることを認識し、本綱領を制定してこれを遵守することを誓約する者により、専門職団体を組織する。

価値と原則

1．（人間の尊厳）
　　社会福祉士は、すべての人間を、出自、人種、性別、年齢、身体的精神的状況、宗教的文化的背景、社会的地位、経済状況等の違いにかかわらず、かけがえのない存在として尊重する。

2．（社会正義）
　　差別、貧困、抑圧、排除、暴力、環境破壊などの無い、自由、平等、共生に基づく社会正義の実現を目指す。

3．（貢献）
　　社会福祉士は、人間の尊厳の尊重と社会正義の実現に貢献する。

4．（誠実）

　　社会福祉士は、本倫理綱領に対して常に誠実である。

5．（専門的力量）

　　社会福祉士は、専門的力量を発揮し、その専門性を高める。

倫理基準

1) 利用者に対する倫理責任

1．（利用者との関係）社会福祉士は、利用者との専門的援助関係を最も大切にし、それを自己の利益のために利用しない。

2．（利用者の利益の最優先）社会福祉士は、業務の遂行に際して、利用者の利益を最優先に考える。

3．（受　容）社会福祉士は、自らの先入観や偏見を排し、利用者をあるがままに受容する。

4．（説明責任）社会福祉士は、利用者に必要な情報を適切な方法・わかりやすい表現を用いて提供し、利用者の意思を確認する。

5．（利用者の自己決定の尊重）社会福祉士は、利用者の自己決定を尊重し、利用者がその権利を十分に理解し、活用していけるように援助する。

6．（利用者の意思決定能力への対応）社会福祉士は、意思決定能力の不十分な利用者に対して、常に最善の方法を用いて利益と権利を擁護する。

7．（プライバシーの尊重）社会福祉士は、利用者のプライバシーを最大限に尊重し、関係者から情報を得る場合、その利用者から同意を得る。

8．（秘密の保持）社会福祉士は、利用者や関係者から情報を得る場合、業務上必要な範囲にとどめ、その秘密を保持する。秘密の保持は、業務を退いた後も同様とする。

9．（記録の開示）社会福祉士は、利用者から記録の開示の要求があった場合、本人に記録を開示する。

10．（情報の共有）社会福祉士は、利用者の援助のために利用者に関する情報を関係機関・関係職員と共有する場合、その秘密を保持するよう最善の方策を用いる。

11．（性的差別、虐待の禁止）社会福祉士は、利用者に対して、性別、性的指向等の違いから派生する差別やセクシュアル・ハラスメント、虐待をしない。

12．（権利侵害の防止）社会福祉士は、利用者を擁護し、あらゆる権利侵害の発生を防止する。

2) 実践現場における倫理責任

1．（最良の実践を行う責務）社会福祉士は、実践現場において、最良の業務を遂行するために、自らの専門的知識・技術を惜しみなく発揮する。

2．（他の専門職等との連携・協働）社会福祉士は、相互の専門性を尊重し、他の専門職等と連携・協働する。

3．（実践現場と綱領の遵守）社会福祉士は、実践現場との間で倫理上のジレンマが生じるような場合、実践現場が本綱領の原則を尊重し、その基本精神を遵守するよう働きかける。

4．（業務改善の推進）社会福祉士は、常に業務を点検し評価を行い、業務改善を推進する。

3) 社会に対する倫理責任

1．（ソーシャル・インクルージョン）社会福祉士は、人々をあらゆる差別、貧困、抑圧、排除、

暴力、環境破壊などから守り、包含的な社会を目指すよう努める。
2．（社会への働きかけ）社会福祉士は、社会に見られる不正義の改善と利用者の問題解決のため、利用者や他の専門職等と連帯し、効果的な方法により社会に働きかける。
3．（国際社会への働きかけ）社会福祉士は、人権と社会正義に関する国際的問題を解決するため、全世界のソーシャルワーカーと連帯し、国際社会に働きかける。

4) 専門職としての倫理責任
1．（専門職の啓発）社会福祉士は、利用者・他の専門職・市民に専門職としての実践を伝え社会的信用を高める。
2．（信用失墜行為の禁止）社会福祉士は、その立場を利用した信用失墜行為を行わない。
3．（社会的信用の保持）社会福祉士は、他の社会福祉士が専門職業の社会的信用を損なうような場合、本人にその事実を知らせ、必要な対応を促す。
4．（専門職の擁護）社会福祉士は、不当な批判を受けることがあれば、専門職として連帯し、その立場を擁護する。
5．（専門性の向上）社会福祉士は、最良の実践を行うために、スーパービジョン、教育・研修に参加し、援助方法の改善と専門性の向上を図る。
6．（教育・訓練・管理における責務）社会福祉士は教育・訓練・管理に携わる場合、相手の人権を尊重し、専門職としてのよりよい成長を促す。
7．（調査・研究）社会福祉士は、すべての調査・研究過程で利用者の人権を尊重し、倫理性を確保する。

社会福祉士の行動規範

　この「社会福祉士の行動規範」は、「社会福祉士の倫理綱領」に基づき、社会福祉士が社会福祉実践において従うべき行動を示したものである。

1） 利用者に対する倫理責任

1．利用者との関係
1-1．社会福祉士は、利用者との専門的援助関係についてあらかじめ利用者に説明しなければならない。
1-2．社会福祉士は、利用者と私的な関係になってはならない。
1-3．社会福祉士は、いかなる理由があっても利用者およびその関係者との性的接触・行動をしてはならない。
1-4．社会福祉士は、自分の個人的・宗教的・政治的理由のため、または個人の利益のために、不当に専門的援助関係を利用してはならない。
1-5．社会福祉士は、過去または現在の利用者に対して利益の相反する関係になることが避けられないときは、利用者を守る手段を講じ、それを利用者に明らかにしなければならない。
1-6．社会福祉士は、利用者との専門的援助関係とともにパートナーシップを尊重しなければならない。

2．利用者の利益の最優先
2-1．社会福祉士は、専門職の立場を私的なことに使用してはならない。
2-2．社会福祉士は、利用者から専門職サービスの代償として、正規の報酬以外に物や金銭を受けとってはならない。
2-3．社会福祉士は、援助を継続できない何らかの理由がある場合、援助を継続できるように最大限の努力をしなければならない。

3．受　容
3-1．社会福祉士は、利用者に暖かい関心を寄せ、利用者の立場を認め、利用者の情緒の安定を図らなければならない。
3-2．社会福祉士は、利用者を非難し、審判することがあってはならない。
3-3．社会福祉士は、利用者の意思表出をはげまし支えなければならない。

4．説明責任
4-1．社会福祉士は、利用者の側に立ったサービスを行う立場にあることを伝えなければならない。
4-2．社会福祉士は、専門職上の義務と利用者の権利を説明し明らかにした上で援助をしなければならない。
4-3．社会福祉士は、利用者が必要な情報を十分に理解し、納得していることを確認しなければならない。

5．利用者の自己決定の尊重
5-1．社会福祉士は、利用者が自分の目標を定めることを支援しなければならない。
5-2．社会福祉士は、利用者が選択の幅を広げるために、十分な情報を提供しなければならない。

5-3．社会福祉士は、利用者の自己決定が重大な危険を伴う場合、あらかじめその行動を制限することがあることを伝え、そのような制限をした場合には、その理由を説明しなければならない。

6．利用者の意思決定能力への対応

6-1．社会福祉士は、利用者の意思決定能力の状態に応じ、利用者のアドボカシーに努め、エンパワメントを支援しなければならない。

6-2．社会福祉士は、自分の価値観や援助観を利用者に押しつけてはならない。

6-3．社会福祉士は、常に自らの業務がパターナリズムに陥らないように、自己の点検に務めなければならない。

6-4．社会福祉士は、利用者のエンパワメントに必要な社会資源を適切に活用しなければならない。

7．プライバシーの尊重

7-1．社会福祉士は、利用者が自らのプライバシー権を自覚するように働きかけなければならない。

7-2．社会福祉士は、利用者の個人情報を収集する場合、その都度利用者の了解を得なければならない。

7-3．社会福祉士は、問題解決を支援する目的であっても、利用者が了解しない場合は、個人情報を使用してはならない。

8．秘密の保持

8-1．社会福祉士は、業務の遂行にあたり、必要以上の情報収集をしてはならない。

8-2．社会福祉士は、利用者の秘密に関して、敏感かつ慎重でなければならない。

8-3．社会福祉士は、業務を離れた日常生活においても、利用者の秘密を保持しなければならない。

8-4．社会福祉士は、記録の保持と廃棄について、利用者の秘密が漏れないように慎重に対応しなければならない。

9．記録の開示

9-1．社会福祉士は、利用者の記録を開示する場合、かならず本人の了解を得なければならない。

9-2．社会福祉士は、利用者の支援の目的のためにのみ、個人情報を使用しなければならない。

9-3．社会福祉士は、利用者が記録の閲覧を希望した場合、特別な理由なくそれを拒んではならない。

10．情報の共有

10-1．社会福祉士は、利用者の情報を電子媒体等により取り扱う場合、厳重な管理体制と最新のセキュリティに配慮しなければならない。

10-2．社会福祉士は、利用者の個人情報の乱用・紛失その他あらゆる危険に対し、安全保護に関する措置を講じなければならない。

10-3．社会福祉士は、電子情報通信等に関する原則やリスクなどの最新情報について学ばなければならない。

11．性的差別、虐待の禁止

11-1．社会福祉士は、利用者に対して性的差別やセクシュアル・ハラスメント、虐待を行っては

ならない。
- 11-2. 社会福祉士は、利用者に対して肉体的・精神的損害または苦痛を与えてはならない。
- 11-3. 社会福祉士は、利用者が暴力や性的搾取・虐待の対象となっている場合、すみやかに発見できるよう心掛けなければならない。
- 11-4. 社会福祉士は、性的差別やセクシュアル・ハラスメント、虐待に対する正しい知識を得るよう学ばなければならない。

12. 権利侵害の防止
- 12-1. 社会福祉士は、利用者の権利について十分に認識し、敏感かつ積極的に対応しなければならない。
- 12-2. 社会福祉士は、利用者の権利侵害を防止する環境を整え、そのシステムの構築に努めなければならない。
- 12-3. 社会福祉士は、利用者の権利侵害の防止についての啓発活動を積極的に行わなければならない。

2) 実践現場における倫理責任

1. 最良の実践を行う責務
- 1-1. 社会福祉士は、専門職としての使命と職責の重要性を自覚し、常に専門知識を深め、理論と実務に精通するように努めなければならない。
- 1-2. 社会福祉士は、専門職としての自律性と責任性が完遂できるよう、自らの専門的力量の向上をはからなければならない。
- 1-3. 社会福祉士は、福祉を取り巻く分野の法律や制度等関連知識の集積に努め、その力量を発揮しなければならない。

2. 他の専門職等との連携・協働
- 2-1. 社会福祉士は、所属する機関内部での意思疎通が円滑になされるように積極的に働きかけなければならない。
- 2-2. 社会福祉士は、他の専門職と連携し、所属する機関の機構やサービス提供の変更や開発について提案しなければならない。
- 2-3. 社会福祉士は、他機関の専門職と連携し協働するために、連絡・調整の役割を果たさなければならない。

3. 実践現場と綱領の遵守
- 3-1. 社会福祉士は、社会福祉士の倫理綱領を実践現場が熟知するように働きかけなければならない。
- 3-2. 社会福祉士は、実践現場で倫理上のジレンマが生じた場合、倫理綱領に照らして公正性と一貫性をもってサービス提供を行うように努めなければならない。
- 3-3. 社会福祉士は、実践現場の方針・規則・手続き等、倫理綱領に反する実践を許してはならない。

4. 業務改善の推進
- 4-1. 社会福祉士は、利用者の声に耳を傾け苦情の対応にあたり、業務の改善を通して再発防止に努めなければならない。

4-2. 社会福祉士は、実践現場が常に自己点検と評価を行い、他者からの評価を受けるように働きかけなければならない。

3) 社会に対する倫理責任

1. ソーシャル・インクルージョン

1-1. 社会福祉士は、特に不利益な立場にあり、抑圧されている利用者が、選択と決定の機会を行使できるように働きかけなければならない。

1-2. 社会福祉士は、利用者や住民が社会の政策・制度の形成に参加することを積極的に支援しなければならない。

1-3. 社会福祉士は、専門的な視点と方法により、利用者のニーズを社会全体と地域社会に伝達しなければならない。

2. 社会への働きかけ

2-1. 社会福祉士は、利用者が望む福祉サービスを適切に受けられるように権利を擁護し、代弁活動を行わなければならない。

2-2. 社会福祉士は、社会福祉実践に及ぼす社会政策や福祉計画の影響を認識し、地域福祉の増進に積極的に参加しなければならない。

2-3. 社会福祉士は、社会における意思決定に際して、利用者の意思と参加が促進されるよう支えなければならない。

2-4. 社会福祉士は、公共の緊急事態に対して可能な限り専門職のサービスを提供できるよう、臨機応変な活動への貢献ができなければならない。

3. 国際社会への働きかけ

3-1. 社会福祉士は、国際社会において、文化的社会的差異を尊重しなければならない。

3-2. 社会福祉士は、民族、人種、国籍、宗教、性別、障害等による差別と支配をなくすための国際的な活動をささえなければならない。

3-3. 社会福祉士は、国際社会情勢に関心をもち、精通するよう努めなければならない。

4)専門職としての倫理責任

1. 専門職の啓発

1-1. 社会福祉士は、対外的に社会福祉士であることを名乗り、専門職としての自覚を高めなければならない。

1-2. 社会福祉士は、自己が獲得し保持している専門的力量を利用者・市民・他の専門職に知らせるように努めなければならない。

1-3. 社会福祉士は、個人としてだけでなく専門職集団としても、責任ある行動をとり、その専門職の啓発を高めなければならない。

2. 信用失墜行為の禁止

2-1. 社会福祉士は、社会福祉士としての自覚と誇りを持ち、社会的信用を高めるよう行動しなければならない。

2-2. 社会福祉士は、あらゆる社会的不正行為に関わってはならない。

3．社会的信用の保持
- 3-1．社会福祉士は、専門職業の社会的信用をそこなうような行為があった場合、行為の内容やその原因を明らかにし、その対策を講じるように努めなければならない。
- 3-2．社会福祉士は、他の社会福祉士が非倫理的な行動をとった場合、必要に応じて関係機関や日本社会福祉士会に対し適切な行動を取るよう働きかけなければならない。
- 3-3．社会福祉士は、信用失墜行為がないように互いに協力し、チェック機能を果たせるよう連携を進めなければならない。

4．専門職の擁護
- 4-1．社会福祉士は、社会福祉士に対する不当な批判や扱いに対し、その不当性を明らかにし、社会にアピールするなど、仲間を支えなければならない。
- 4-2．社会福祉士は、不当な扱いや批判を受けている他の社会福祉士を発見したときは、一致してその立場を擁護しなければならない。
- 4-3．社会福祉士は、社会福祉士として不当な批判や扱いを受けぬよう日頃から自律性と倫理性を高めるために密に連携しなければならない。

5．専門性の向上
- 5-1．社会福祉士は、研修・情報交換・自主勉強会等の機会を活かして、常に自己研鑽に努めなければならない。
- 5-2．社会福祉士は、常に自己の専門分野や関連する領域に関する情報を収集するよう努めなければならない。
- 5-3．社会福祉士は、社会的に有用な情報を共有し合い、互いの専門性向上に努めなければならない。

6．教育・訓練・管理における責務
- 6-1．スーパービジョンを担う社会福祉士は、その機能を積極的に活用し、公正で誠実な態度で後進の育成に努め社会的要請に応えなければならない。
- 6-2．コンサルテーションを担う社会福祉士は、研修会や事例検討会等を企画し、効果的に実施するように努めなければならない。
- 6-3．職場のマネジメントを担う社会福祉士は、サービスの質・利用者の満足・職員の働きがいの向上に努めなければならない。
- 6-4．業務アセスメントや評価を担う社会福祉士は、明確な基準に基づき評価の判断をいつでも説明できるようにしなければならない。
- 6-5．社会福祉教育を担う社会福祉士は、次世代を担う人材養成のために、知識と情熱を惜しみなく注がなければならない。

7．調査・研究
- 7-1．社会福祉士は、社会福祉に関する調査研究を行い、結果を公表する場合、その目的を明らかにし、利用者等の不利益にならないよう最大限の配慮をしなければならない。
- 7-2．社会福祉士は、事例研究にケースを提供する場合、人物を特定できないように配慮し、その関係者に対し事前に承認を得なければならない。

●社団法人日本社会福祉士会　連絡先一覧

(2012年2月現在)

	郵便番号	住　所	担当者	電話番号	FAX
本会事務局	160-0004	東京都新宿区四谷1-13　カタオカビル2階	事務局	03-3355-6541	03-3355-6543
(社)北海道社会福祉士会	001-0010	北海道札幌市北区北十条西4丁目1　在宅サッポロSCビル2階	事務局	011-717-6886	011-717-6887
(社)青森県社会福祉士会	030-0822	青森県青森市中央3-20-30　県民福祉プラザ5階	事務局	017-723-2560	017-752-6877
(社)岩手県社会福祉士会	020-0134	岩手県盛岡市南青山町13-30　青山和敬荘内	佐々木裕彦	019-648-1411	019-648-1412
(社)宮城県社会福祉士会	981-0935	宮城県仙台市青葉区三条町10-19　PROP三条内	事務局	022-233-0296	022-393-6296
(社)秋田県社会福祉士会	010-0922	秋田県秋田市旭北栄町1-5　秋田県社会福祉会館内	事務局	018-896-7881	018-896-7882
(社)山形県社会福祉士会	990-0021	山形県山形市小白川町2-3-31　山形県総合社会福祉センター内	事務局	023-615-6565	023-615-6521
(社)福島県社会福祉士会	963-8033	福島県郡山市亀田2-19-14　チャレンジビル2階	和田由紀子	024-924-7201	024-924-7202
(社)茨城県社会福祉士会	310-0851	茨城県水戸市千波町1918　茨城県総合福祉会館5階	事務局	029-244-9030	029-244-9052
(社)栃木県社会福祉士会	320-8508	栃木県宇都宮市若草1-10-6　とちぎ福祉プラザ内　とちぎソーシャルワーク共同事務所	事務局	028-600-1725	028-600-1730
(社)群馬県社会福祉士会	371-0854	群馬県前橋市大渡町1-10-7　群馬県公社総合ビル5階	事務局	027-212-8388	027-212-8388
(社)埼玉県社会福祉士会	338-0003	埼玉県さいたま市中央区本町東1-2-5　ベルメゾン小島103号	事務局	048-857-1717	048-857-9977
(社)千葉県社会福祉士会	260-0026	千葉県千葉市中央区千葉港4-3　千葉県社会福祉センター4階	事務局	043-238-2866	043-238-2867
(社)東京社会福祉士会	162-0051	東京都新宿区西早稲田2-2-8　全国財団ビル5階	事務局	03-3200-2944	03-3200-2940
(社)神奈川県社会福祉士会	221-0844	神奈川県横浜市神奈川区沢渡4-2　神奈川県社会福祉会館3階	事務局	045-317-2045	045-317-2046
(社)新潟県社会福祉士会	950-0994	新潟県新潟市中央区上所2-2-2　新潟ユニゾンプラザ3階	事務局	025-281-5502	025-281-5504
(社)長野県社会福祉士会	380-0836	長野市南県町685-2 長野県食糧会館6階	事務局	026-266-0294	026-266-0339
(社)山梨県社会福祉士会	400-0073	山梨県甲府市湯村2-6-20 ハイツオザワ202	事務局	055-254-3531	055-254-3531
(社)富山県社会福祉士会	939-0341	富山県射水市三ケ579　富山福祉短期大学内	事務局	0766-55-5572	0766-55-5572
(社)石川県社会福祉士会	920-2144	石川県白山市大竹町口17-1　高齢者専用住宅シニアホーム香林苑内	北岡義和	076-273-0220	076-273-0232
(社)福井県社会福祉士会	918-8011	福井県福井市月見3-2-37　NTT西日本福井南交換所ビル1階	事務局	0776-63-6277	0776-63-6330
(社)静岡県社会福祉士会	420-0024	静岡県静岡市葵区中町24-2　若杉ビル3階	事務局	054-252-9877	054-252-0016
(社)岐阜県社会福祉士会	500-8261	岐阜県岐阜市茜部大野2-219	事務局	058-277-7216	058-277-7217
(社)愛知県社会福祉士会	460-0012	愛知県名古屋市中区千代田5-21-3　サンマンション鶴舞402	事務局	052-264-0687	052-264-0695
(社)三重県社会福祉士会	514-0003	三重県津市桜橋2-131　三重県社会福祉会館4階	事務局	059-228-6008	059-228-6008
(社)滋賀県社会福祉士会	520-2352	滋賀県野洲市冨波乙681-55	事務局	077-518-2640	077-518-2640
(社)京都社会福祉士会	602-8143	京都府京都市上京区猪熊通丸太町下ル仲之町519 京都社会福祉会館2階	事務局	075-803-1574	075-803-1574
(社)大阪社会福祉士会	542-0012	大阪府大阪市中央区谷町7-4-15　大阪社会福祉会館内	事務局	06-4304-2772	06-4304-2773
(社)兵庫県社会福祉士会	651-0062	兵庫県神戸市中央区坂口通2-1-1　兵庫福祉センター5階	事務局	078-265-1330	078-265-1340
(社)奈良県社会福祉士会	630-8213	奈良県奈良市登大路町36番地　大和ビル3階	事務局	0742-26-2757	0742-26-2767
(社)和歌山県社会福祉士会	640-8319	和歌山県和歌山市手平2-1-2　県民交流プラザ和歌山ビッグ愛6階	事務局	073-499-4529	073-499-4529
(社)鳥取県社会福祉士会	689-0201	鳥取県鳥取市伏野1729-5　鳥取県社会福祉協議会福祉人材部	事務局	0857-59-6336	0857-59-6341
(社)島根県社会福祉士会	699-1621	島根県仁多郡奥出雲町上阿井424-1　特別養護老人ホームあいサンホーム内	事務局	0854-56-0081	0854-56-0083
(社)岡山県社会福祉士会	700-0815	岡山県岡山市北区野田屋町2-6-22　福中ビル第1・2階	事務局	086-201-5253	086-201-5340
(社)広島県社会福祉士会	732-0816	広島県広島市南区比治山本町12-2　広島県社会福祉会館内	事務局	082-254-3019	082-254-3018
(社)山口県社会福祉士会	753-0072	山口県山口市大手町9-6　社会福祉会館内	事務局	083-928-6644	083-922-9915
(社)徳島県社会福祉士会	770-0943	徳島県徳島市中昭和町1丁目2番地　徳島県立総合福祉センター3階	事務局	088-678-8041	088-678-8042
(社)香川県社会福祉士会	762-0084	香川県丸亀市飯山町上法軍寺2611	事務局	0877-98-0854	0877-98-0856
(社)愛媛県社会福祉士会	791-8012	愛媛県松山市姫原2-3-21　NPO法人家族支援フォーラム内	事務局	089-922-1937	089-924-8992
(社)高知県社会福祉士会	781-1103	高知県土佐市高岡町丙21-17	事務局	088-828-5922	088-828-5922
(社)福岡県社会福祉士会	812-0011	福岡県福岡市博多区博多駅前3-9-12　アイビーコートⅢビル601号	事務局	092-483-2944	092-483-3037
(社)佐賀県社会福祉士会	849-0935	佐賀県佐賀市八戸溝1丁目15-3　佐賀県社会福祉士会館	事務局	0952-36-5833	0952-36-6263
(社)長崎県社会福祉士会	852-8104	長崎県長崎市茂里町3-24　長崎県総合福祉センター県棟5階	事務局	095-848-6012	095-848-6012
(社)熊本県社会福祉士会	862-0910	熊本県熊本市健軍本町1-22 東部ハイツ105	事務局	096-285-7761	096-285-7762
(社)大分県社会福祉士会	875-0222	大分県臼杵市野津町大字吉田字仮屋3026	事務局	0974-24-3340	0974-24-3340
(社)宮崎県社会福祉士会	880-0014	宮崎県宮崎市鶴島2-9-6　宮崎NPOハウス301	事務局	0985-86-6111	0985-86-6116
(社)鹿児島県社会福祉士会	890-8517	鹿児島県鹿児島市鴨池新町1-7　鹿児島県社会福祉センター内	事務局	099-213-4055	099-213-4051
(社)沖縄県社会福祉士会	900-0023	沖縄県那覇市楚辺2-24-24　ケイズコート2階	事務局	098-836-8201	098-855-5744

索　引

あ

- 悪魔払い……………………… 93
- アセスメント………………… 76
- 新しい研修・技能実習制度
  ………………………… 52, 124
- 新しい在留管理制度…… 33, 52, 118
- アニバーサリー・リアクション
  ……………………………… 92
- アムネスティ・インターナショナル……………………………… 69
- アメリカの多文化ソーシャルワーク………………………………… 5
- EPA締結 …………………… 135
- イギリスの多文化ソーシャルワーク………………………………… 5
- 医師会………………………… 68
- 石河久美子………………… 5, 7
- 違反調査……………………… 34
- 医療…………………… 84, 146
- 医療観光………………… 17, 85
- 医療滞在ビザ………………… 52
- 医療通訳……………………… 85
- 医療ツーリズム……………… 85
- 医療費………………………… 87
- 医療保険……………………… 58
- インドシナ難民………… 126, 133
- インドシナ難民の現状と我が国の対応……………………… 128
- インフォーマルサービス……… 71
- インフォメーションセンター… 79
- 永住許可……………………… 33
- NPO ………………………… 72
- F指標入所受刑者…………… 141
- エンパワメント……………… 77
- ODP ……………………… 127
- オーバーステイ……………… 146
- オールドカマー………… 10, 133

か

- 外国人…………………… 20, 29
- 外国人学校…………………… 69
- 外国人患者…………………… 84
- 外国人緊急医療費救済制度… 77, 87
- 外国人研修制度……………… 10
- 外国人高齢者…………… 132, 184
- 外国人互助会制度…………… 78
- 外国人雇用管理アドバイザー… 70
- 外国人雇用状況の届出状況…… 123
- 外国人集住都市会議………… 3, 12
- 外国人障害者………………… 137
- 外国人総合インフォメーションセンター……………………… 79
- 外国人登録…………………… 38
- 外国人登録者数………… 22, 24
- 外国人登録証明書…………… 38
- 外国人入国者数……………… 21
- —の推移……………………… 23
- 外国人入所受刑者…………… 141
- 外国人の生活環境適応加速プログラム………………………… 99
- 外国人犯罪者………………… 141
- 外国人未払医療費補てん事業… 77
- 外国人労働者…………… 63, 123
- —の労働問題………………… 124
- 外国人労働者の雇用管理の改善等に関して事業主が適切に対処するための指針……………… 64
- 外国籍児童…………………… 97
- 学習思考言語………………… 110
- 学校教育法1条校…………… 65
- 仮釈放……………………… 142
- 仮放免………………………… 34
- 仮放免許可申請書…………… 49
- Cultural Competence ……… 94
- 技能実習……………………… 52
- 技能実習生………………… 10, 52
- 教育…………………… 69, 166
- 行政書士……………………… 68
- 矯正統計年報……………… 141
- クラリネット（CLARINET）…… 4
- 経済連携協定……………… 135
- 健康保険……………………… 59
- 言語の臨界期……………… 110
- 研修生………………………… 52
- 高額療養費制度…………… 153
- 公共職業安定所……………… 70
- 高校進学……………………… 98
- 厚生年金……………………… 60
- 公的機関によるサービス……… 67
- 公的サービス………………… 58
- 合法出国計画……………… 127
- 行旅病人及び行旅死亡人取扱法
  ………………………… 61, 77, 148
- 国際教室…………………… 166
- 国際結婚…………………… 114, 174
- —の手続…………………… 115
- 国際交流協会……………… 3, 67
- 国際交流財団………………… 67
- 国際交流センター…………… 67
- 国際ソーシャルワーカー連盟（IFSW）………………… 16, 194
- 国際組織犯罪防止条約人身取引議定書………………………… 11
- 国際的な組織犯罪の防止に関する国際連合条約を補足する人（特に女性及び児童）の取引を防止し、抑止し及び処罰するための議定書……………………… 11
- 国籍・地域別外国人入国者数…… 23
- 国民健康保険………………… 58
- 国民年金……………………… 59
- 国連難民高等弁務官事務所
  ………………………… 69, 126
- 子どものアイデンティティ…… 178
- 雇用対策法及び地域雇用開発促進法の一部を改正する法律…… 123

さ

- 在日コリアン……………… 132
- 再入国許可…………………… 33
- 在留カード…………………… 53
- 在留期間更新許可申請書……… 47
- 在留期間更新の許可………… 32
- 在留資格……………… 31, 40, 41
- —の取得……………………… 32
- 在留資格認定証明書………… 31
- 在留資格認定証明書交付申請書
  ……………………………… 45
- 在留資格変更の許可………… 32

在留手続………………… 29	ソーシャルワークの原点……… 14	………………………… 130
在留特別許可………………… 36	ソーシャルワークの定義…… 16, 194	難民認定制度………………… 36
査証………………………… 30		難民認定手続………………… 38
査証免除措置………………… 30	**た**	難民の地位に関する議定書
JSL………………………… 109	第一言語…………………… 108	……………………… 36, 126
資格外活動許可……………… 32	退去強制…………………… 34	難民の地位に関する条約
自治体によるサービス……… 67	滞在ビザ…………………… 85	………………… 3, 20, 36, 126
児童…………………… 97, 174	第三国定住………………… 130	日本語学校………………… 69
児童虐待…………………… 102	大使館……………………… 70	日本語指導が必要な外国人児童生
児童虐待の防止等に関する法律	第二言語としての日本語…… 109	徒の受入れ状況等に関する調査
………………………… 104	滞日外国人………………… 20	………………………… 97
児童の権利に関する条約…… 97	第4次出入国管理基本計画…… 27	日本語能力試験……………… 110
社会資源………………… 58, 74	脱退一時金………………… 60	日本司法支援センター… 158, 162
社会生活言語……………… 110	ダブル・リミテッド………… 110	日本社会福祉士会連絡先一覧… 202
社会福祉士の行動規範……… 197	多文化間精神医学会………… 94	日本の多文化問題…………… 13
社会福祉士の役割…………… 76	多文化共生センター…… 3, 15, 67	入院助産…………………… 66
社会福祉士の倫理綱領……… 194	多文化ソーシャルワーカーの役割	ニューカマー…………… 10, 97
社会福祉制度………………… 61	………………………… 14	入管法………………… 20, 29
社会保障協定………………… 60	多文化ソーシャルワーク……… 2	入国手続…………………… 29
Japanese Language Proficiency	—の研修…………………… 4	ネグレクト………………… 104
Test …………………… 110	—の定義…………………… 7	年金保険…………………… 59
住民基本台帳制度…………… 54	—のニーズ………………… 10	
収容………………………… 34	—の歴史…………………… 3	**は**
就労等の活動制限…………… 40	中国帰国者………………… 133	パーマネンシー…………… 105
就労ビザ…………………… 64	中長期在留者………………… 53	配偶者からの暴力の防止及び被害
出国命令制度………………… 36	通訳………………………… 71	者の保護に関する法律…… 50, 117
出産育児一時金……………… 59	通訳者………………… 139, 150	配偶者暴力相談支援センター… 70
出入国管理及び難民認定法… 20, 29	DV……………………… 117, 156	パスポート………………… 30
出入国管理基本計画………… 27	DV事案に係る措置要領…… 50, 163	パラノイド的反応…………… 92
出入国管理政策の基本的考え方… 27	DV被害者への優遇措置……… 157	ハローワーク……………… 70
出入国管理政策をめぐる近年の動	DV防止法…………… 50, 117	阪神・淡路大震災…………… 3, 15
向………………………… 50	定住外国人の子どもに対する緊急	PTSD…………………… 92, 133
傷病手当金制度……………… 153	支援（第2次）～定住外国人子	東日本大震災……………… 15
条約難民………………… 126, 127	ども緊急支援プラン～……… 99	引受人……………………… 143
上陸………………………… 29	特別診療券………………… 62	ビザ………………………… 30
自立支援医療………………… 61	ドメスティック・バイオレンス	フェミニストアプローチ…… 108
人身取引対策行動計画……… 11	……………………… 117, 156	不就学児童………………… 97
身体愁訴…………………… 93		婦人相談所………………… 70
身体障害者手帳……………… 61	**な**	婦人相談所等における保護の状況
身体的虐待………………… 104	難民……………… 38, 126, 178	………………………… 12
心的外傷後ストレス障害… 92, 133	—の定義………………… 126	婦人保護…………………… 156
心理的虐待………………… 104	難民議定書…………… 36, 126	婦人保護施設……………… 70
ストレス…………………… 8, 92	難民条約………… 3, 20, 36, 126	不法残留者……………… 22, 26
生活保護…………………… 62	難民認定証明書…………… 129	不法就労者………………… 124
性的虐待…………………… 104	難民認定申請者………… 95, 129	文化理解能力……………… 94
専門職団体………………… 68	難民認定申請者に対する保護措置	別枠住居…………………… 157
ソーシャル・インクルージョン		弁護士会…………………… 68
………………………… 13		

法テラス……………… 158, 162	民事法律扶助制度……………… 158	**ら**
ボートピープル……………… 126	無保険外国人……………… 87	
保護観察……………… 142	無料低額診療事業……………… 62	来日外国人……………… 141
保護司……………… 143	無料低額診療事業施設……………… 88	ランドピープル……………… 126
母子健康手帳……………… 66	メディカルツーリズム…… 17, 85	離婚手続……………… 116, 121
母子保健……………… 66	メンタルヘルス……………… 8, 91	療育手帳……………… 61
保証協会……………… 158		旅券……………… 30
ボランティア団体……………… 72	**や**	レジリエンシー……………… 105
翻訳……………… 71	UNHCR……………… 69, 126	労働……………… 123
	養育医療……………… 61	労働基準監督署……………… 70
ま	呼び寄せ……………… 166	労働者災害補償保険……………… 64
みなし再入国許可……… 33, 53	予防接種……………… 66	

編者・編集委員会・執筆者等一覧

■編者

社団法人日本社会福祉士会

1993年設立、1996年社団法人となる。
「社会福祉士」に登録したものを会員とする職能団体。会員数は3万人を超える。社会福祉士の資質と社会的地位の向上に努めるとともに、社会福祉の援助を必要とする人々の生活と権利の擁護および社会福祉の増進に寄与することを目的に、さまざまな研修・調査・研究・出版事業等を行っている。

■編集委員会（◎は委員長）

◎小山　順子（社会福祉法人エマオ会、社団法人日本社会福祉士会理事）
　坂間　治子（財団法人日本キリスト教婦人矯風会女性の家HELP）
　坪田　由紀子（元聖マリアンナ医科大学病院、田園調布学園大学兼任講師）
　原口　美佐代（難民事業本部関西支部、大阪バイオメディカル専門学校講師）
　南野　奈津子（貞静学園短期大学講師）
　渡辺　久利（特別区人事・厚生事務組合更生施設浜川荘）

2011年度滞日外国人支援委員会

◎冨田　明裕（島原療護センター、社団法人日本社会福祉士会理事）
　坂間　治子（前掲）
　坪田　由紀子（前掲）
　原口　美佐代（前掲）
　南野　奈津子（前掲）

事務局

　舘内　ひとみ（社団法人日本社会福祉士会事務局）

■ **執筆者**（五十音順）

石本　宗子（いしもと・むねこ）·················· 第4章第5・6節、第5章
久留米市男女平等推進センター相談コーディネーター／社会福祉士

鵜川　晃（うかわ・こう）·················· 第4章第2節
大正大学人間学部専任講師、多文化間精神医学会

梅田　玲子（うめだ・れいこ）·················· 第5章
神奈川県立国際言語文化アカデミア講師

佐藤　千秋（さとう・ちあき）·················· 第5章
聖マリアンナ医科大学東横病院／社会福祉士

坂間　治子（さかま・はるこ）·················· 第4章第10節
財団法人日本キリスト教婦人矯風会女性の家HELP／社会福祉士

坪田　由紀子（つぼた・ゆきこ）·················· 第4章第1節、第5章
元聖マリアンナ医科大学病院、田園調布学園大学兼任講師／社会福祉士

鶴田　光子（つるた・みつこ）·················· 第4章第9節、第5章
聖テレジア病院スーパーバイザー、MICかながわ理事長／社会福祉士

田中　良幸（たなか・よしゆき）·················· 第4章第4節、第5章
恩賜財団日本子ども家庭総合研究所嘱託研究員、東京都杉並児童相談所／児童福祉司

野田　文隆（のだ・ふみたか）·················· 第4章第2節
大正大学人間学部教授、多文化間精神医学会理事長

原口　美佐代（はらぐち・みさよ）·················· 第2章、第4章第7・8・11節
難民事業本部関西支部、大阪バイオメディカル専門学校講師／社会福祉士、精神保健福祉士

南野　奈津子（みなみの・なつこ）·················· 第1章、第3章、第4章第3節
貞静学園短期大学講師／社会福祉士

■ **事例作成協力**

浜松市中区介護支援専門員有志

橋本　房子（横浜市六浦地域ケアプラザ　居宅介護支援事業所／介護支援専門員）

勝見　俊子（横浜市六浦地域ケアプラザ　居宅介護支援事業所／介護支援専門員）

大友　路子（横浜市六浦地域ケアプラザ　地域包括支援センター／社会福祉士）

田中　洋江（稲城市在宅介護支援センター／介護支援専門員）

トルオン　ティトゥイ　チャン（横浜市泉区外国人相談窓口相談員）

湯浅　利啓（社会福祉法人青丘社　生活サポートネットワーク・ほっとライン管理者／介護支援専門員）

李　契順（社会福祉法人青丘社　生活サポートネットワーク・ほっとライン／介護支援専門員）

姜　玲玉（社会福祉法人青丘社　生活サポートネットワーク・ほっとライン／介護支援専門員）

滞日外国人支援の実践事例から学ぶ
多文化ソーシャルワーク

2012年3月31日　発行

編　集	………………	社団法人日本社会福祉士会
発行者	………………	荘村明彦
発行所	………………	中央法規出版株式会社

〒151-0053 東京都渋谷区代々木2-27-4
販　売　TEL 03-3379-3861　FAX 03-5358-3719
編　集　TEL 03-3379-3784　FAX 03-5351-7855
http://www.chuohoki.co.jp/

印刷・製本…………株式会社太洋社
装幀・本文デザイン…タクトデザイン
ISBN978-4-8058-3634-7

定価はカバーに表示してあります。
落丁本・乱丁本はお取替えいたします。